SOUSSAN NASSR-ESFAHANI

# Grenzüberschreitender Bestandsschutz für unanfechtbar genehmigte Anlagen

Schriften zum Umweltrecht

Herausgegeben von Prof. Dr. Michael Kloepfer, Trier

Band 21

# Grenzüberschreitender Bestandsschutz für unanfechtbar genehmigte Anlagen

Von

Soussan Nassr-Esfahani

Duncker & Humblot · Berlin

Die Deutsche Bibliothek – CIP-Einheitsaufnahme

**Nassr-Esfahani, Soussan:**
Grenzüberschreitender Bestandsschutz für unanfechtbar genehmigte Anlagen / von Soussan Nassr-Esfahani. — Berlin: Duncker und Humblot, 1991
(Schriften zum Umweltrecht; Bd. 21)
Zugl.: Hamburg, Univ., Diss., 1990
ISBN 3-428-07183-2
NE: GT


Fotoprint: Werner Hildebrand, Berlin 65
Printed in Germany

ISSN 0935-4247
ISBN 3-428-07183-2

# Vorwort

Die Untersuchung lag dem Fachbereich Rechtswissenschaft I der Universität Hamburg im Wintersemester 1988/89 als Dissertation vor. Sie ist auf den Stand von Mitte 1990 gebracht.

Mein besonderer Dank gilt Herrn Professor Dr. Rainer Lagoni, der die Arbeit wissenschaftlich betreut hat. Herrn Professor Dr. Hein Kötz danke ich für die Erstattung des Zweitgutachtens ebenfalls sehr herzlich.

Dem Max-Planck-Institut für ausländisches und Internationales Privatrecht danke ich für die Zeit, in der ich dort arbeiten durfte. Für wertvolle Anregungen bin ich Herrn Dr. Dieter Martiny zu Dank verpflichtet.

Ich widme die Arbeit meinen Eltern. Außerdem widme ich sie dem Andenken von Herrn Professor Dr. Wolfgang Martens, dem verstorbenen ersten Betreuer meiner Dissertation, ohne dessen verständnisvolle Unterstützung ich das Thema nicht weiter verfolgt hätte.

Frankfurt, im Januar 1991

Soussan Nassr-Esfahani

# Inhalt

*Einleitung*

## *C.*
## Schlußbetrachtung

# Abkürzungsverzeichnis

| | |
|---|---|
| a.A. | anderer Ansicht |
| a.a.O. | am angegebenen Ort |
| AbfG | Abfallbeseitigungsgesetz |
| AFDI | Annuaire Français de Droit International |
| A.J.I.L. | American Journal of International Law |
| Anm. | Anmerkung |
| Annuaire, IDI | Annuaire Yearbook, Institut de Droit International |
| AtG | Atomgesetz |
| AtVfV | Verordnung über das Verfahren bei der Genehmigung von Anlagen nach § 7 des Atomgesetzes |
| AVG | Angestelltenversicherungsgesetz |
| AVR | Archiv des Völkerrechts |
| AVV | Allgemeine Verwaltungsvorschrift |
| BAnz. | Bundesanzeiger |
| BGH | Bundesgerichtshof |
| BImSchG | Bundesimmissionsschutzgesetz |
| Boston Univ. L.R. | Boston University Law Review |
| BVerfG | Bundesverfassungsgericht |
| BVerfGG | Bundesverfassungsgerichtsgesetz |
| BW | Burgerlijk Wetboek |
| Cal. W. Int'l L.J. | California Western International Law Journal |
| Canadian YB Int.L. | Canadian Yearbook of International Law |
| Cass. Civ. | Cour de Cassation, Chambre Civile |
| C.E. | Conseil d'Etat |
| Cornell Int.L.J. | Cornell International Law Journal |
| C.P.I.J.Sér. | Cour Permanent des Justice Internationale, Séries |
| D. | Dalloz. Recueil critique des jurisprudence et de législation (Frankreich) |
| Berichte DGVR | Berichte der Deutschen Gesellschaft für Völkerrecht |
| Doc. | Documents |
| DVBl. | Deutsches Verwaltungsblatt |
| Env. Pol.L.R. | Environmental Policy Law Review |
| EPIL | Encyclopedia of Public International Law |
| Erk. u. Beschl. | Erkenntnisse und Beschlüsse |

| | |
|---|---|
| EuGH | Europäischer Gerichtshof |
| EuGVÜ | Europäisches Gerichtsstands- und Vollstreckungsübereinkommen |
| EuR | Europarecht |
| EurA | Europa-Archiv |
| EURATOM | Vertrag zur Gründung der Europäischen Atomgemeischaft vom 25.3.1957 |
| GVÜ | Übereinkommen über die gerichtliche Zuständigkeit und die Vollstreckung gerichtlicher Entscheidungen in Zivil- und Handelssachen vom 27.9.1968 |
| Harvard J. Int. L. | Harvard Journal of International Law |
| I.C.J.-Rep. | International Court of Justice - Reports of Judgements, Advisory Opinions and Orders |
| I.C.L.Q. | The International and Comparative Law Quarterly |
| I.L.A.-Rep. | International Law Association, Report of the ... conference |
| Y.L.C.-Yearbook | Yearbook of the International Law Commission |
| ILM | International Legal Materials |
| Int'l L. Rep. | International Law Reports |
| IPrax. | Praxis des Internationalen Privat- und Verfahrensrechts |
| IPRspr. | Die deutsche Rechtsprechung auf dem Gebiet des Internationalen Privatrechts |
| IZPR | Internationales Zivilprozeßrecht |
| JBl. | Juristische Blätter (Österreich) |
| J.O. | Journal officiel |
| JZ | Juristenzeitung |
| LG | Landgericht |
| L. Quart. Rev. | Law Quarterly Review |
| LuftFG | Luftfahrtgesetz (Österreich) |
| LuftVG | Luftverkehrgesetz |
| Ned. Jur. | Nederlandse Jurisprudentie |
| Neth. Int. L.R. | Netherlands International Law Review |
| Neth. YB Int. L | Netherlands Yearbook of International Law |
| NJW | Neue Juristische Wochenschrift |
| NVwZ | Neue Zeitschrift für Verwaltungsrecht |
| OECD | Organisation for Economic and Cultural Development |
| OGH | Oberster Gerichtshof (Österreich) |
| ÖJZ | Österreiche Juristenzeitung |
| RabelsZ | Rabels Zeitschrift für ausländisches und internationales Privatrecht |
| Rb. Rotterdam | Rechtbank Rotterdam (Niederlande) |

| | |
|---|---|
| R.d.C. | Recueil des Cours de l'Académie de droit international |
| Rec. | Recueil des décisions du Conseil d'Etat (Rec. Lebon) |
| Rev. cr. dr. i.p. | Revue critique de droit international privé |
| Rev. jur. env. | Revue juridique environnement |
| R.I.A.A. | Reports of International Arbitral Awards |
| RIW/AWD | Recht der Internationalen Wirtschaft/Außenwirtschaftsdienst des Betriebsberaters |
| ROW | Recht in Ost und West |
| Schw. Jb.f.Int.R. | Schweizerisches Jahrbuch für Internationales Recht |
| Slg. | Sammlung (EuGH) |
| StIGH | Ständiger Internationaler Gerichtshof |
| StV | Staatsvertrag |
| Syr. J. Int. L & Com. | Syracuse Journal of International Law and Commerce |
| U.N.B.L. Journal | University of New Brunswick Law Journal (Canada) |
| UPR | Umwelt- und Planungsrecht |
| UVP | Umweltverträglichkeitsprüfung |
| VerwGH | Verwaltungsgerichtshof (Österreich) |
| V.J.I.L. | Virgina Journal of International Law |
| VwVfG | Verwaltungsverfahrensgesetz |
| VwZG | Verwaltungszustellungsgesetz |
| W.P.N.R. | Weekblad voor Privatrecht, Notariat en Registratie (Niederlande) |
| ZaöRV | Zeitschrift für ausländisches und öffentliches Recht und Völkerrecht |
| ZöffR | Zeitschrift für öffentliches Recht (Österreich) |
| ZRP | Zeitschrift für Rechtspolitik |
| ZustG | Zustimmungsgesetz |
| ZVglRW | Zeitschrift für vergleichende Rechtswissenschaft |

# Einleitung

## § 1 Grenzüberschreitender Umweltschutz im Schnittpunkt zwischen Umweltverwaltungs- und Umweltprivatrecht

Mit der fortschreitenden Industrialisierung wirken sich Umweltbelastungen zunehmend nicht nur im nationalen Bereich, sondern auch grenzüberschreitend aus und stellen die Rechtsordnung damit vor neue Aufgaben. Die Diskussion konzentriert sich zur Zeit auf den sauren Regen[1], die Verunreinigung internationaler Wasserläufe[2] und durch grenznah errichtete Chemieanlagen, Kraftwerke[3] und Flughäfen[4] verursachte, grenzüberschreitende Luft- und Lärmimmissionen. Der europäische Raum ist von diesen Problemen besonders betroffen, nicht nur wegen seiner hohen Bevölkerungsdichte und seiner konzentrierten Industrieansiedlung, sondern auch wegen der Vielzahl von Landesgrenzen. Daß es dabei um Rechtsprobleme und nicht nur um Probleme rein politischer Natur geht, dürfte heute keinem Zweifel mehr unterliegen. Daß die durch staatliche Zulassung oder Duldung grenz-

---

[1] Vgl. G. Wetstone/ A. Rosencranz, Pacific Basin Law Journal 1983, 197 ff.; Ch. de Saillan, Acid Rain, Canada and the United States, Boston Univ. Int. L.J. 1982, 152 ff.; St. Rissberger, On the Brink of an Ecological Calamity: Acid Rain, Transboundary Air Pollution and Environmental Law in West Germany, Syr. J. Int'l L & Com. 1985, 325 ff.

[2] Vgl. Rb. Rotterdam vom 16.12.1983, Ned.Jur. 1984 Nr. 341 (Übersetzung in RabelsZ 1985, 741 ff.) mit Anm. Nassr-Esfahani/Wenckstern, ebd., S. 763 ff.; Anm. Rest. UPR 1984, 148 ff.; Trib.adm.Strasbourg v. 27.7.83, Rev.jur.env.1983, 343 = ZaöRV 1984, 342 mit Anm. Beyerlin = UPR 1984, 174 mit Anm. Kilian/Pätzold, ebd. 155 ff. (Rheinversalzung); vgl. ferner die Empfehlungen des Committee on International Water Resources Law der International Law Association, Belgrade Conference (1980), Committee on International Water Resources Law, Part II, Second Report (Manner); Athener Resolution des Institut de Droit International 12.9.1979, IDI Annuaire 1979 II 196; dazu Rest, UPR 1982, 358, 360; Kiss, AFDI 1983, 773 ff.

[3] Einen Überblick über die Industrieanlagen und Kraftwerke an der französisch-deutschen Grenze gibt der STERN 1981, Nr. 51, 168.

[4] Vgl. Salzburger Flughafen-Fall, BGH, Vorlagebeschluß vom 10.3.1978, BGH DVBl. 1979, 226 ff.; BVerfGE 72, 66 ff. = NJW 1986, 2188 ff. m. Anm. Weitbrecht, NVwZ 1986, 597 ff.; zum Salzburger Flughafen-Fall s. auch Siehr, RabelsZ 1983, 377, 385; Seidl-Hohenveldern AFDI 1973, 890 ff.; Schreuer ÖJZ 1971, 542 ff.; Landgericht Waldshut-Tiengen, Urt. v. 11.2.1982, UPR 1983, 14 ff.

überschreitender Immissionen bedingte Verursachung von Umweltschäden auf fremdem Staatsgebiet eine völkerrechtliche Haftung auslösen kann, war seit jeher anerkannt;[5] neuerdings geht man sogar dazu über, in den Schutz des internationalen Umweltrechts auch solche Gebiete einzubeziehen, die, wie etwa die Antarktis oder die Hohe See, noch nicht einmal einzelstaatlicher Souveränität unterliegen[6].

Während die rechtliche Diskussion allerdings bisher ganz überwiegend auf den Bereich beschränkt blieb, den auch die vorstehenden Beispiele repräsentieren, nämlich auf das Verhältnis zwischen Staaten[7], befaßt sich die vorliegende Arbeit mit einem Konfliktfall zwischen Privaten. Gegenstand dieser Untersuchung ist die Frage, welche Regelungswirkung eine - grundsätzlich privatrechtsgestaltende - behördliche Genehmigung zum Betrieb umweltbelastender Anlagen auf privatrechtliche Abwehransprüche von Nachbarn äußert, die von den schädlichen Auswirkungen der Anlage in einem anderen als dem Emissionsstaat betroffen sind. Damit geht es um den Konflikt zwischen unternehmerischen Interessen an der Aufnahme und Fortführung des einmal bestandskräftig genehmigten Betriebs der Anlage einerseits und den Interessen der grenzüberschreitenden Nachbarschaft an der Abwehr von Störungen andererseits; anders ausgedrückt: das Spannungsverhältnis zwischen privatrechtlichem Nachbarschutz und öffentlichrechtlichem Bestandsschutz für behördlich genehmigte Anlagen.

Soweit sich derartige Konflikte in ihrer Entstehung auf den nationalen Bereich beschränken, haben die Gesetzgeber sie allenthalben einer ausgewogenen Regelung unterworfen. Für den Binnenbereich sehen die Rechtsordnungen zahlreicher europäischer Länder zur Ordnung der widerstreitenden Interessen an der Durchführung oder Unterlassung umweltbelastender Aktivitäten eine in der Grundstruktur übereinstimmende Rechtsetzungsmethode vor, die auf dem Zusammenspiel von Umweltverwaltungsrecht und

---

5 Vgl. statt aller Sohn, Harvard J. Int. L. 1973, 423 ff., 492 ff.; L. Gündling, Verantwortlichkeit der Staaten für grenzüberschreitende Umweltbeeinträchtigungen, ZaöRV 1985, 265 ff.; L.F.E. Goldie, Transfrontier Pollution - From Concepts of Liability to Adminstrative Conciliation, Syr J. Int. L & Com. 1985, 175 ff.; O. Kimminich, Völkerrechtliche Haftung für das Handeln Privater im Bereich des internationalen Umweltschutzes, AVR 1984, 241 ff.

6 So das Prinzip Nr. 21 der Stockholmer Deklaration von 1972; UN Doc. A Conf. 48/14; dazu unten S. 64; s. ferner Sohn Havard J. Int. L. 1973, 493; einschränkend dagegen Kloepfer UPR 84, 281.

7 Zu der Vernachlässigung von Individuen im Völkerrecht - soweit sie den verfahrensrechtlichen Bereich angeht - vgl. auch Caputo, Cal.W.Int'l L.J. 1984, 192 ff., 194. Neuerdings wird Individuen im Völkerrecht wieder mehr Beachtung geschenkt: vgl. R. Janni, International an Privat Transactions in Transboundary Pollution, Canadian YB. Int. L. 11 (1973), 258 ff.; B. Broms, Subjects-Entitlement in the International Legal System, in: Macdonald/Johnston, 383 ff.; Rest UPR 1982, 358 ff.

Umweltprivatrecht beruht[8]. Kennzeichnend für das Umweltverwaltungsrecht der Bundesrepublik und ihrer westlichen Nachbarländer ist das System des öffentlich-rechtlichen Verbots mit Erlaubnisvorbehalt, das sowohl privatrechtliche Befugnisse zur unternehmerischen Nutzung des Eigentums als auch in bestimmtem Umfang privatrechtliche Ansprüche auf Abwehr der genehmigten, umweltbelastenden Tätigkeit einschränkt und damit das Privatrecht teilweise überlagert. Dem Recht der Nachbarn auf Beteiligung am Genehmigungsverfahren und dem Schutz seiner Interessen durch das materielle Umweltverwaltungsrecht korrespondiert die Pflicht, behördlich genehmigte, umweltbelastende Aktivitäten zu dulden. Der Ausgangspunkt dafür ist in allen Ländern derselbe, er liegt in der Erkenntnis, daß es einem Unternehmen nicht gestattet sein kann, die Umwelt unumschränkt und ohne Rücksicht auf etwaige Belange der Nachbarschaft und der Allgemeinheit zu nutzen. Die Mobilität natürlicher Umweltmedien und ihre begrenzte Belastbarkeit, die mögliche Tragweite eines Schadens und seine Irreversibilität lassen es nicht zu, Entscheidungen über die Nutzung der Umwelt ausschließlich in unternehmerischer Eigenverantwortung zu belassen. Neben privatrechtlichen Lösungen, die dem einzelnen die Wahrung seiner Rechte über das Delikts- oder Grundstücksrecht überlassen und allenfalls punktuell wirken, bietet sich als wesentlich effektiveres Mittel zur Herstellung der Gemeinverträglichkeit der verschiedenen Nutzungen - wegen ihrer planerischen und damit präventiven Konzeption - vor allem eine verwaltungsrechtliche Lösung an. Deshalb bedürfen in der Bundesrepublik wie auch in unseren westlichen Nachbarstaaten Anlagen mit besonders hohem Umweltschädigungs-, -gefährdungs- oder -belastungspotential einer Genehmigung[9]. Die Genehmigung ist ein Instrument staatlicher Präventivkontrolle, der Genehmigungsvorbehalt soll die Behörden in jedem Fall rechtzeitig ein-

---

[8] Dazu Nassr-Esfahani/Wenckstern, Der Rheinversalzungsprozeß, RabelsZ 1985, 741 ff. sowie unten § 2 III 2, 5; § 7 III 1.

[9] Vgl. etwa für die Bundesrepublik § 4 I BImSchG i.V.m. §§ 2, 4 der 4. BImSchV vom 14.2.1975 (BGBl.I 499, 727); § 7 IV des Gesetzes über die friedliche Verwendung der Kernenergie und den Schutz gegen ihre Gefahren (Atomgesetz-AtG) vom 23.12.1959 i.d.f. vom 15.7.1985 (BGBl. I 1565); §§ 6, 8 des Luftverkehrsgesetzes (LuftVG) vom 1.8.1922 i.d.F. v. 14.1.1981 (BGBl. I 61); für Frankreich: Artt. 1, 2 de la Loi no. 76-663 vom 19.7.1976 relative aux installations classées pour la protection de l'environnement (Dalloz, Code de l'Environnement, 1984, 1097) i.V.m. dem Décret no. 63-1128 relatif aux installations nucléaires du 11 dec. 1963, geändert durch Décret no.73-405 vom 27.3.1973 (dazu näher Despax, 26, 63); Dänemark: § 35; § 6 Nr.5 des Gesetzes über den Umweltschutz vom 13.6.1973 (abgedr. in: Bothe (Hrsg.), Ausländisches Umweltrecht V, 17 ff.) i.V.m. Durchführungsverordnungen; vgl. auch rechtsvergleichend zu diesem Thema Lummert, Natur und Recht 1982, 241 (243); ders., Rechte des Bürgers zur Verhütung von Umweltschäden, 142 ff.

schalten und die Einhaltung des materiellen Umweltschutzrechts sicherstellen[10].

Nach Eintritt der Unanfechtbarkeit kommt aber der Anlage in gewissen Grenzen ein Bestandsschutz zu, und zwar in doppelter Hinsicht: Zum einen müssen für nachträgliche Anordnungen oder Untersagungsverfügungen qualifizierte Voraussetzungen vorliegen, auch eine Aufhebung der Betriebsgenehmigung ist nur unter den Voraussetzungen für Rücknahme oder Widerruf zulässig[11]. Der Betreiber soll in gewissen Grenzen darauf vertrauen dürfen, daß die Anlage den rechtlichen Erfordernissen entspricht. Ergänzend dazu wird der Bestand der Anlage durch die privatrechtsgestaltenden Wirkungen der Genehmigung auch in zivilrechtlicher Hinsicht abgesichert. In der Bundesrepublik schirmen Vorschriften des öffentlichen Rechts[12], in den Niederlanden[13] und in Österreich[14] Vorschriften des Privatrechts behördlich genehmigte Anlagen gegen zivilrechtliche Ansprüche jedenfalls insoweit ab, als diese auf Einstellung des Betriebs zielen. Frankreich geht von einer strikten Trennung der Kompetenzen zwischen Zivilgerichtsbarkeit und Exekutive aus, ebenfalls mit dem Ergebnis einer Präklusion des Unterlassungsanspruchs.[15] Die Zuerkennung nachbarrechtlicher Abwehransprüche, die sich in Widerspruch zu einer zuvor erteilten behördlichen Genehmigung setzte, würde als Übergriff des Zivilrichters in die Kompetenz der Verwaltung angesehen[16]. Der Sinn der Genehmigung und der vorausgegangenen Abwägung würde in Frage gestellt, könnte der Nachbar die planerisch erzielte Verwaltungsentscheidung zu jedem beliebigen Zeitpunkt durch zivilrechtliche Unterlassungsklagen durchkreuzen.

Diesem übereinstimmenden Grundgedanken entspricht die Grundstruktur der nationalen Regelungen, die den Interessenkonflikt zwischen Anlagenbetreiber und Nachbarschaft ausgleichen. Nach Abwägung in einem alle

---

[10] Vgl. Jarass, BImSchG zu § 4 Rz. 1; ders., DVBl. 1985, 193 ff.; zu den - weitergehenden - wirtschaftlichen Lenkungszwecken im französischen Umweltverwaltungsrecht vgl. Despax, 17.

[11] Ausführlich dazu für den immissionsschutzrechtlichen Bereich in Deutschland Jarass, BImSchG, vor § 4 Rz. 2; Feldhaus, Bundesimmissionsschutzgesetz, § 14 Anm. II, Ule, Bundesimmissionsschutzgesetz, § 14 Rn II.

[12] § 14 BImSchG; § 11 LuftVG i.V.m. § 14 BImSchG.

[13] Richterrecht; dazu Nassr-Esfahani/Wenckstern, RabelsZ 85, 775 m.w.N. sowie unten § 2 III 4 c).

[14] § 364a ABGB (in Kraft seit 1.1.1812); abgedruckt bei Feil, ABGB, 1977, s. dazu Koziol/Welser I, 3. A., S. 9.

[15] § 2 III 4 a).

[16] Despax Nr. 48; Mazeaud/Tunc, Traité Bd. III No. 2315; Cass Civ. 5.9.1963, D.1964 J.178 m.Anm. Gabolde; rechtsvergleichend ferner Lummert: Rechte des Bürgers (oben Fn 9).

Interessen koordinierenden Verwaltungsverfahren wird dem Betreiber, falls die Anlage den - auch nachbarschützenden - umweltrechtlichen Anforderungen und Standards entspricht, das Recht verliehen, die Anlage zu nutzen; der Nachbar wird in bestimmtem Umfang mit privatrechtlichen Ansprüchen ausgeschlossen[17].

Nun halten sich Umweltbelastungen bekanntlich nicht an Staatsgrenzen. Der Reichweite des Sachproblems würde es daher am besten entsprechen, die Problematik völkerrechtlich zu regeln oder im Rahmen des Gemeinschaftsrechts einen Träger supranationaler Planungshoheit einzurichten und die Zivilrichter an dessen Entscheidung zu binden[18]. Die bisher bestehenden Staatsverträge auf dem Gebiet der Luftverschmutzung und im Kernenergiebereich regeln jedoch die hier behandelte Frage nicht. Ansätze, die wenigstens auf eine Harmonisierung der Genehmigungsvoraussetzungen oder eine grenzüberschreitende Bürgerbeteiligung zielen, stellen die Richtlinie 84/360 EWG des Rats vom 28.6.1984[19] sowie die Stockholmer Deklaration der Vereinten Nationen von 1972[20] dar. Zwar lassen beide die Wirkung ausländischer Genehmigungen im Verfahren vor den Zivilgerichten unberücksichtigt, sie erleichtern aber die gegenseitige Anerkennung.

Solange es an internationalen Antworten auf die Frage nach der Anspruchspräklusion in Fällen mit Auslandsbezug fehlt, ist die Lösung im autonomen Recht zu suchen. Wird ein Nachbar von den grenzüberschreitenden Immissionen einer im Ausland belegenen Anlage betroffen, erlaubt ihm zunächst das Internationale Zivilverfahrensrecht, seine Ansprüche sowohl vor den Gerichten des Immissionsstaats als auch vor den Gerichten des Emissionsstaats geltend zu machen[21]. Nach dem für ein deutsches Forum maßgeblichen deutschen IPR kann der Nachbar Schadensersatzansprüche nach in- oder ausländischem Privatrecht geltend machen, Abwehransprüche zumindest nach deutschem Recht. Sodann stellt sich die Frage, ob die ausländische Genehmigung diese Ansprüche ausschließt. Die in Deutschland wohl herrschende und vor allem von der Rechtsprechung vertretene Mei-

---

17 Lummert, Natur und Recht 1982, 254 (oben N. 9); Rehbinder, Diskussionsbericht, in: Rechtsfragen 219; Ruppert, Tagungsbericht UPR 1982, 293 ff. (295), wonach es allerdings ausgeschlossen worden sein soll, die privatrechtsgestaltende Wirkung auch auf das Ausland zu erstrecken; vgl. auch den Bericht zu derselben Tagung bei Lindemann, Natur und Recht 1982, 256.

18 Küppers, ZRP 1976.

19 Richtlinie des Rates vom 28. Juni 1984 zur Bekämpfung der Luftverunreinigung durch Industrieanlagen (84/360/EWG), Beilage BAnz. vom 6.2.1985, Nr. 25a.

20 Art 3, 7 der Stockholmer Umweltdeklaration vom 16.6.1972, UN-Doc. A/Conf. 48/14.

21 EuGH 30.6.1976 (Bier ./. Mines de Potasse d'Alsace), Slg. 1976, 1735 ff., 1746; dazu Rest, Env. Pol. L.R. 1977, 41ff.; Siehr, RabelsZ 1981, 380.

nung lehnt es ab, ausländischen Genehmigungen eine anspruchshindernde Wirkung zuzuerkennen[22]; dafür geht sie von der für das deutsche Recht - nicht allen Rechtsordnungen - typischen Trennung von öffentlichem Recht und Privatrecht aus[23]. Die Rechtsgrundlagen für die Erteilung der Genehmigung und das Verfahren wurzeln, ebenso wie das anschließende Duldungsgebot, im öffentlichen Recht. Die Geltung öffentlichen Rechts hört nach einer Entscheidung des österreichischen VGH, die zu Lasten deutscher Beschwerdeführer erging und deshalb auch den weiteren Verlauf der Diskussion in Deutschland maßgeblich mit bestimmt haben mag, an der Staatsgrenze auf[24]. Dementsprechend lehnt auch die deutsche Rechtsprechung eine Anerkennung ausländischer Genehmigungen rigoros ab, ohne die Möglichkeit einer Sonderanknüpfung oder die Existenz einer ungeschriebenen Verwaltungs-Kollisionsrechtsregel auch nur entfernt in Betracht zu ziehen, denn "die Genehmigung ist ein Verwaltungsakt, dessen Wirkung sich auf das Hoheitsgebiet des Staates beschränkt, dessen Behörde sie erlassen hat"[25]. In der Tat erscheint auf den ersten Blick eine so rigorose Anwendung des Territorialitätsprinzips gerade im Immissionsschutzrecht um so mehr geboten, als diese Materie als Wirtschaftsaufsichtsrecht und damit als Ermächtigungsgrundlage für Eingriffsverwaltung dem klassischen Polizeirecht angehört. Das Polizeirecht unterliegt bereits traditionell einer besonders engen Bindung zum Hoheitsgebiet. Befremdlich an einer derart territorialitätsbezogenen Sicht im Umweltverwaltungsrecht erscheint jedoch, daß gleichartige Immissionen dann als Auslandsimmissionen untersagt, als Inlandsimmissionen aber geduldet werden müßten[26].

Im übrigen hat man bisher die Konsequenz der Territorialitätstheorie auf den umgekehrten Fall noch nicht ausreichend erkannt. Macht nämlich ein im Ausland betroffener Grenznachbar gegen den Betrieb einer im Inland genehmigten Anlage Unterlassungs- oder Beseitigungsansprüche geltend, müßte ihm die Rechtsprechung diese folgerichtig zuerkennen, ohne daß sich der Betreiber einredeweise auf die ihm erteilte Genehmigung berufen könnte[27]. Hier hätte die Anwendung des Territorialitätsprinzips völlig unerträgliche Konsequenzen. Sie würde den Unternehmer einer unübersehba-

---

[22] Dazu § 2 II 2.

[23] Dazu § 2 II 2 a).

[24] Beschluß vom 30.5.1969, Erkenntnisse und Beschlüsse des Verwaltungsgerichtshofs, 1969, Nr. 7582 (A.).

[25] BGH, Vorlagebeschl. vom 10.3.1978 ("Flughafen Salzburg"), DVBl. 1979, 226 (227) m. Anm. Küppers; OLG Saarbrücken, NJW 1958, 752, 754 = IPRspr. 1956-1957, Nr. 42.

[26] Dazu unten § 4 III.

[27] Dazu unten § 7 II.

ren Zahl aus dem Ausland drohender Einstellungsansprüche aussetzen und den Gesetzeszweck - Bestandsschutz für unanfechtbar genehmigte Anlagen - durchkreuzen. Den Interessen des ausländischen Grenznachbarn käme sie noch nicht einmal sonderlich entgegen. Seine Belange ließen sich besser im Verwaltungsverfahren verfolgen, was im Hinblick auf die präventive Funktion einen effektiveren Schutz böte als den, den ein Zivilgericht erst nachträglich bieten kann.

Daß für diese Problematik bisher kaum Lösungsansätze gesucht wurden, mag darauf zurückzuführen sein, daß ersichtlich noch kein Fall hervorgetreten ist, der die Problematik in vollem Umfang zutage gebracht hätte. Während es in letzter Zeit gerade vor deutschen Gerichten häufiger darum ging, daß Inländer sich gegen den Betrieb im Ausland genehmigter Anlagen zur Wehr setzten[28] - so daß allenfalls über die Möglichkeit einer Anerkennung der ausländischen Genehmigung zu entscheiden war -, ist ein Fall der besonders problematischen umgekehrten Konstellation - ausländischer Grenznachbar klagt auf Unterlassung oder Beseitigung im Inland - nicht bekannt geworden. Angesichts der anhaltenden Rechtsunsicherheit im Bereich des grenzüberschreitenden Umweltrechts besteht anscheinend die Tendenz, wegen zivilrechtlicher Abwehransprüche nicht die Gerichte des Genehmigungsstaats anzurufen, sondern die des Heimatstaats; auch auf die Gefahr hin, daß eine Vollstreckung am ordre public des Emissionsstaats scheitert. Dabei ist an einem praktischen Bedürfnis, Abwehrrechte schon gerichtlich im Emissionsstaat verfolgen zu können, gar nicht zu zweifeln. Wenn auch die Vollstreckung ausländischer Leistungsurteile im Widerspruch zu einer behördlichen Zulassung einer umweltbelastenden Anlage im Emissionsstaat nicht schlechthin ausgeschlossen ist[29], wird man doch immerhin den im Genehmigungsstaat selbst erwirkten Urteilen größere Durchsetzungschancen zubilligen müssen als Urteilen der Gerichte im Imissionsstaat[30]. Von dieser Überlegung gingen wohl auch die Kläger in den niederländischen Rheinversalzungsprozessen aus, wenn sie - problemlos vollstreckbare - Schadensersatzansprüche vor den niederländischen Gerichten des Immissionsstaates geltend machten, die Einstellung der Rheinversalzung aber durch die öffentlich-rechtliche Klage vor dem französischen Verwaltungsgericht in dem Genehmigungsstaat zu erreichen versuchten.

---

[28] VG Oldenburg, Urt. vom 6.2.1985, DVBl. 85, 802 ff., 803.

[29] BGH DVBl. 1979, 226 ff.; LG Waldshut-Tiengen UPR 1983, 14 ff.; siehe auch OLG Saarbrücken 5.3.1963, IPRspr. 1962/63, Nr. 38 sowie das erstinstanzliche Urteil des LG Saarbrücken vom 4.7.1961, IPRspr. 1960/61 Nr. 38.

[30] Dazu unten § 5 IV.

Der Klärung bedarf daher, ob sich aus dem geltenden Recht Maßstäbe dafür ergeben, ob, in welchem Umfang und in welchen Grenzen eine umweltrechtliche Genehmigung extraterritorial wirkt.

Es versteht sich von selbst, daß angesichts der Vielzahl unterschiedlicher Verfassungs- und Verwaltungsrechtsordnungen, Verwaltungsverfahren und differierender umweltrechtlicher Standards kein für alle Länder allgemeingültiges Lösungsmodell angeboten werden kann. Die vorliegende Arbeit beschränkt sich auf die Rechtslage, wie sie sich aus der Sicht eines bundesdeutschen Forums darstellt, d.h. die Möglichkeiten und Grenzen einer grenzüberschreitenden Anspruchspräklusion werden an Maßstäben deutschen Rechts unter Einbeziehung des Völkerrechts untersucht.

Zur weiteren Vereinfachung wird die Sicht auf Rechtsbeziehungen zu Bewohnern der westlichen Nachbarstaaten beschränkt.

Diese Beschränkung rechtfertigt sich aus der Ähnlichkeit grundlegender Ordnungsvorstellungen, aus denen auch ähnliche rechtliche Strukturen im Umweltverwaltungsrecht folgen, was die übergreifende Konzeption einer internationalen Umweltpolitik erleichtert.

In dieser Eingrenzung reduziert sich die Problematik auf zwei Fragestellungen, wie sie vor deutschem Forum in Sachverhalten mit Auslandsberührung zu den westlichen Nachbarstaaten je nach Art der Fallkonstellation auftreten können. Zum einen geht es darum, ob, unter welchen Voraussetzungen und mit welcher Wirkung eine ausländische Genehmigung im Inland beachtet werden muß, kann, darf. Andererseits stellt sich die Frage, was die über Art. 25 GG in die deutsche Rechtsordnung inkorporierten allgemeinen Regeln des Völkerrechts, das Verfassungsrecht und das Internationale Privat- und Verwaltungsrecht für das Problem des grenzüberschreitenden Bestandsschutzes hergeben.

*A.*

# Anerkennung ausländischer Realkonzessionen

## § 2 Grundlagen

### *I. Vorbemerkung*

#### 1. Begriff "Anerkennung"

Der Begriff "Anerkennung" ist im internationalprivatrechtlichen und öffentlich-rechtlichen Schrifttum zum Immissionsschutzrecht nicht sonderlich verbreitet[1]. Das damit befaßte Rechtsgebiet ist noch zu jung, als daß sich eine einheitliche Terminologie durchgesetzt hätte. Man könnte eine Definition der Anerkennung dahinstehen lassen und auf eine Vielzahl stattdessen verwendeter Begriffe zurückgreifen, wenn diese Begriffe austauschbar wären. Das ist aber nicht der Fall. Ob eine ausländische Genehmigung auf deutschem Hoheitsgebiet "Geltung beanspruchen" kann[2], ob sie einer deutschen Genehmigung "gleichgesetzt" werden kann oder ob der Nachbar nur kraft freiwilliger Unterwerfung so gestellt werden kann, als wäre der störende Betrieb im Inland belegen und genehmigt[3], ist ein gewichtiger Unterschied, der sowohl auf dem Wirkungsgrund der Genehmigung im Inland als auch auf ihren Rechtsfolgen aufbaut.

---

[1] Vgl. Kloepfer, Grenzüberschreitende Umweltbelastungen, in: Moltke u.a., 41 ff. 43; Kloepfer/Kohler, 164; Kohler, Unterlassungs- und Schadensersatzklagen, in: Moltke u.a., 69 ff. 82 ff.; Stoll, RabelsZ 1973, 367 ff.; Bucher, Zivilrechtliche Schadensersatz- und Unterlassungsklagen - Schweiz, in: Rechtsfragen, 204; Ruppert, UPR 82, 293 ff. (294); Rehbinder, Diskussionsbericht: in Rechtsfragen, 219 ; Weber DVBl 1980, 336, die alle den Begriff "Anerkennung" nicht verwenden; anders nur Lummert, Natur und Recht 1982, 243; ders., Zivilrechtliche Schadensersatz- und Unterlassungsklagen - Bundesrepublik Deutschland, in: Rechtsfragen, 183 ff.; Rest UPR 1982, 358, 365; Prieur, Rapport du groupe de travail "La reconnaissance des autorisation étrangères", in: Rechtsfragen, 213 ff.; Neumeyer IV 295 ff., 304 (Betriebserlaubnis für Flugzeuge). Vgl. neuerdings auch Hager, RabelsZ 1989, 293ff. mit dem neuen Begriff "Berücksichtigung" (m.E. nicht ganz treffsicher)

[2] So BGH DVBl. 1979, 226 ff.

[3] Stoll, RabelsZ 1973, 375.

Im ersten Fall geht die Geltung im Inland originär auf den Willen des ausländischen Staates zurück, der Richter wendet jene ausländische Verwaltungsentscheidung unmittelbar aufgrund ihres extraterritorialen Geltungswillens an[4]. Dementsprechend kann es auch hinsichtlich der zivilrechtlichen Wirkungen allein auf das Recht des Staates ankommen, der die Genehmigung erlassen hat. In den beiden anderen Fällen liegt ein Anwendungsbefehl der inländischen Ordnung vor[5]. Bei diesen Alternativen ist nicht völlig klar, ob die Wirkung der Genehmigung nach dem Recht des Urteils- oder des Emissionsstaates zu beurteilen sein soll. Praktische Bedeutung erlangt der Unterschied vor allem dann, wenn die ausländische Rechtsfolge den Kläger schlechter stellen würde[6]. Das kann etwa dann der Fall sein, wenn der ausländische Anspruchsausschluß im Inland grundsätzlich nicht präkludierte Schadensersatzansprüche mit umfaßt[7] oder wenn die ausländischen Standards für Art und Ausmaß der hinzunehmenden Umweltbelastungen niedriger liegen[8].

Es liegt auf der Hand, daß ein begriffliches Verständnis, das die Beachtlichkeit einer ausländischen Genehmigung allein auf den Willen des ausländischen Staates zurückführt und den Richter außerdem an die ausländischen Standards bindet, es nahelegen muß, die Wirkung einer ausländischen Genehmigung im Inland schon im Grundsatz abzulehnen. Die früher vereinzelt geäußerte Ansicht, die Rechtserheblichkeit ausländischer Hoheitsakte im Inland gründe sich allein auf die Rechtsmacht des erlassenden Staates[9], dürfte als überholt gelten[10]. Deutsche Gerichte lehnen eine originäre Geltung ausländischer Genehmigungen auf deutschem Hoheitsgebiet unisono ab.[11]. Aber die vom OLG Saarbrücken[12] vorsichtiger gestellte Frage nach einer Gleichsetzung mit deutschen Erlaubnissen sowie die von Stoll[13] in die

[4] Vgl. dazu König 22 ff.; Neumeyer IV 299.

[5] Vgl. König a.a.O. (vorige N.); Schwarz 3; Neumeyer 348.

[6] Dazu unten § 6.

[7] Dazu unten § 6.

[8] Ein praktisches Beispiel dafür, daß weit auseinanderliegende umweltrechtliche Standards in benachbarten Staaten Befürchtungen wegen der Gefahr übermäßiger Immissionen auslösen können, bildet der umstrittene, seit 1971 geplante Bau der Öldestillerieanlage Sennwald; dazu Wildhaber Schw.Jb.f.Int.R. 1975, 97 ff. (98).

[9] So noch Frankenstein I 327 ff. (343).

[10] Vgl. Neumeyer IV 348; König 22 f.

[11] Vgl. oben Einleitung Fn 25.

[12] OLG Saarbrücken Urt. v. 22.10.1957, NJW 1958, 752, 754.

[13] Stoll, RabelsZ 1973, 375.

Diskussion eingeführte Fiktion sind für die vorliegende Arbeit ebenfalls nicht brauchbar. Ob die Genehmigung, wenn sie beachtlich ist, einer deutschen wirklich zwingend in allen Punkten gleichzustellen ist und ob die Wirkung auf freiwilliger Unterwerfung oder auf normativen Grundsätzen beruht, bedarf gerade der Klärung. Soweit solche Umschreibungen für das hier behandelte Problem zuviel voraussetzen, können sie nicht übernommen werden.

Auch der Ausdruck "Anerkennung" wird allerdings, soweit er in allgemeinerem Zusammenhang mit der Wirkung ausländischer Hoheitsakte überhaupt Verwendung findet, in bezug auf die Wirkungen keineswegs stets neutral verwendet. Die Terminologie ist nicht einheitlich. Geck umreißt die Anerkennung dahin, "daß ein Staat dem fremden Hoheitsakt in seinem Bereich die gleiche Rechtswirkung zumißt, wie die Rechtsordnung des Staates, die ihn gesetzt hat"[14]. Von einem noch engeren Vorverständnis geht aus, wer die Anerkennung mit einer Bindungswirkung für den anerkennenden Staat verknüpft. So heißt es bei Verdross, durch die Anerkennung werde ein bestimmter Zustand oder Anspruch als rechtmäßig anerkannt mit der Wirkung, daß der Anerkennungsstaat die Rechtmäßigkeit nicht mehr in Frage stellen könne[15]. Problematisch an einer Übernahme dieser Definition in die nachfolgende Untersuchung ist, daß sich die damit einhergehende Festlegung der Staaten auf bestimmte, womöglich irreversible Folgen erheblich einschränkend auf die Zulässigkeitsvoraussetzungen nach innerstaatlichem Recht auswirken muß. Auch unter rechtspolitischem Gesichtspunkt geht durch die Aussicht auf eine langfristige Bindung jeder Anreiz für die Staaten verloren, jenseits völkervertraglicher Grundlagen ein nationales Anerkennungsrecht zu schaffen. Die enge Fassung des Begriffs würde hier nur die Sicht auf die volle Problematik verstellen.

Es bleibt die Frage, ob die "Anerkennung" von der "Respektierung" fremder Hoheitsakte abzugrenzen ist, eine Unterscheidung, die gelegentlich im Völkerrecht getroffen wird. Die meisten Autoren sehen zwar von dieser Unterscheidung ab[16] und behandeln stattdessen unter dem Stichwort "Anerkennung" ebendie Frage, inwieweit über eine Vollstreckung i.e.S. hinaus die Feststellungs- oder Gestaltungswirkung, die sich fremde Hoheitsakte nach dem Recht des Ursprungsstaates beimessen, nach allgemeinem Völkerrecht bei der Entscheidung grenzüberschreitender Sachverhalte zu re-

---

14 Geck, Anerkennung fremder Hoheitsakte, in: Strupp/Schlochauer, Bd. I, 55.

15 Verdross, Nichtige und strafbare Staatsakte im Völkerrecht, JBl. 1949, 57.

16 Geck, Anerkennung fremder Hoheitsakte, in: Strupp/Schlochauer, Bd. I, 55; Beitzke, Extraterritoriale Wirkung von Hoheitsakten, ebda. 504ff.

spektieren ist[17]. Es gibt jedoch auch Meinungen, die den Begriff "Respektierung" weiter fassen als den der "Anerkennung"[18]. Danach bedeutet "Respektierung" schlicht, daß die Wirkung eines ausländischen Hoheitsaktes im Inland hingenommen wird[19]. Es findet eine Subsumtion unter die deutschen Tatbestände statt. Im Internationalen Privatrecht nennt man diesen Vorgang Substitution[20]. Es leuchtet ein, daß diese Respektierung in erster Linie dort in Frage kommt, wo sich die Wirkungen des Hoheitsaktes zunächst nur im Ausland ereignet haben, also beispielsweise Ein- und Ausbürgerung, Ehescheidung von Ausländern im Heimatstaat, notarielle Beurkundung im Ausland durch ausländischen Notar. Die Anerkennung bezieht sich dagegen auf grenzüberschreitende Sachverhalte und auf Sachverhalte mit konkurrierenden Zuständigkeiten und ist nach verbreiteter Terminologie außerdem nur auf Einzelfallregelungen[21] beschränkt. Ob sich die Rechtswirkung eines Hoheitsaktes zunächst nur auf das Inland oder von vornherein auch auf das Ausland erstrecken soll, und ob der ihn erlassene Staat eine ausschließliche Kompetenz in Anspruch nimmt oder eine konkurrierende, spielt dann nur noch eine Rolle für die Frage, wo das Ermessen der Staaten zur Anerkennung anfängt und wo die Pflicht zur Respektierung fremder Hoheitsakte aufhört[22].

Ich halte es nicht für sinnvoll, die Unterscheidung zwischen Respektierung und Anerkennung fremder Hoheitsakte hier einzuführen, aus folgenden Gründen: Mit dem Begriff "Anerkennung" soll keiner rechtlichen Wertung über eine Anerkennungspflicht oder ein Anerkennungsermessen vorgegriffen werden. In der vorliegenden Arbeit geht es nicht nur um die völkerrechtliche Grenze zwischen Anerkennungspflicht und -ermessen, sondern auch um die Voraussetzungen einer Anerkennung, ihre durch das autonome Recht gezogenen Grenzen und ihre Sachgerechtigkeit. Die vorliegenden Sachverhalte spielen sich ohnehin nur grenzüberschreitend ab.

Zusammengefaßt gibt es keinen Grund, zwischen Respektierung und Anerkennung zu unterscheiden.

Der Ausdruck "Anerkennung" soll deshalb im folgenden verwendet werden, ohne daß damit ein Urteil über ein Ermessen der Staaten oder über

---

17 Vgl. Verdross Rn. 1021; Dahm, 484.

18 So offenbar z.B. Heiz, 162, 165.

19 Beispiele bei Dahm, 484.

20 Neuhaus, 351ff.

21 Z.B. Vogel, Räumlicher Anwendungsbereich, 296.

22 Dahm, 485; Verdross, 1021.

Art und Umfang der privatrechtsgestaltenden Wirkung verbunden ist. Einer Definition Neumeyers folgend, ist hier unter Anerkennung jede Einräumung von Rechtserheblichkeit im Inland zu verstehen[23].

## 2. Fallgestaltungen

### *a) Folgerungen aus der internationalen Zuständigkeit*

Die Anerkennungsproblematik tritt auf, wenn ein Nachbar, der von grenzüberschreitenden Immissionen einer im Ausland gelegenen Anlage betroffen ist, den Betreiber im Inland auf Unterlassung oder Beseitigung der Beeinträchtigungen in Anspruch nimmt. Ob sich der Betreiber womöglich auch gegenüber Schadensersatzansprüchen auf die anspruchsausschließende Wirkung der Genehmigung berufen kann, was das Oberlandesgericht Saarbrücken[24] bisher stets als kollisionsrechtliches Problem betrachtete und was auch in der Urteilsbegründung der Rechtbank Rotterdam[25] aus niederländischer Sicht breiten Raum eingenommen hat, bleibt einer gesonderten Prüfung vorbehalten[26]. Um ein geschlossenes Bild über die nach Lage der Zuständigkeit denkbaren Fallkonstellationen zu vermitteln, werden sie in diesem Abschnitt mitbehandelt. Es sei aber bereits an dieser Stelle angedeutet, daß Schadensersatzklagen die Problematik überhaupt nur dann aufwerfen können, wenn sich die ausländische Genehmigung schon nach dem Recht des sie erlassenden Staates Wirkung auch für Ersatzansprüche beimißt, und daß dieser Fall selten auftritt[27].

Der Kreis der Nachbarschaft wird hier weit gezogen. Er umfaßt alle Personen im Einwirkungsbereich der Anlage, gleichgültig ob es sich um Nichtgebietsansässige, Deutsche oder Ausländer handelt[28]. Im Verfahren vor den ordentlichen Gerichten der Bundesrepublik kann es um Ansprüche eines

---

[23] Neumeyer, Bd. IV, 299.

[24] OLG Saarbrücken 20.10.1958, NJW 1958, 752 (754); Urt. v. 5.3.1963, IPRspr. 1962/63 Nr. 38, 95 (98).

[25] Rb. Rotterdam v. 16.12.1983, Ned.Jur. 1979, Nr. 113 = RabelsZ 1985, 741 ff. (dt. Übersetzung).

[26] Dazu unten § 1 II 2 b).

[27] Ebenso Rehbinder, Diskussionsbericht, in: Rechtsfragen, 219; vgl. auch zu Schadensersatzansprüchen nach amerikanischem, französischem, belgischem und schweizerischem Recht Lummert, Zivilrechtliche Schadensersatz- und Unterlassungsklagen - Bundesrepublik Deutschland, in: Rechtsfragen 183, 185; ders., Natur und Recht 1982, 250. Zum französischen und österreichischen Recht s. auch unten § 2 III a),e).

[28] Vgl. auch Weber DVBl. 1980, 330; mit verfassungsrechtlichen Argumenten.

Gebietsansässigen gehen, der im Bundesgebiet von den schädlichen Auswirkungen der Anlage betroffen ist. Denkbar ist aber auch, daß sich der umweltbelastende Vorgang allein auf dem Territorium von Drittstaaten abgespielt hat und der Betroffene im Inland lediglich seine Rechte geltend macht. Diese Fallgestaltung kann anders zu behandeln sein als die Klage eines Gebietsansässigen[29]. Welche Fälle vor deutschem Forum praktische, die Entwicklung eines Lösungsmodells mitbestimmende Bedeutung erlangen können, hängt zunächst von der internationalen gerichtlichen Zuständigkeit der Bundesrepublik Deutschland ab.

### (1) EWG Staaten

Seit dem 1.2.1973 bestimmt sich im Verhältnis der sechs EWG-Gründerstaaten zueinander die internationale gerichtliche Zuständigkeit nach dem Brüsseler Übereinkommen über die gerichtliche Zuständigkeit und Vollstreckung gerichtlicher Entscheidungen in Zivil- und Handelssachen[30]. Hinzugekommen sind seitdem Dänemark, das Vereinigte Königreich, Irland und Griechenland[31]. Als allgemeinen Gerichtsstand sieht das Übereinkommen für Klagen gegen natürliche Personen deren Wohnsitz, für Klagen gegen juristische Personen und Personenvereinigungen deren Sitz vor, Art. 2, 17.

Für die Anerkennungsproblematik bedeutungslos und deshalb zurückzustellen sind dabei die Fälle, in denen im Wohnsitzstaat des Beklagten zugleich die emittierende Anlage betrieben wird. In diesen Fällen hätten die Gerichte allein über die Wirkung einer inländischen Genehmigung zu entscheiden; die Frage nach der Anerkennung einer ausländischen Genehmigung stellte sich nicht.

Im übrigen kann ein deutsches Gericht als Gericht des Emissionsstaates, Immissionsstaates oder eines Drittstaates zuständig sein. Insoweit ist nach Schadensersatzansprüchen und Abwehransprüchen zu differenzieren:

Schadensersatzansprüche fallen als Ansprüche aus unerlaubten Handlungen unter den besonderen Gerichtsstand des Art. 5 Nr. 3 und können demzufolge außer am Wohnsitz des Beklagten vor den Gerichten des Ortes gel-

---

[29] Dazu unten § 2 II 2 c),h) (2) (dd).

[30] Übereinkommen über die gerichtliche Zuständigkeit und die Vollstreckung gerichtlicher Entscheidungen in Zivil- und Handelssachen vom 27.9.1968 und das Protokoll vom 3.6.1971 (BGBl. 1972 II S. 774;BGBl. 1972 II S. 845). Ausführlich zum Abkommen, Geimer, RIW/AWD 1975, 139 ff.

[31] BGBl. 1983 II S. 802; BGBl. 1988 II S. 453; BGBl. 1986 II S. 1020; BGBl. 1986 II S. 1146; BGBl. 1988 II S. 610; BGBl. 1989 II S. 214.

tend gemacht werden, "an dem das schädigende Ereignis eingetreten ist". Bis zu der Entscheidung des EuGH[32] im Rheinversalzungsprozeß[33] war zweifelhaft, ob es sich dabei um den Ort der Schadensverursachung oder des Schadenseintritts handelte; inzwischen ist diese Frage im Sinne eines Wahlrechts des Geschädigten geklärt[34]. Für Ersatzklagen, in denen die Anerkennungsfrage auftritt, kann ein deutsches Forum demnach als Wohnsitzgericht oder gem. Art. 2 des Abkommens als Gericht des Immissionsstaates zuständig sein. Ein deutsches Gericht muß also nicht unbedingt immer als Forum des Immissionsstaates angerufen sein. In dem Verfahren vor deutschen Gerichten kann es auch darum gehen, ob die privatrechtsgestaltende Wirkung einer ausländischen Realkonzession den Ersatzansprüchen Betroffener in einem Drittstaat entgegengehalten werden kann, falls nur der Betreiber einen Wohnsitz im Inland hat.

Für Abwehransprüche ist immer noch umstritten, ob sie als "dingliche Rechte an unbeweglichen Sachen" i.S.d. Art. 16 GVÜ zu qualifizieren sind und deshalb in die ausschließliche Zuständigkeit der Gerichte im Lagestaat des beeinträchtigten Grundstücks fallen oder ob sie dem Gerichtsstand für unerlaubte Handlungen zuzuordnen sind[35]. Legt man für die Qualifikation deutsches Recht als das Recht des Urteilsstaates zugrunde, handelt es sich bei den nachbarrechtlichen Abwehr- und Ausgleichsansprüchen im Unterschied zu Ersatzansprüchen um dingliche Rechte[36]. Wer dagegen auf die einheitlich deliktische Qualifikation funktionsverwandter Rechtsinstitute[37] in der Mehrzahl der Vertragsstaaten abhebt, wird Abwehransprüche auch auf der Ebene des GVÜ dem Gerichtsstand für unerlaubte Handlungen zuwei-

---

32 EuGH v. 30.6.1976 - Rs 21/76 (Bier ./. Mines de Potasse d'Alsace), Slg. 1976, 1735 ff. (1746 f.)

33 Rb. Rotterdam 12.5.1975, Neth.YB Int. L 1976, 344 = Rev.jur.env. 1976, 71; Hof den Haag v. 27.2.1976, Neth.Int.L.Rev. 1976, 365; Rb. Rotterdam 16.12.1983 (oben S1. Fn 2); s. dazu auch Siehr, RabelsZ 1981, 377 ff. 380; Kiss, AFDI 1984, 772, 780; Nassr-Esfahani/Wenckstern, RabelsZ 85, 1763 ff.; Rest UPR 1982, 358 ff.

34 EuGH v. 30.6.1976, Slg. 1976, 173 ff. (1746 f.); dazu Jessurun d'Oliveira, in: Hueting u.a., 81 ff., 110 ff. m. Anm. Basedow, RabelsZ 1980, 585 ff.; Kohler, Unterlassungs- und Schadensersatzklagen, in: Moltke u.a., 77.

35 Ausführlich dazu Kohler (vorige N.) 73 ff.

36 Kloepfer/Kohler, 164; Stein/Jonas/Schumann Rz. 29 zu § 24 ZPO; abl. Kohler (vorige N.) 73.

37 In Frankreich sind die dem Nachbarrecht verwandten "troubles de voisinage" systematisch dem Deliktsrecht zugeordnet (§§ 1382 f. Code Civil). Mit der Unterlassung begehrt der Kläger eine "reparation en nature"; dazu Mazeaud/Tunc Bd. III, Rz. 2303 ff.; zu den troubles de voisinage im Umweltrecht, genauer Despax, Rz. 41, 42, 48. In den Niederlanden beruhen Abwehransprüche auf dem dem § 1382 Code Civil weitgehend entsprechenden § 1402 BW.

sen[38]. Der allgemeine Gerichtsstand im Wohnsitzstaat ist damit nicht ausgeschlossen.

Wie man auch immer Abwehransprüche qualifiziert, ein deutsches Gericht ist nach beiden Auffassungen jedenfalls zuständig, wenn es um die Abwehr von Inlandsimmissionen geht. Der Streit wirkt sich hauptsächlich darin aus, daß es bei nachbarrechtlicher Qualifikation dem Betroffenen verwehrt ist, den Abwehranspruch wahlweise auch im Emissionsstaat geltend zu machen. Vor den Gerichten des Emissionsstaates kann sich aber die Anerkennungsfrage nie stellen, so daß diese praktische Konsequenz des Streits ohne Bedeutung bleibt. Im übrigen beschränkt sich die Relevanz des Streits auf den bereits angesprochenen Fall, daß sich der umweltbeeinträchtigende Vorgang außerhalb des Bundesgebietes zugetragen hat. Nur die deliktische Qualifizierung würde es hier dem Kläger gestatten, unter Anknüpfung an den Wohnsitz des Betreibers seinen Anspruch auch im Inland zu verfolgen. Eine solche Fallgestaltung ist zwar bisher noch nicht aufgetreten und wird wohl auch in Zukunft die Ausnahme bleiben. Sie könnte aber aus völkerrechtlichen Gründen eine andere Behandlung erfordern als die Fälle einer Beeinträchtigung von Gebietsansässigen und ist deshalb bei der Entwicklung eines Lösungsmodells für die Anerkennung ausländischer Genehmigungen zu berücksichtigen.[39]

### (2) Drittstaaten

Soweit sich der umweltbeeinträchtigende Vorgang im Verhältnis zu anderen als den EWG-Gründerstaaten abgespielt hat, beurteilt sich die Zuständigkeit deutscher Gerichte mangels völkervertraglicher Regelungen[40] nach dem autonomen internationalen Zivilprozeßrecht[41]. Nach deutschem inter-

---

[38] Kohler a.a.O., 75. In diese Richtung tendiert wohl auch der EuGH, wenn er schon den Begriff "Zivil- und Handelssachen" nicht als Verweisung auf innerstaatliches Recht versteht, sondern die autonome Auslegung unter vergleichender Berücksichtigung der mitgliedstaatlichen Rechte verlangt, vgl. EuGH 14.10.1976, Rs 26/76 (LTU Eurocontrol), Slg. 1976, 1541; dazu Schlosser, NJW 1977, 457; Huet, Clunet 1977, 707.

[39] S. u. § 2 II 2 h) (2) (dd).

[40] Der Vertrag zwischen der Bundesrepublik und der Republik Österreich über die Auswirkungen des Flughafens Salzburg bestätigt die Zuständigkeit deutscher Gerichte, er derogiert sie nicht, dazu unten § 2 II 1b) (4).

[41] Vgl. Kohler a.a.O., 71; zum autonomen deutschen Zivilprozeßrecht umfassend Martiny, Handbuch des Internationalen Zivilverfahrensrecht, Bd. III, 1984; Geimer, Internationales Zivilprozeßrecht, 1987.

nationalen Prozeßrecht ist sie gegeben, wenn die örtliche Zuständigkeit gegeben ist und keine abweichende Regelung besteht[42].

Für deliktische Schadensersatz- und Unterlassungsansprüche gilt demnach gemäß §§ 32, 12 ZPO dasselbe wie nach Art. 5 Nr. 3 GVÜ: Der Geschädigte kann sie nach seiner Wahl entweder am Ort der Schadenverursachung, des Schadeneintritts oder am Wohnsitz des Beklagten geltend machen. Die Bundesrepublik wäre zur Entscheidung über den Anspruch und seinen Ausschluß als Immissions- oder als Wohnsitzstaat berufen.

Für die verschuldensunabhängigen Abwehransprüche des Grundstückseigentümers gilt nach ganz überwiegender Meinung der ausschließliche Gerichtsstand des § 24 ZPO[43]. Begründet wird das mit der weiten Fassung des § 24 ZPO: Danach reicht es - im Unterschied zu Art. 16 GVÜ - für den Anspruch aus, wenn er das dingliche Recht voraussetzt. Daß der Anspruch das Recht unmittelbar zum Gegenstand hat, ist nicht nötig[44]. Ob eine solche Trennung deliktischer und negatorischer Ansprüche sinnvoll ist, läßt sich bezweifeln, vor allem im Hinblick darauf, daß damit die besondere Herkunft des quasi-negatorischen Anspruchs aus dem Deliktsrecht[45] dem Besitzer für seine Klage wegen verschuldensunabhängiger Unterlassungsansprüche gem. § 32 ZPO die Möglichkeit des forum shopping[46] eröffnen würde, dem Eigentümer dagegen nicht. Dem nachzugehen ist aber nicht Aufgabe der vorliegenden Arbeit. Für die Zwecke dieser Arbeit reicht es festzustellen, daß aus Gründen des internationalen Verfahrensrechts ein deutsches Gericht die Wirkung einer ausländischen Genehmigung auf Abwehransprüche nur dann zu beurteilen braucht, wenn sich die Umweltbelastungen im Inland auswirken. Schadensersatzklagen und quasinegatorische Abwehrklagen von Mietern und Pächtern setzen diese Inlandsbeziehung für die Zuständigkeit nicht voraus. Es genügt, wenn der Betreiber der Anlage einen Wohnsitz im Inland hat.

---

[42] BGHZ 63, 219, 220; BGHZ 44, 46; Landgericht Waldshut-Tiengen, UPR 1984, 14, 15; Geimer; IZPR, Rn 943 ff.

[43] Zöller/Vollkommer Rz. 8 zu § 24 ZPO; Stein/Jonas/Schumann Anm. 2 zu § 24 ZPO; Thomas/Putzo Anm. 2 d zu § 24 ZPO; Kohler, Unterlassungs- und Schadensersatzklagen, in: Moltke u.a., 77; Wieczorek § 24, Anm. B Ia 2 und B III b; a.A. OLG München 23.4.1970, 1 U 1414/69, zit. nach Zöller/Vollkommer Rz. 14 zu § 32 ZPO.

[44] Vgl. Kohler (vorige N.) 77.

[45] Palandt-Bassenge § 1004 Anm. II 1b)cc).

[46] Vgl. dazu Kohler a.a.O., 77.

### *b) Folgerungen aus dem Grund des präkludierten Anspruchs*

Schadensersatzansprüche sind für diese Arbeit von minderer Bedeutung, weil behördliche Genehmigungen sie selten präkludieren. Deutsche immisssionsschutzrechtliche, atomrechtliche und luftverkehrsrechtliche Genehmigungen schließen nur Einstellungsansprüche, nicht aber Schadensersatz in Geld oder Ansprüche auf Schutzvorkehrungen aus[47]. Dasselbe gilt in Frankreich, wo die Genehmigung "vorbehaltlich der Rechte Dritter" ergeht[48]. Für Österreich verweist § 364a ABGB den betroffenen Grundstückseigentümer ausdrücklich auf Schadensersatzansprüche. Zwar setzt diese Vorschrift einen rechtmäßigen Eingriff in das Eigentum aufgrund höherwertiger Interessen voraus[49]; daher ist umstritten, ob auch bei rechtswidrigem Eingriff ein Anspruch nach den allgemeinen Vorschriften (§§ 1293f. ABGB) bestehen kann[50] oder ob § 364a ABGB abschließend ist. Im Prinzip ist aber zusammenfassend für alle Länder davon auszugehen, daß eine Genehmigung zur Unterhaltung einer Gefahrenquelle nicht von der zivilrechtlichen Einstandspflicht befreit.[51] Wo man ausnahmsweise noch den Ausschluß von Ersatzansprüchen antrifft[52], handelt es sich um umweltrechtliche Sondergebiete, die, wie das Wasserhaushaltsrecht, mit der öffentlichen Versorgung zusammenhängen und deshalb einer Bewirtschaftung durch ein öffentlich-rechtliches Benutzungsregime unterliegen. Weisen hierfür die Rechtsordnungen anderer Staaten andere Regelungen auf[53], hängt die Wirkung der ausländischen Genehmigung im Inland davon ab, ob wir für die Anerkennung die Wirkungsverleihung wählen oder die Wirkungserstreckung.[54]

---

47 vgl. §§ 14 BImSchG; §§ 7 VI AtG i.V.m. 14 BImSchG; §§ 11 LuftVG i.V.m. 14 BImSchG.

48 S.u. § 2 III 4 a).

49 Feil, §§ 362-364b, Anm. 12; Ostheim, JBl. 1973, 578.

50 So vor allem Ostheim, JBl. 1973, 578.

51 S. Nassr-Esfahani/Wenckstern, RabelsZ 1985, 774.

52 Vgl. § 8 des Gesetzes zur Ordnung des Wasserhaushalts (WHG) vom 27.7.1957 (BGBl. I 1110) sowie die Wassergesetze der Länder (Fundstellen bei Gieseke/Wiedemann/ Czychowski Einl. V 2, S.43); anders in Österreich nach § 26 WRG (Schadensersatz); dazu Feil III a.a.O., Anm.13.2.

53 So Österreich (siehe Fn 44).

54 S.u. § 6.

### c) Zusammenfassung

Die Anerkennungsproblematik tritt nach alledem vornehmlich dann auf, wenn der von den Auswirkungen einer im Ausland belegenen genehmigten Anlage betroffene Grenznachbar im Inland vom Betreiber zivilrechtlich die Unterlassung oder Beseitigung der grenzüberschreitenden Immissionen, seltener dann, wenn er Schadensersatz verlangt. Grundsätzlich wird es sich dabei um einen gebietsansässigen Nachbarn handeln. Daß ein Ausländer in einem Drittstaat betroffen ist und vor deutschen Gerichten eine Unterlassungs- oder Beseitigungsklage erhebt, ist zwar unpraktikabel und deshalb unwahrscheinlich, nach den Regeln über die Internationale Zuständigkeit aber nicht ausgeschlossen.

## II. Anerkennung und Völkerrecht

### 1. Völkerrechtliche Verträge

#### a) Überblick

Eine völkervertragliche Regelung zur Anerkennung ausländischer Genehmigungen wurde in der Bundesrepublik Deutschland bisher nur für eine einzelne Anlage erzielt. Auf dem Gebiet der Lärmbeeinträchtigung existiert ein spezieller kollisionsrechtlicher Vertrag vom 19.12.1967 zwischen der Bundesrepublik Deutschland und der Republik Österreich über die Auswirkungen der Anlage und des Betriebes des Flughafens Salzburg auf das Hoheitsgebiet der Bundesrepublik Deutschland[55]. Das Übereinkommen über weiträumige grenzüberschreitende Luftverunreinigung[56] vom 13.11.1979 und die Pariser Übereinkommen vom 29.7.1960[57] und vom 28.1.1964[58] über die Haftung gegenüber Dritten auf dem Gebiet der Kernenergie berühren hingegen die hier behandelte Frage nicht.

Als lex ferenda haben die Französische Republik und die Bundesrepublik Deutschland ein Abkommen zur Beschränkung und Vermeidung grenzüber-

[55] BGBl. 1974 II 13, 783; ausführlich dazu Seidl-Hohenveldern, A propos des nuisances dues aux aéoports limitrophes, AFDI 1973, 890 ff.; ders.; FS-Mayer, 205 ff.

[56] BGBl. 1982 II 373 (ZustG), 374 ff.

[57] BGBl. 1978 II 311 ff.

[58] BGBl. 1978 II 318 ff.

schreitender Umweltbelastungen entworfen[59], das die Anerkennung "gleichwertiger" Genehmigungen vorsieht[60], falls bestimmte zwischenstaatliche[61] und individualrechtsbezogene[62] Verfahrensregeln eingehalten werden. Welche Genehmigungen als gleichwertig anzusehen sind, regelt global - durch Gegenüberstellung der Rechtsgrundlagen für ausgewählte Umweltverwaltungsbereiche - Anhang IV des Entwurfs. Wasserhaushaltsrechtliche, immissionsschutzrechtliche, luftverkehrsrechtliche Realkonzessionen werden hiernach erfaßt, ebenso Genehmigungen nach dem Abfallbeseitigungsrecht. Ausgeklammert bleiben die besonders kontroversen Genehmigungen zur Errichtung und zum Betrieb von Atomanlagen[63].

#### *b) Salzburger-Flughafen-Vertrag*

##### (1) Gegenstand und Regelungsproblem

###### (a) Tatsächliche Ausgangslage

Der Flughafen Salzburg liegt in unmittelbarer Nähe zur deutsch-österreichischen Staatsgrenze. Seinem Betrieb liegen eine Zivilflugplatzbewilligung vom 31.5.1965 und Betriebsaufnahmebewilligungen vom 30.6.1960 und 29.3.1963 zugrunde. Noch vor Inkrafttreten des Vertrages - am 21.1.1969 - gestattete die zuständige Behörde der Betreibergesellschaft, die Piste von 2.200 m auf 2.600 m zu verlängern[64], eine Maßnahme zur Anpassung an die Erfordernisse des zunehmenden Strahlflugverkehrs.

Aus nördlicher Richtung führt die Einflugschneise über deutsches Hoheitsgebiet. Etwa drei km entfernt beginnt die Bebauung der Stadt Freilassing. Bei der Landung werden die Flugzeuge mit Hilfe eines im Winkel von 3 Grad angelegten Leitstrahls so tief herabgeführt, daß sie sich über Freilassing dem Boden bis auf ca. 200 m nähern[65]. Hiermit wird die nach deut-

---

[59] Dok. zur 9. wiss. Fachtagung der Gesellsch. f. UmwR e.V. Berlin, 8. und 9.11.1985.

[60] Art. 29 d. Abkommens.

[61] Art. 9 - 11 des Entwurfs.

[62] Art. 17 - 22 des Entwurfs.

[63] vgl. STERN 1981 Nr. 51, S. 171, 172. Besonders umstritten war danach in der Bundesrepublik Deutschland der Bau des französischen Atomkraftwerkes Cattenom, dessen Gesamtleistung von 5200 Megawatt die Hälfte aller zwölf deutschen Kernkraftwerke übersteigen sollte.

[64] VerwGH Erk. u. Beschl. 1969, Nr. 7582 (A), 264.

[65] BGH DVBl. 1979, 226.

schem Recht grundsätzlich einzuhaltende Sicherheitsmindesthöhe von 300 m über dem höchsten Hindernis im Umkreis von 600 m gem. § 6 I LuftVO um nahezu ein Drittel unterschritten[66].

Parteistellung und Gelegenheit zur Stellungnahme i.S.v. § 70 II des österreichischen Luftfahrtgesetzes wurde im Verfahren zur Bewilligung vom 21.1.1969 der Stadt Freilassing sowie dem Eigentümer eines grenznahen Grundstücks auf deutschem Gebiet versagt[67]. Die hiergegen gerichteten Beschwerden hat der österreichische VerwGH in seiner Entscheidung vom 30.5.1969 zurückgewiesen, mit folgender Begründung[68]: Der räumliche Anwendungsbereich des Luftfahrtgesetzes als österreichischer Rechtsnorm erstrecke sich nur auf das Gebiet der Republik Österreich. Aus dem grundsätzlichen territorialen Charakter der verwaltungsrechtlichen Norm folge, daß unter Ländern, Gemeinden und Interessenvertretungen nur österreichische Gebietskörperschaften und Interessenvertretungen, nicht aber ausländische, zu verstehen seien. Das Luftfahrtgesetz räume den Eigentümern grenznaher Grundstücke, sofern das Projekt nicht unmittelbar ihren Grund und Boden für Start und Landung in Anspruch nehme, ohnehin keine Parteistellung ein[69], im Unterschied zu Gebietskörperschaften und Interessenvertretungen.

### (b) Regelungsziel

Regelungsziele, die sich der Vertrag vor diesem tatsächlichen Hintergrund ausweislich seiner Präambel selbst setzt, sind zunächst "die Entwicklung der internationalen Luftfahrt und die Abwehr von Gefahren für die Luftfahrt". Unter letzterem versteht der Bundesrat in seiner Stellungnahme zum Gesetzentwurf u.a. die Verhinderung und Verminderung von Lärmimmissionen[70].

In der Denkschrift zum Vertrag[71] heißt es eingangs unter "Allgemeines" unter anderem:

---

66 Vgl. zur Sicherheitsmindesthöhe näher Schwenk, 139.

67 Krit. Bothe, UPR 83, 1, 2; Küppers DVBl. 1979, 229; Schreuer ÖJZ 1971, 544.

68 VerwGH Erk. u. Beschl. Nr. 7582 (A.).

69 Std. Rspr., vgl. VerwGH Erk. u. Beschl. Nr. 7149 (A), die den Wortlaut des § 70 II LuftFG für sich hat.

70 BT-Drs. 7/908, S. 15.

71 BT-Drs 7/908 (1973), f 13. Die österreichischen Motive sind abgedruckt in Nr. 852 der Beilage zu den stenographischen Protokollen des Nationalrates, XI. Gesetzgebungsperiode (1968).

"Die Lage des Flughafens Salzburg unmittelbar in der Nähe der deutschen Grenze macht es notwendig, daß sich die An- und Abflugwege auf deutsches Hoheitsgebiet (Freilassing) erstrecken. Um die Sicherheit des Flugbetriebes zu gewährleisten, ist ein Bauschutzbereich erforderlich ..."

Bei Abschluß des Vertrages bestand der Flughafen jedoch bereits und wurde auch schon von Düsenflugzeugen angeflogen[72], er hat also von Anfang an nichts wesentliches zur Entwicklung der internationalen Luftfahrt beitragen können. Auch die Verminderung von Lärm können sich die Parteien nicht ernsthaft primär zum Ziel gesetzt haben, denn der Vertrag sieht keinen Eingriff in den Bestand des Flughafens durch Auflagen o.ä. zum Schutz der Flughafenanrainer vor, sondern setzt Ergänzungsbewilligungen und die Erweiterung des Betriebsumfangs, wenn auch mit einzelnen Einschränkungen zum Schutz der Nachtruhe, als legitim voraus[73]. Das Risiko fortbestehender Lärmbelastungen und eines Anstiegs des Geräuschpegels wird also nicht vermindert, sondern erhöht. Dementsprechend erkennt auch das Bundesverfassungsgericht in seinem Beschluß vom 12.3.1986 an, das Anliegen des Gesetzgebers bei Erlaß des Zustimmungsgesetzes habe sich nicht in dem Bestreben erschöpft, die deutsche Bevölkerung vor Fluglärm zu bewahren[74].

Nach Auffassung des Bundesverfassungsgerichts stand der Gesetzgeber vor der Aufgabe, seine Beziehungen zu Österreich nicht zu gefährden und auf den internationalen Luftverkehr Rücksicht zu nehmen, zu dessen Förderung die Bundesrepublik Deutschland nach dem Chicagoer Abkommen[75] ohnehin verpflichtet ist[76]. Außerdem habe der Vertrag Rechtssicherheit schaffen sollen. Vor Erlaß des Zustimmungsgesetzes sei die Rechtsstellung der Eigentümer im Bundesgebiet betroffener Grundstücke durch Unsicherheit gekennzeichnet gewesen. Einen von einem deutschen Gericht womöglich zuerkannten Unterlassungsanspruch hätten sie in Österreich wegen des dortigen ordre public nicht durchsetzen können. Diese Unsicherheit habe der Vertrag behoben, indem er Unterlassungs- in Schadensersatzansprüche "umgewandelt" habe[77].

---

[72] Vgl. Küppers, ZPR 1976.

[73] Vgl. Art. 2 V des Staatsvertrages.

[74] BVerfG Urt. v. 12.3.1986, BVerfGE 72, 66 ff., 79.

[75] Abkommen vom 7.12.1944 über die Internationale Zivilluftfahrt, BT-Drs. II/2192, 2251, in Kraft für die BRepD seit 8.6.1956, BGBl. 1956 II 934.

[76] BVerfGE 72, 79.

[77] BVerfGE 72, 79; zur Kritik s. u. S. 36f.

Die Auffassung des BVerfG über das Regelungsziel des Vertrages wird in der Literatur seit langem geteilt. Unterschiedlich ist nur die Bewertung. Nach Seidl-Hohenveldern will der Vertrag im Sinne der OECD-Empfehlung vom 21.11.1974[78] "im Geiste internationaler Solidarität" an die Lösung eines internationalen Umweltproblems herangehen[79], das auf der strikten Territorialität österreichischen Verwaltungsrechts nach der Rechtsprechung des österreichischen Verwaltungsgerichtshofs beruht; nach Ansicht von Küppers soll der Vertrag durch Auferlegung von Duldungspflichten den bereits bestehenden, von ihm, Küppers, für völkerrechtswidrig gehaltenen Zustand legitimieren[80].

Das Regelungsziel des Vertrages wird klarer, wenn man es im Zusammenhang mit der vorgefundenen Systematik von territorial verstandenem Umweltverwaltungsrecht einerseits und universalem Umweltprivatrecht andererseits betrachtet.

Die Benutzung des Luftraums über deutschem Hoheitsgebiet ist gem. § 1 LuftVG zwar frei, jedoch nur im Rahmen des LuftVG und seiner Durchführungsvorschriften. Darüber hinausgehende Beeinträchtigungen braucht der Eigentümer überflogener Grundstücke gem. § 1004 I BGB nicht zu dulden. Wie bereits angesprochen, halten sich die tiefen Landeanflüge auf dem Flughafen Salzburg nicht im Rahmen des LuftVG, denn sie unterschreiten die nach § 6 I LuftVG vorgeschriebene Sicherheitsmindesthöhe. Von der Einhaltung dieser Höhe kann zwar abgesehen werden, soweit dies für Start und Landung notwendig ist; hierüber entscheiden aber nach deutschem Recht nicht die Anordnungen österreichischer Luftfahrtbehörden, sondern Bedingungen, welche die deutsche Behörde für Flugzeugbewegungen für inländische Flughäfen in Form von Verwaltungsvorschriften festsetzt[81]. Auch für besondere Zwecke, die hier nicht näher interessieren, können Ausnahmen zugelassen werden[82]. Ansonsten sind die Höhen strikt einzuhalten.

Klagt nun im Fall des Salzburger Flughafens ein betroffener Eigentümer eines in der Bundesrepublik Deutschland gelegenen Grundstücks vor deutschem Gericht auf Unterlassung der durch Unterschreitung der Mindest-

---

78 Recommendation on Principles Concerning Transfrontier Pollution (November 14, 1974), abgedr. in ILM 1975, 242 ff. = OECD Doc. C (74), 224 of November 21, 1974.

79 Seidl-Hohenveldern FS Mayer, 208.

80 ZRP 1976, 264.

81 § 2 II Nr. 1 des Gesetzes ü. die Flugsicherung vom 23.5.53, BGBl. I S. 70.

82 Schwenk, 119.

flughöhen bedingten Lärmimmissionen, so ist nach der lex rei sitae[83] deutsches Recht und damit 1004 BGB anwendbar. Nach einer Mindermeinung[84], die auf Unterlassungsansprüche die im Internationalen Deliktsrecht geltende Tatortregel entsprechend anwendet, gilt ebenfalls deutsches Recht, mit dem Ergebnis eines Unterlassungsanspruchs nach § 1004 I BGB; denn nach dem Günstigkeitsprinzip[85] ist bei einer vordergründig-territorialen Betrachtungsweise für den Kläger deutsches Privatrecht die bessere Lösung, weil dieses scheinbar nicht mit der Anspruchspräklusion des § 364 a ABGB "belastet" ist. Der Unterlassungsanspruch wäre also ohne den Vertrag in jedem Fall gegen Flughafenbetreiber wie gegen Luftfahrtunternehmer begründet. Neben der Unterschreitung der Mindestflughöhe wäre eine Verletzung ihrer Pflichten aus § 29b LuftVG zur Verminderung des Fluglärms gegeben.

Es scheint, als wäre dieser Titel in Österreich nicht durchsetzbar. Von dieser Vorstellung geht auch das Bundesverfassungsgericht aus[86]. Sie trifft indessen nicht ganz zu. Im Unterschied zu grenzüberschreitenden Imponderabilien (Geruchs-, Staub-, Lärmimmissionen etc.), gegen die der Immissionsstaat direkt in der Tat nichts ausrichten kann, lassen sich die "greifbaren" Überflüge über deutschem Hoheitsgebiet faktisch unterbinden. Theoretisch nämlich hätte die Bundesrepublik Deutschland zum Beispiel androhen können, von der Festlegung eines - aus Sicherheitsgründen unabdingbaren[87] - Bauschutzbereichs in der Einflugschneise abzusehen und ein Hindernis zu errichten. Richtig ist allerdings, daß ein so unverhältnismäßiger Aufwand zur Reduktion eines Minimums an Lärmimmissionen keinen Staat sonderlich interessiert. Der deutsche Gesetzgeber hat aber durch den Abschluß des Salzburger-Flughafens-Vertrages seine Absicht zum Ausdruck gebracht, die nachbarschaftlichen Beziehung zu Österreich nicht gefährden zu wollen. Dieser Wille zur Rücksichtnahme auf ausländische Luftverkehrsinteressen dürfte auf deutscher Seite das Zustandekommen des Vertrages hauptsächlich bestimmt haben, nicht der vom Bundesverfassungsgericht angenommene Gewinn an Rechtssicherheit, da diese schon vorher gewährleistet war. Im übrigen ist anzumerken, daß die vom BVerfG vorausgesetzte Besserstellung durch Umwandlung "unsicherer" negatorischer Ansprüche in "von Österreich anerkannte" Schadensersatzansprüche in Wahr-

---

[83] Ausführlich dazu unten § 2 IV 3.

[84] Lummert, Natur und Recht 1982, 242; ders., Zivilrechtliche Schadenersatz- und Unterlassungsklagen - Bundesrepublik Deutschland, in: Rechtsfragen, 184.

[85] S.u. § 2 IV.3.

[86] BVerfGE 72, 79.

[87] Für inländische Flughäfen gilt § 12 I LuftVG. Näher dazu Schwenk, 270.

heit nicht besteht, da Schadensersatzansprüche wegen Fluglärms auch in Österreich durch eine umweltrechtliche Genehmigung nicht ausgeschlossen werden. § 364 a AGBG schließt wie § 14 BImSchG nur Abwehransprüche aus[88].

Die Interessenlage beider Parteien und die vorstehend verdeutlichte unzureichende Abstimmung der Rechte einzelner mit den Rechtsanwendungsinteressen beider Staaten in bezug auf das anzuwendende öffentliche Recht erhellen jedenfalls, daß der Vertrag, ungeachtet seiner in der Präambel niedergelegten Zielsetzung, nicht primär die Entwicklung der internationalen Luftfahrt oder den Lärmschutz intendiert haben kann. Es geht vielmehr um die Erhaltung eines Bestandes, des genehmigten Betriebes des Flughafens Salzburg. Der Flughafen soll gegen privatrechtliche Abwehransprüche abgeschirmt, die Bundesrepublik Deutschland zur Mitwirkung durch Festlegung eines Bauschutzbereichs verpflichtet werden. Insgesamt zielt der Vertrag darauf ab, mit einer entschädigungsrechtlichen Lösung dem Flughafen einen über die Staatsgrenzen hinauswirkenden Bestandsschutz zu sichern.

#### (2) Überblick über die Regelungen im einzelnen

Einzelregelungen, mit denen der Vertrag den vorstehend beschriebenen Bestandsschutz zu realisieren sucht, lassen sich wie folgt untergliedern:

#### (a) Pflichten der Bundesrepublik Deutschland gegenüber der Republik Österreich

Gem. Art. 1 verpflichtet sich die Bundesrepublik Deutschland, die für die Anlage und den Betrieb des Flughafens Salzburg im Hoheitsgebiet der Bundesrepublik Deutschland notwendigen Maßnahmen zu treffen und dabei die österreichischen Bewilligungen zugrundezulegen.

#### aa) Festlegung eines Bauschutzbereichs

Als wohl vordringlichste Maßnahme ist die - in Art. 3 nur beiläufig unter dem Gesichtspunkt des anwendbaren Rechts erwähnte - Festlegung eines Bauschutzbereichs zu bezeichnen[89], da hiervon die Sicherheit des Flugbetriebes abhängt. Die Bundesrepublik Deutschland ist dieser Verpflichtung

[88] S. o. § 2 I 2 b).

[89] Vgl. die Begründung zum Vertragsgesetz zu Art. 2, BT, Drs. 7/908, 6; RegE unter A - Zielsetzung - BT- Drs. 7/908, S. 1.

nachgekommen. Der Bauschutzbereich ist in einer Anlage zum Zustimmungsgesetz mit beigefügter Übersichtsskizze festgelegt[90].

### bb) Anerkennung österreichischer Hoheitsakte durch Fiktion der Belegenheit auf deutschem Hoheitsgebiet

Eine weitere Methode, dem Flughafen Salzburg die Durchführung im genehmigten Umfang zu ermöglichen, besteht darin, ihn im Inland in allen Hinsichten einem unanfechtbar genehmigten inländischen Verkehrsflughafen gleichzustellen. Das hat das Zustimmungsgesetz durch eine Fiktion - fingiert wird die Belegenheit des Flughafens auf inländischem Staatsgebiet - und die Bestimmung, daß die deutschen Vorschriften des Luftrechts sinngemäß Anwendung finden, getan[91]. Art. 2 des Zustimmungsgesetzes lautet:

> "Für die nach diesem Vertrage der Bundesrepublik Deutschland anzuwendenden deutschen Rechtsvorschriften gilt der Flughafen Salzburg als auf deutschem Hoheitsgebiet gelegen. Diese Vorschriften finden jedoch nur sinngemäß und insoweit Anwendung, als sie sich auf einen bereits angelegten und in Betrieb genommenen Verkehrsflughafen beziehen. Der Bauschutzbereich nach Artikel 1 und Artikel 3 Abs. 1 des Vertrages ist in der Anlage zu diesem Gesetz festgelegt."

Die Vorschriften sind nur anwendbar, soweit sie sich auf einen bereits in Betrieb genommenen Verkehrsflughafen beziehen. Der Gesetzgeber führt hierzu in der Denkschrift zum Vertrag aus, die Fiktion sei notwendig gewesen, um den deutschen Vorschriften in bezug auf den Flughafen Salzburg Geltung zu verschaffen und ihn wie einen inländischen Flughafen zu behandeln[92].

An sich ist diese Fiktion zur Anwendung deutschen Luftrechts überflüssig, da ausländische Luftfahrzeuge auch ohne diesen Kunstgriff den allgemeinen Beschränkungen des nationalen Luftverkehrsrechts unterliegen[93]. Insbesondere gelten für sie die Vorschriften über die Flugsicherung, die den Luftraum im wesentlichen in Mindestflughöhen[94], Luftsperrgebiete[95], Ge-

---

[90] BT-Drs. 7/908 S. 5 = BGBl. 1974 II nach S. 16.

[91] Gesetz vom 9.1.1974 - BGBl. 1974 II S. 13; amtliche Begründung in BT-Drs. 7/908 S. 5.

[92] Vgl. BT-Drs 7/908, S. 6.

[93] Vgl. Schwenk S. 113.

[94] § 6 LuftVO.

[95] § 26 I LuftVG.

biete mit Flugbeschränkungen[96] und Gefahrengebiete[97] unterteilen und die Abwicklung des Luftverkehrs regeln[98].

Der Schwerpunkt der Regelung im Zustimmungsgesetz liegt nicht in der Fiktion - und der vermeintlich erst daraus folgenden Anwendbarkeit deutschen Rechts -, sondern im Gegenteil erst in ihrer Einschränkung. Die Vorschriften des deutschen Luftrechts sollen nur insoweit anwendbar sein, als sie sich auf einen bereits betriebenen Flughafen beziehen. Sie sollen nur gelten, soweit ihnen nicht die ausländischen Bewilligungen und damit im Zusammenhang stehende Anordnungen der österreichischen Behörden über die Flughöhe bei Start und Landung entgegenstehen. Hierdurch werden Ordnungsverfügungen der deutschen Luftfahrtbehörden wegen Unterschreitung der Sicherheitsmindesthöhe nach § 29 I 2 LuftVG ausgeschlossen. Der Sache nach enthält Art. 2 des Zustimmungsgesetzes, soweit er die Anwendung deutschen Rechts nur eingeschränkt zuläßt, den Befehl, die ausländischen Bewilligungen und Anordnungen zur Flughöhe im Inland als verbindlich anzuerkennen.

#### cc) Freistellungspflicht

Die Bundesrepublik Deutschland übernimmt schließlich mit befreiender Wirkung die Haftung Österreichs für alle Schäden, die durch Einwirkung des Flugplatzverkehrs eingetreten sind und auf rechtswidrigem schuldhaftem Verwaltungshandeln der österreichischen Behörden beruhen (Art. 5 I); ferner die Haftung für solche Maßnahmen, die eine Entschädigungspflicht des Flughafenunternehmers auslösen würden.

### (b) Pflichten Österreichs gegenüber der Bundesrepublik Deutschland

Den Duldungs- und Mitwirkungspflichten der Bundesrepublik Deutschland, die den Betrieb des Flughafens rechtlich absichern sollen, stehen hauptsächlich Rücksichtnahme-, Konsultations- und Entschädigungspflichten Österreichs gegenüber; außerdem die Zusage, für den Fall der Errichtung eines grenznahen deutschen Flughafens der Bundesrepublik gleiche Behandlung nach dem Gegenseitigkeitsprinzip zu gewähren (Art. 9).

---

96 § 26 II LuftVG.

97 Schwenk, 121.

98 Vgl. hierzu insges. Schwenk, 118 ff.

aa) Rücksichtnahmepflichten

Als Rücksichtnahmepflichten hervorzuheben sind:

Die Pflicht Österreichs, bei Änderung oder Ergänzung der Ausgangsbescheide die deutschen Belange, insbesondere des Fluglärmschutzes, zu berücksichtigen (Art. 2 I); die Pflicht, die Betriebszeit nicht auf Zeiträume zwischen 23.00 und 6.00 Uhr Ortszeit zu erstrecken, wenn hierdurch deutsche Interessen, u.a. in bezug auf den Lärmschutz, beeinträchtigt werden (Art. 2 II); die Zusage, "im Rahmen der Möglichkeiten" österreichischen Rechts dafür zu sorgen, daß geschlossene Siedlungen nicht in geringerer als der flugbetrieblich erforderlichen Höhe überflogen werden. (Art. 7).

bb) Konsultationspflichten

Konsultationspflichten sind: Die Zusage Österreichs, für den Fall einer Änderungs- oder Ergänzungsbewilligung mit der Bundesrepublik Deutschland in einen Meinungsaustausch einzutreten (Art. 2 I); für den Fall, daß die Betriebszeit auf nächtliche Zeiträume ausgedenhnt werden soll, eine Stellungnahme der deutschen Luftfahrtbehörden einzuholen (Art. 2 II); je nach Bedarf einen Meinungsaustausch über Anwendung und Ausdehnung des Vertrages durchzuführen (Art. 10): auf Verlangen der Bundesrepublik Deutschland eine Änderung des Vertrages zu konsultieren.

cc) Reziprozität

Außerdem ist Gegenseitigkeit gewährleistet. (Art. 9).

dd) Entschädigungspflichten

Entschädigungspflichten sind in Art. 4 II, 5 V niedergelegt und regeln den Rückgriff der Bundesrepublik Deutschland auf Österreich in allen Fällen, in denen sie im Zusammenhang mit dem Flughafenbetrieb Aufwendungen erbracht hat.

(3) Individualrechtsbeziehungen

(a) Rechtsbeziehungen zwischen Flughafenunternehmer und Nachbarn

Das Rechtsverhältnis zwischen dem Anlagenbetreiber bzw. Luftfahrtunternehmer und Nachbarn gestaltet der Vertrag wie folgt:

### aa) Anwendbares Privatrecht

Ansprüche gegen den Flughafenunternehmer wegen störender Einwirkungen können sich auf das deutsche oder österreichische Recht stützen. Der Wortlaut legt den Schluß nahe, der Kläger habe ein Wahlrecht; durch den österreichischen Motivenbericht[99] ist indessen klargestellt, daß diese Rechtswahl nach dem Günstigkeitsprinzip dem Gericht obliegt, nicht dem Kläger.

Für Schadensersatzansprüche wiederholt die Vorschrift demnach nur die bisher schon nach deutschem Internationalen Deliktsrecht geltende Tatortregel, derzufolge je nach dem dem Kläger günstigeren Ergebnis das Recht des Handlungs- oder des Erfolgsorts gilt.

### bb) Wirkung der Bewilligung

Die zentrale Vorschrift für die Anspruchspräklusion ist Art. 4 III des Staatsvertrages mit einer Verweisung auf §§ 11 LuftVG, 26 GewO - jetzt 14 BImSchG - für den Fall, daß dem Kläger deutsches Recht günstiger ist. Die Anerkennung einer ausländischen Genehmigung bewirkt der Vertrag dadurch, daß er die Rechtsgrundlage für die Anspruchspräklusion durch eine inländische Genehmigung für entsprechend anwendbar erklärt.

Stützen sich die Ansprüche auf das österreichische Recht, gilt § 364 a AGBG: Der im Bundesgebiet betroffene Nachbar ist aufgrund der behördlichen Genehmigung nur berechtigt, Schadensersatz zu verlangen. Die Anspruchspräklusion ergibt sich in Österreich unmittelbar aus dem Privatrecht. Sie stellt regelungstechnisch eine Abschwächung in 364 II ABGB normierten Regel dar, daß der Eigentümer eines Grundstücks dem Nachbarn störende Einwirkungen durch Luft-, Lärmimmissionen etc. untersagen kann[100]. Die systematische Verortung der Anspruchspräklusion im Privatrecht erübrigt es, auf die Frage der Sonderanknüpfung an die ausländische Genehmigung im Vertrag besonders einzugehen. Die abweichende Auffassung Küppers, dem Vertrag fehle der Anwendungsbefehl für das österreichische öffentliche Recht, insoweit liege eine vertraglich nicht gewollte Regelungslücke vor, ist nicht zu teilen. Die Regelungstechnik des Vertrages wirft ein Licht darauf, wie problematisch es ist, von der systematischen Einordnung der Anspruchspräklusion im öffentlichen oder im Privatrecht auf ihre

---

[99] Nr. 852 d. Beil., S. 6, zu Art. 4 III; dazu Seidl-Hohenveldern FS Mayer, 212 f.

[100] Vgl. Feil, AGBG Bd. III, §§ 362-364 b Anm. 10.

extraterritoriale Wirkung bzw. Anerkennung zu schließen, denn die nationalen Rechtsordnungen treffen die Zuordnung nicht einheitlich.[101]

(b) Rechtsbeziehungen zwischen Luftfahrtunternehmern und Nachbarn

Ansprüche auf Unterlassung der Störungen gegen die Luftfahrtunternehmer (Luftfahrzeughalter und -führer) sind seit Inkrafttreten des Zustimmungsgesetzes vom 9.1.74[102] ausgeschlossen. Das folgt aus Art. 2 ZustG, demzufolge die Vorschriften des deutschen Luftrechts sinngemäß auf den ausländischen Flughafen anzuwenden sind, i.V.m. §§ 6 I LuftVO, 1 LuftVG. Wie bereits erläutert, bewirkt die eingeschränkte Fiktion des Zustimmungsgesetzes, daß die Anordnungen der österreichischen Behörden für den deutschen Zivilrichter als verbindlich anzuerkennen sind[103] mit der Folge, daß die Unterschreitung der Mindestflughöhe gem. § 6 I LuftVO als notwendig für Start und Landung gilt und die Benutzung des Luftraums in diesem Umfang gem. § 1 LuftVG frei ist[104]. Ansprüche auf Unterlassung insoweit verursachter Störungen nach § 1004 I BGB scheiden deshalb aus.

(4) Prozessuales

Für Streitigkeiten zwischen Individuen wegen Fluglärmimmissionen und sonstiger störender Einwirkungen des Flughafens sind nach Art. 4 III 3 des Vertrages ausschließlich deutsche Gerichte zuständig. Sie sind auf dem ordentlichen Rechtsweg zu verfolgen.

Meinungsverschiedenheiten zwischen den vertragschließenden Staaten über Auslegung und Anwendung des Vertrages sollen nach Möglichkeit zunächst durch die zuständigen Behörden beigelegt werden. Gelingt das nicht, ist auf Verlangen jeder Vertragspartei ad hoc ein Schiedsgericht zu bilden, bestehend aus je einem Mitglied einer Vertragspartei und einem von beiden Parteien einvernehmlich gewählten Angehörigen eines dritten Staates als Obmann[105]. Das nähere regelt Art. 12 des Vertrages.

---

101 Vgl. auch Münchener Kommentar/Sonnenberger, Einl. 30 ff. mit der Feststellung, daß die Abgrenzung von Privatrecht und öffentlichem Recht keineswegs eindeutig ist.

102 BGBl. 1974 II, 13.

103 So auch BGH DVBl. 1979, 226.

104 Ebenso BVerfGE 72, 75.

105 Näheres dazu Seidl-Hohenveldern, FS Mayer S. 215.

### *c) Salzburger Flughafen-Prozeß*

Verfassungsrechtliche Bedenken können gegen den Vertrag seit der Entscheidung des Bundesverfassungsgerichts vom 12.3.1983[106] nicht mehr erhoben werden (§§ 31 II, 13 Nr 11 BVerfGG i.V.m. Art. 100 I GG[107]). Eine kritische Analyse der Entscheidung lohnt sich allenfalls im Hinblick darauf, festzustellen, ob der Vertrag wirklich in allen Punkten nachahmungswürdig ist und Modellcharakter hat[108].

Der BGH hatte in seinem Vorlagebeschluß vom 10.3.1978[109] Vertrag und Zustimmungsgesetz im Umfang der Anspruchspräklusion für einen Verstoß gegen Art. 14 GG und das Rechtsstaatsprinzip gehalten und dem BVerfG die Frage vorgelegt, "ob Art. 1 und 2 des Gesetzes zu dem Vertrag vom 19.12.1967 (...) insoweit verfassungswidrig sind, als nach Art. 1 des Gesetzes i.V.m. Art. 4 IV 2 des Vertrages bei der Begründung von zivilrechtlichen Ansprüchen zur Abwehr von Lärmimmissionen nach deutschem Recht vor deutschen Gerichten § 11 LuftVG i.V. mit 26 GewO (jetzt § 14 BImSchG) sinngemäß Anwendung findet, soweit der Flughafen nach den geltenden österreichischen Vorschriften und im Rahmen dieses Vertrages betrieben wird, und als nach Art. 2 des Gesetzes für die nach dem genannten Vertrag von der Bundesrepublik Deutschland anzuwendenden deutschen Rechtsvorschriften der Flughafen Salzburg als auf deutschem Hoheitsgebiet gelegen gilt".

Zur Begründung hatte der BGH im wesentlichen ausgeführt: Der Ausschluß des privatrechtlichen Eigentumsfreiheitsanspruchs durch die Fiktion des Zustimmungsgesetzes greife in Bestand und Inhalt des Grundstückseigentums ein. Dieser Eingriff treffe nicht alle gleichermaßen und habe demzufolge enteignenden Charakter. Die Interessen des Gemeinwohls seien demnach gegen die Interessen der Betroffenen unter Wahrung des Verhältnismäßigkeitsprinzips abzuwägen; die Abwägung müsse nach dem Gebot des effektiven Rechtsschutzes gem. Art. 19 IV gerichtlich überprüfbar sein. Aus dem Erkenntnis des österreichischen Verwaltungsgerichtshofs vom 30.5.1969[110] ergebe sich, daß eine solche Überprüfung nach österreichi-

---

106 BVerfGE 72, 66ff. = NJW 86, 2188 ff. m. Anm. Weitbrecht, NVwZ 1986, 597 ff.

107 Zur Anwendbarkeit der §§ 31 II, 13 Nr. 11 BVerfGG auf Zustimmungsgesetze vgl. Maunz/Schmidt-Bleibtreu/Klein/Ulsamer § 13 Rn 59.

108 Bejahend Seidl-Hohenveldern, FS Mayer 208 und AFDI 1973, 890 ff.; verneinend Küppers ZRP 1976, 260, 264 f. und Anm. zu BGH DVBl. 1979, 226, 229.

109 BGH DVBl. 1979, 226 m. Anm. Küppers; vgl. auch die Anm. Wiesenwasser, ZLR 1979, 277 f.

110 S.o. § 2 II 1 b) (1) (a).

schem Recht ausgeschlossen sei; deshalb ermangele die durch das Gesetz fingierte *Administrativenteignung* des effektiven Rechtsschutzes.

Der BGH prüfte weiterhin die Verfassungsmäßigkeit des Art. 2 des Zustimmungsgesetzes unter dem Gesichtspunkt der *Legalenteignung* und lehnte im Ergebnis auch diese ab, mit folgender Begründung: Die Fiktion stelle der Sache nach ein hoheitliches Ersatzgeschäft für die freiwillige Einschränkung der Grundstücksnutzung dar, dieses sei schon wegen der damit verbundenen Verkürzung des gerichtlichen Rechtsschutzes grundsätzlich nicht durch Enteignungsgesetzgebung möglich. Ausnahmen seien zwar denkbar, falls auf störende Immissionen aus dem Nachbarstaat überhaupt nur im Wege eines völkerrechtlichen Vertrages Einfluß genommen werden könne, dies treffe jedoch auf durch Überflüge verursachten Fluglärm nicht zu. Der BGH gibt in einem abschließenden obiter dictum zu erkennen, daß er die grundgesetzlich garantierte Rechtsstellung deutscher Grenznachbarn für sichergestellt erachtet hätte, wenn ihre Interessen in einem Verwaltungsverfahren auch nach deutschem Recht angemessen berücksichtigt worden wären[111].

Das Bundesverfassungsgericht hat in seinem Beschluß vom 12.3.1979 die verfassungsrechtlichen Bedenken des BGH gegen die Anspruchspräklusion durch Vertrag und Zustimmungsgesetz nicht geteilt. Es lehnt die Entscheidungserheblichkeit der Vorlagefrage zunächst für die Fiktion des Zustimmungsgesetzes ab, weil es sich lediglich um eine rechtstechnische Regelung zur entsprechenden Anwendung deutscher Rechtsvorschriften handle[112]. Im übrigen hält das Bundesverfassungsgericht die zur Überprüfung gestellten Vorschriften nicht für eine Enteignung, sondern eine nach Art. 14 I 2 GG zulässige Inhalts- und Schrankenbestimmung.

Zusammengefaßt begründet es dies wie folgt: Das bürgerlich-rechtliche Eigentum garantiere seinem Inhaber nicht, von der Nachbarschaft störender Anlagen verschont zu bleiben; der Gefahr der Errichtung solcher Anlagen sei vielmehr jedes Eigentum von vornherein ausgesetzt. Öffentlich-rechtliche Regelungen zur Bewältigung hieraus entstehender Konflikte seien, auch wenn der Gesetzgeber sie anläßlich eines konkreten Falles mit Wirkung für die Zukunft neu erlasse, Inhalts- und Schrankenbestimmungen, die dem Grundsatz der Verhältnismäßigkeit unterlägen.

Ausschlaggebend für die Frage, ob mit Erlaß des Zustimmungsgesetzes die Verhältnismäßigkeit gewahrt ist, sind für das Bundesverfassungsgericht folgende Erwägungen: Die Substanz des Grundeigentums bleibe den Betroffenen erhalten, denn Abwehransprüche gegen den Flughafenbetreiber

[111] BGH DVBl. 1979, 228; zust. Küppers Anm., ebda. S. 229.

[112] BVerfGE 72, 75.

seien nicht restlos beseitigt, sondern durch Verweisung des Art. 4 III 2 StV auf 14 BImSchG in Ansprüche auf Schutzvorkehrungen bzw. Schadensersatz umgewandelt worden. Vor Erlaß des Zustimmungsgesetzes sei die Rechtslage durch Unsicherheit gekennzeichnet gewesen, weil ein nach deutschem Recht etwa bestehender Anspruch im Ausland wegen des dort bestehenden ordre public ohnehin keine Durchsetzungschancen gehabt habe. Dem habe der Staatsvertrag abgeholfen, einmal durch Surrogation der Abwehransprüche in Ersatzansprüche, zum anderen durch Aufhebung von Ansprüchen gegen die Luftfahrtunternehmer.

Ausgehend davon gelangt das BVerfG zu dem Ergebnis, daß die Verhältnismäßigkeit im Fall des Salzburger Flughafen-Vertrages gewahrt sei. Der Anspruchsausschluß habe im Sinne des Verhältnismäßigkeits-Prinzips einer legitimen Zielsetzung gedient, nämlich der Aufgabe des Gesetzgebers, die deutsch-österreichischen Beziehungen nicht zu gefährden.

Die gewählte Regelung sei geeignet und erforderlich, zumal sie sich auch schon im Inland bewährt habe. Sie stehe zum angestrebten Ziel des Vertrages nicht außer Verhältnis: In der Bundesrepublik Deutschland gebe es, etwa in Bremen und Nürnberg, eine Anzahl genehmigter Flughäfen, deren Lärmschutzbereich in weitaus größerem Ausmaß bebaut seien, als es bei einem gedachten Lärmschutzbereich des Flughafens Salzburg für die Stadt Freilassing je der Fall sein könne. Die Aufhebung von Unterlassungsansprüchen gegen die Luftfahrtunternehmer sei nicht von sonderlichem Gewicht, weil der Schwerpunkt der Abwehr von Fluglärm ohnehin seit jeher auf dem Vorgehen gegen den Betreiber gelegen habe.

Der Schutz der betroffenen deutschen Staatsbürger sei im ganzen verbessert worden. Das folge außer aus der Surrogation schwer durchsetzbarer Abwehransprüche in besser durchsetzbare Ersatzansprüche aus der gem. Art. 8 des Staatsvertrages eröffneten Möglichkeit der Bundesrepublik Deutschland, das Fluglärmgesetz anzuwenden, aus den einschränkenden Bedingungen für eine nachträgliche Änderung der Bewilligungen und aus der Zusage Österreichs gem. Art. 7 StV, geschlossene Siedlungen in der Bundesrepublik Deutschland nicht in geringerer als der flugbetrieblich erforderlichen Höhe zu überfliegen.

### *d) Kritik an der Entscheidung des Bundesverfassungsgerichts*

Die Argumentation des Bundesverfassungsgerichts zum Verhältnismäßigkeitsprinzip ist von ihrem rechtlichen Ausgangspunkt her bedenklich. Es ist bereits dargelegt worden, daß eine öffentlich-rechtliche Flughafengenehmigung nach deutschem (§ 14 BImSchG) wie nach österreichischem Recht (§ 364 a ABGB) Schadensersatzansprüche nie ausschließt, sie können also nicht erst durch den Vertrag als "Surrogat" an die Stelle von Abwehransprüchen getreten sein. Insofern trifft eine vom Bundesverfassungsgericht für die Besserstellung deutscher Grenznachbarn angenommene wesentliche Voraussetzung nicht zu. Dasselbe gilt für die Ansprüche auf Schutzvorkehrungen (vgl. § 364 a ABGB), die der Sache nach nur einen auf Naturalrestitution gerichteten Ersatzanspruch darstellen: Sie ersetzen nicht durch den Vertrag ausgeschlossene Abwehransprüche, der Vertrag läßt sie vielmehr unberührt.

Es kann auch nicht gesagt werden, der Vertrag habe einen erheblichen Gewinn an Rechtssicherheit erzielt. Was Abwehransprüche wegen Fluglärmimmissionen angeht, ist es um die Durchsetzbarkeit in Österreich nicht so schlecht bestellt, wie es zunächst den Anschein haben mag. Im Unterschied zum Regelfall, daß störende Einwirkungen ausschließlich in einem Staat verursacht werden und sich im anderen auswirken[113], läßt sich der durch Überflüge bedingte Fluglärm durchaus faktisch unterbinden. Das hat der BGH in seinem Vorlageschluß angedeutet, ohne zu konkretisieren, wie; eine faktische Möglichkeit der Bundesrepublik Deutschland wäre jedenfalls darin zu sehen, daß sie ihre Mitwirkung bei der Anlegung eines Bauschutzbereichs verweigert.

Die Vollstreckung von Schadensersatzansprüchen würde wahrscheinlich nicht am österreichischen ordre public scheitern. Wenn Österreich selbst Schadensersatzansprüche schon für inländische Betroffene nicht wegen einer Genehmigung ausschließt, kann die Zuerkennung eines solchen Anspruchs durch ein deutsches Gericht auch nicht gegen die österreichische öffentliche Ordnung verstoßen[114]. Hinsichtlich eines möglichen Schadensersatzanspruchs steht also zu erwarten, daß Österreich sich dem ausländischen Urteil beugen und das Urteil vollstrecken wird.

Die gänzliche Abschaffung von Ansprüchen gegen die einzelnen Luftfahrtunternehmer ist aus Sicht betroffener Grenznachbarn ein sehr zweifelhafter Gewinn an Rechtssicherheit, weil er sich darin erschöpft, daß ihnen ein zuvor vorhandener, wenn auch mit einigen Risiken behafteter Anspruch nunmehr ganz entzogen wird.

Es ist auch im übrigen keine Regelung ersichtlich, die zum Schutz der deutschen Grenzbevölkerung vor Fluglärm gegenwärtig und konkret etwas beigetragen haben sollte. Das in Art. 8 des Vertrages erwähnte Gesetz zum

---

[113] Diese Konstellation steht etwa Siehr, RabesZ 1981, 387, vor Augen, wenn er im Inland erwirkte Unterlassungsurteile von ihrem praktischen Wert her im unteren Bereich ansiedelt.

[114] Vgl. Rossbach NJW 88, 590, 593.

Schutz gegen Fluglärm[115], das den Flughafenunternehmer zu Entschädigungsleistungen wegen aus Lärmschutzgründen angeordneter Baubeschränkungen verpflichtet, richtet gegen den Lärm selbst nichts aus. Seine Anwendung ist überdies nicht erst durch den Staatsvertrag eröffnet, sondern es war auf Baubeschränkungen im Inland, wie sie auch im Salzburger Flughafen-Vertrag gem. Art. 1, 3 I vorgesehen sind, seit jeher anwendbar. Hiervon geht auch der Vertrag in Art. 8 aus ("nicht berührt").

Die Einschränkungen, denen gem. Art. 2 des Staatsvertrages eine künftige Änderung oder Ergänzung der Flugplatzbewilligung unterliegt, sind nicht konkret genug, um den Lärmschutz zugunsten deutscher Grenznachbarn auch nur für die Zukunft ernsthaft voranzubringen. Es ist zwar richtig, daß diese Regelung Österreich in weitestem Sinne zur "Berücksichtigung" deutscher Erfordernisse verpflichtet; damit ist aber noch nicht viel gewonnen, denn die Entscheidung über das "Wie" der Berücksichtigung verbleibt in der Hand der österreichischen Republik.

Dasselbe läßt sich von dem Versprechen Österreichs sagen, geschlossene Siedlungen nicht in geringerer als der flugbetrieblich erforderlichen Höhe zu überfliegen. Was "flugbetrieblich erforderlich" ist, bestimmt Österreich. Im übrigen hätte diese Vorschrift nur dann einen Sinn, wenn zu befürchten stünde, daß Österreich sich ohne sie nicht an die von ihm selbst für erforderlich gehaltene Flughöhe halten würde; dies ist nicht anzunehmen.

Die vom Bundesverfassungsgericht angenommene Besserstellung deutscher Grenznachbarn läßt sich nach alledem nicht bestätigen. Wie schon gelegentlich in der Literatur kritisiert wurde, erschöpft sich die behauptete Besserstellung durch den Vertrag im wesentlichen in mehr oder weniger verbindlichen Absichtserklärungen der österreichischen Seite, nicht mehr Lärm zu machen als nötig, was man schon vorher voraussetzen durfte, und der Gewährung eines Schadensersatzanspruchs bei hinzunehmenden Beeinträchtigungen[116]. Alle anderen Konsultations- und Verfahrenspflichten Österreichs betreffen nur eventuelle künftige Änderungs- oder Ergänzungsbewilligungen und lassen den Flughafenbetrieb in seinem gegenwärtigen Bestand unberührt.

### *e) Folgerungen für die Eignung des Vertrages als Regelungsmodell*

Die vorstehenden Aspekte lassen bezweifeln, ob der Vertrag seine Ziele erreicht hat.

---

115 Vom 30.3.1971, BGBl. I 282.

116 Küppers ZRP 1976, 264.

Soweit der Vertrag grenzüberschreitenden Bestandsschutz für den Flughafenbetrieb intendiert, hat er sicherlich seine Zwecke in allen Punkten erfüllt. Aufgrund ihrer vertraglich übernommenen Pflichten ist es der Bundesrepublik Deutschland nunmehr unmöglich, den niedrigen Überflug durch Aufbau von Hindernissen oder sonstige Maßnahmen zu verhindern.

Soweit der Vertrag hingegen ausweislich seiner Präambel[117] und nach der Stellungnahme des Bundesrats zum Entwurf[118] außerdem Lärmschutzinteressen der deutschen Grenzbevölkerung entgegenkommen soll, hat er sein Ziel nach dem unter d) Gesagten, entgegen der Ansicht des Bundesverfassungsgerichts, verfehlt.

Das erklärt sich damit, daß bei Wirksamwerden des Vertrages bereits vollendete Tatsachen geschaffen waren. Insbesondere hatte die Flughafenbetreiberin durch Ausbau der Piste und Betriebsaufnahme ihr in die Genehmigung gesetztes Vertrauen betätigt, und das Luftverkehrsnetz war in erstrebenswerter Weise bereits weiter ausgebaut worden. Eine nachträgliche Berücksichtigung der Interessen deutscher Grenznachbarn durch das Bundesverfassungsgericht hätte nur Investitionen entwertet und einen Rückschlag für die Entwicklung des internationalen Luftverkehrsnetzes bedeutet. Das Interesse der wenigen betroffenen Nachbarn an der Minderung des Fluglärms wog - aus Sicht der Vertragspartner - das öffentliche Interesse am Bestand des Flughafens nicht mehr auf. Bei der künftigen Abfassung eines völkerrechtlichen Vertrages zur Anerkennung ausländischer Genehmigungen wäre dieser Aspekt mit dem Ziel rechtzeitigen Handelns zu berücksichtigen.

### 2. Territorialitätsprinzip

#### *a) Abwehr ausländischer Eingriffsnormen durch das Territorialitätsprinzip*

Die Regelungen über das Genehmigungsverfahren und über die privatrechtsgestaltende Wirkung einer Realkonzession sind in den meisten Ländern[119] durchgängig dem öffentlichen Recht zuzuordnen. Die Geltung ausländischen öffentlichen Rechts hört aber nach verbreiteter Auffassung an

---

[117] S. dazu oben § 2 II 1 b) (1) (b).

[118] BT-Drs. 7/908, S. 15.

[119] Vgl. unten A § 2 III 2. und 4.; anders aber z.B. die Anspruchspräklusion in Österreich, s. § 364 a AGBG, abgedr. in Feil, AGBG, Bd. III. 147.

der Staatsgrenze auf[120]. Das soll sich aus dem Territorialitätsprinzip ergeben, dessen Geltungsgrund historisch verschwommen ist[121]. Die Bedenken gegen dieses Prinzip haben in den letzten Jahren so zugenommen, daß in der Literatur immer mehr die Überzeugung Raum gewinnt, es habe ausgedient[122]. Der BGH beruft sich indes in seiner Rechtsprechung zum internationalen Enteignungsrecht und Devisenrecht gelegentlich noch auf den sog. "Grundsatz der Nichtanwendung ausländischen öffentlichen Rechts", den er mit dem "Gedanken der Territorialität" begründet[123]; er hat diesen Grundsatz in Form eines scharfen Obersatzes auf das internationale Umweltrecht übertragen.

So heißt es im Vorlagebeschluß des BGH zum Salzburger Flughafen-Fall:

> "Entfällt die Fiktion, so kann die Genehmigung des Flughafens nach österreichischem Recht auf deutschem Hoheitsgebiet keine Geltung beanspruchen. Die Genehmigung ist ein Verwaltungsakt, dessen Wirkung in der Regel auf das Hoheitsgebiet des Staates beschränkt ist, dessen Behörde sie erlassen hat"[124].

Das Territorialitätsprinzip erwähnt er hier zwar nicht ausdrücklich; die Berufung auf zwei Autoren, die sich am angegebenen Ort mit dem Territorialitätsprinzip als Grund zur Abwehr ausländischer Eingriffsnormen auseinandersetzen, läßt indessen den Schluß zu, daß der BGH den Territorialitätsgedanken auch für den umweltrechtlichen Bereich fruchtbar machen will.

Die Kehrseite dieser Medaille ist natürlich, daß dann auch unseren eigenen Genehmigungen nur eine territorial beschränkte Wirkung zukommt. Diese Konsequenz wird angesprochen in dem Beschluß des Bundesverwaltungsgerichts zur extraterritorialen Wirkung inländischer nachbarschützen-

---

120 Öst.VerwGH, Erk. und Beschl. Nr. 7582 (A), Slg. 1969, 264; Jarass BImSchG § 14, Rn 6; Schmatz/Nöthlichs Rn 8 zu § 10; Oppermann/Kilian, S. 102 ff.; Rest, UPR 1982, 358, 366; Ress, Grenzüberschreitende Beteiligung im Verwaltungsverfahren-Bundesrepublik Deutschland, in: Rechtsfragen, S. 89; OLG Saarbrücken NJW 1958, 752, 754; Weber DVBl. 1980, 330, 335; einschränkend Kloepfer DVBl. 1984, 245, 246; Siehr RabelsZ 81, 377 ff; Vogel 113 ff; Lummert, Natur und Recht 1982,. 243 f.; Bothe UPR 1983, 1; Rehbinder, RabelsZ 83, 561 ff.; Sturm, Immissionen und Grenzdelikte, in: Vorschläge und Gutachten, 338, 358; Ule, BImSchG § 3, Rn 5; Münchener Kommentar/Kreuzer Art. 12 EGBGB, Rn 234.

121 S. Vogel, 11 ff.

122 S. Schwander, 73 ff: König, 86 f.; Kegel/Seidl-Hohenvelden 233 ff.; Münchener Kommentar/Sonnenberger, Einl. IPR 228 ff.

123 BGHZ 25, 134, 139 ff.; (Enteignungsrecht); BGHZ 31, 367, 370 f. (Devisenrecht, interzonal).

124 BGH DVBl. 1979, 228.

der Normen im Fall "Kernkraftwerk Emsland"[125]. Das Gericht hält zwar die ausländischen Kläger für einbezogen in den Schutzkreis des Atomgesetzes und die Klagebefugnis für gegeben, die deutsche atomrechtliche Genehmigung jedoch unbeschadet dessen für territorial: "Eine gem. § 7 AtG erteilte atomrechtliche Genehmigung gilt in der Tat nur innerhalb der Grenzen der Bundesrepublik Deutschland, entfaltet also keine darüber hinausgehenden Wirkungen in dem Sinne, daß sie in einem anderen Staat "verbindlich" mit der Folge ist, daß auch dort das Vorhaben als genehmigt anzusehen ist"[126].

Einen Grundsatz der Nichtanwendung ausländischen öffentlichen Rechts konstatiert auch das Landgericht Waldshut-Tiengen im Fall der Unterlassungsklage zweier Eigentümer grenznaher Wohngrundstücke im Landkreis Waldshut gegen den Betreiber des internationalen Flughafens "Airport Zürich" in Zürich-Kloten[127]: Danach "bejaht (zwar) die Rechtsprechung den Ausschluß eines Unterlassungsanspruchs dann, wenn die Störung auf hoheitlicher Tätigkeit beruht (...). Damit kann jedoch nur eine hoheitliche Tätigkeit gemeint sein, die von deutschen Stellen ausgeht, sonst würde ausländisches öffentliches Recht auch im Inland gelten"[128].

Auch im deutschen[129] und im französischen[130] Schrifttum finden sich gelegentlich noch Meinungen, die unter Berufung auf ein - apriorisches - Territorialitätsprinzip eine nachbarstaatliche umweltrechtliche Genehmigung für unbeachtlich erklären wollen.

### *b) Kritik*

Bedenken gegen diese Folgerungen aus dem Territorialitätsprinzip erweckt bereits, daß der Begriff je nach dem Zusammenhang, in dem er ver-

---

[125] BVerwG UPR 1987, 114 ff. m. Anm.; Bothe, UPR 1987, 170 ff.

[126] BVerwG UPR 1987, 114; zust. Bothe a.a.O. 171.

[127] LG Waldshut-Tiengen, UPR 1983, 14 ff.

[128] LG Waldshut-Tiengen, UPR 1983, 17.

[129] Stoll, RabelsZ 1983, 375, der allerdings die Wirkung der Genehmigung im Inland von einer "freiwilligen Unterwerfung" des Grenznachbarn abhängig macht; daß es hierzu jemals kommen wird, ist kaum anzunehmen. S. ferner Sturm, 343; Rest, ÖZöffR, 1985, 59, 79 f.; ders., Internationaler Umweltschutz und Haftung, 41; Schulze, 46-57; Ress, Grenzüberschreitende Beteiligung im Verwaltungsverfahren, in: Rechtsfragen, 89.

[130] S. Prieur, Rapport du groupe de travaille "La reconnaissance des autorisations étrangères", in: Rechtsfragen, 213 ff., 216; a.A. Despax, Nr. 516 (Überwindung des Territorialitätsprinzips im französischen Umweltschutzrecht).

wendet wird, einen anderen Sinn hat[131]. Er weist völkerrechtliche[132] und internationalverwaltungsrechtliche[133] wie internationalprivatrechtliche[134] Facetten auf. Man kann deshalb kaum noch von einem einheitlichen Prinzip, sondern allenfalls von einem multivalenten Begriff mit mehreren konturenlosen und verwässerten Inhalten sprechen[135].

### *c) Facetten des Territorialitätsbegriffs*

#### (1) Interventionsverbot

Im Völkerrecht anerkannt ist zunächst ein Territorialitätsprinzip in dem Sinne, daß es einem Staat verwehrt ist, ohne Zustimmung oder Duldung des anderen Staates Hoheitsakte zu setzen[136]. Dem entspricht folgerichtig das Verbot, sich in die Angelegenheiten eines anderen Staates einzumischen[137]. Auf die Formel gebracht, läßt sich aus diesen Rechtssätzen indes nur folgendes ableiten:

- Ein ausländischer Hoheitsakt hat im Inland nicht schon aufgrund des eigenen Geltungswillens rechtliche Wirkungen[138].
- Ein Staat kann einen ausländischen Hoheitsakt anerkennen, ist aber hierzu nicht verpflichtet. Ob ein Staat einen ausländischen Hoheitsakt anerkennt oder nicht, steht in seinem Ermessen[139].
- Die Versagung der Anerkennung stellt keine Intervention dar.
- Eine unerwünschte Anerkennung ist ebenfalls keine Intervention.

---

131 Krit. zum Territorialitätsprinzip auch Schwander, 73 ff.; Meessen, Völkerrechtliche Grundsätze des Internationalen Kartellrechts, 15 ff., 18; König, 86 f.; Kegel/Seidl-Hohenveldern, 233 ff.

132 Hierzu Rudolf, 37 ff; Verdross, Rn 1019 f.; Meng, ZaöRV 1984, 675 ff.; König 74 ff.

133 S. Kegel/Seidl-Hohenveldern, 232 ff.; Meng a.a.O. 370 ff.; für das Außenwirtschaftsrecht s. Pres. Rb Den Haag 17.9.1982, RabelsZ 1983, 141 ff. m. Anm. Basedow a.a.O., 147, 155 (Fall "Sensor"); BGHZ 64, 189=NJW 1975, 1220 ("August Vierzehn"); für das Kartellrecht Meessen, 15f., 18 f., 81, 222.

134 Nur wenn man öffentlich-rechtliche Vorfragen in zivilrechtlichen Streitigkeiten dem Internationalen Privatrecht zuschlägt, wie der BGH, DVBl. 1979, 227 ff.; dazu unten § 2 IV 4.

135 Schwander, 73 ff.

136 StIGH v. 7.9.1927, C.P.J.Ser.A Nr. 10, S. 18 ("Lotus"); Bothe UPR 1983, 2; König, 87; Schwander, 74; Schulze, 50.

137 S. Schröder, Nonintervention, in: EPIL, Instalment III, 358 ff.

138 Vgl. oben A § 2 I Fn 10.

139 Schlochauer, 40, 56, 62; Verdross, Rn 1021; Rudolf, 37; Geck, Hoheitsakte, 55f.;Siehr, RabelsZ 1981, 387; Kloepfer/Kohler, 165; BVerfGE 63, 343ff., 361.

Wie man aus alledem ersieht, trägt das Territorialitätsprinzip zur Anerkennungsfrage nichts bei.

(2) Beschränkung der "jurisdiction to prescribe"

"Territorialität ausländischen öffentlichen Rechts" kann aber auch bedeuten, daß öffentliches Recht nur auf Tatbestände angewendet werden darf, die sich auf dem Hoheitsgebiet des erlassenden Staates ereignet haben oder die zu diesem Staat eine räumliche Beziehung aufweisen[140]. Dafür spricht immerhin, daß eine territorial absolut uneingeschränkte Regelungszuständigkeit für das Individuum erheblich belastende Pflichtenkollisionen mit sich bringen kann, die von den beteiligten Staaten weder vorhergesehen noch gewollt waren.

Für die Anerkennungsfrage ist dieses Prinzip nur unter dem Aspekt von Bedeutung, daß dem ausländischen Hoheitsakt bei völkerrechtskonformer Auslegung womöglich schon der extraterritoriale Geltungswille fehlt.

Nach der alten angelsächsischen Lehre konnte ein Staat nur diejenigen Sachverhalte regeln, die sich auf seinem Gebiet zutrugen[141]. Eine der drei klassischen Lehren des Justice Joseph P. Story lautet[142]:

> "Another maxim... is that no State... can by its own law directly affect or bind property out of its own territory or bind persons not resident therein... it would be incompatible with... sovereignty of all nations that one nation should be at liberty to regulate either persons or things not within its own territory."

Diese Lehre hatte aber eine Ausnahme von der territorialen beschränkten Wirkung eines Hoheitsakts für den Fall anerkannt, daß der betroffene Staat diesem zustimmte oder ihn duldete[143].

Heute wird im übrigen das Territorialitätsprinzip von niemandem mehr als echte Beschränkung der Gesetzgebungskompetenz eines Staates auf Sachverhalte mit Ursprung im eigenen Staatsgebiet verstanden. Es bedeutet lediglich, daß öffentliches Recht vorbehaltlich anderer Prinzipien (Personalitätsprinzip, Schutzprinzip, Universalitätsprinzip, Wirkungsprinzip) nur ge-

---

140 Schwander, 74; dazu Meng, 687 f.; Münchener Kommentar/Sonnenberger Einl. IPR Rn 230.

141 Mann, R.d.C. 1964, I, Bd. 111, 23 ff.

142 Zit. nach Lipstein, 19 f.

143 Vgl. die dritte Maxime, zitiert bei Lipstein, vorige Note: "From these two maxims ... flows a third ... that whatever force ... the laws of one country have in another depends solely upon the laws ... of the latter ... upon its own express or tacit consent."

genüber Tatbeständen wirkt, die in einer räumlichen Beziehung zum erlassenden Staat stehen[144]. In diesem Sinne bezeichnet es nicht mehr als einen legitimen Anknüpfungspunkt. Wie der Ständige Internationale Gerichtshof in seiner Entscheidung vom 7.9.1925 ("Lotus-Fall") unterstrichen hat, folgt aus der territorialen Beschränkung der Ausübung von Hoheitsgewalt nicht auch eine Beschränkung der Regelungskompetenz in Angelegenheiten mit Auslandsbezug; vielmehr läßt das Völkerrecht den Staaten hier ein weiteres Ermessen:

> "La limitation primordiale qu'impose le droit international à l'Etat est celle d'exclure - sauf l'existence d'une règle permissive contraire - tout exercice de sa puissance sur le territoire d'un autre Etat. Dans ce sens, la jurisdiction est certainement territoriale... Mais il ne s'ensuit pas que le droit international défend à un Etat d'exercer, dans son propre territoire, sa jurisdiction dans toute affaire où il s'agit de faits qui se sont passés à l'étranger... Loin de défendre d'une manière générale aux Etats d'étendre leurs lois et leur jurisdiction à des personnes, des biens et des actes hors du territoire, il leur laisse, à cet égard, une large liberté, qui n'est limitée que dans quelques cas par des règles prohibitives; pour les autres cas, chaque Etat reste libre d'adopter les principes qu'il juge les meilleurs et les plus convenables".

Zusammengefaßt hindert das Territorialitätsprinzip nicht die Staaten daran, ihre Rechtsetzung auch auf Tatbestände zu erstrecken, die sich außerhalb des Staatsgebietes ereignet haben; erforderlich ist nur eine hinreichende Sachnähe zum geregelten Gegenstand, m.a.W. ein legitimer Anknüpfungspunkt[145].

Nach dem Territorialitätsprinzip ist jeder Staat berechtigt, über die Plazierung umweltbelastender Anlagen auf seinem Hoheitsgebiet zu entscheiden[146]. Er muß folglich auch dazu berechtigt sein, einen über die Staatsgrenzen hinauswirkenden Bestandsschutz zu regeln, da dieser Bestandsschutz eine räumliche Beziehung zu seinem Staatsgebiet aufweist. Man könnte ferner erwägen, ob sich das aus dem Kartellrecht bekannte Wir-

---

144 Vgl. BVerfGE 63, 361; Verdross Rn 1019; Meng 681 ff.; Oppermann/Kilian 18; Mann, Beitr. z. IPR, 1976, 201 ff. (203); Schlochauer 41; Wengler, Anknüpfung, ZVglRW 1941, 168 ff. 187 Fn 2.

145 BVerfGE 63, 361.

146 Kloepfer, Grenzüberschreitende Umweltbelastungen, in: Moltke u.a., 60 = DVBl. 1984, 252; a.A. Randelzhofer/Simma 398 ff.

kungsprinzip[147] hier fruchtbar machen läßt[148], demzufolge ein Staat auch Sachverhalte, die sich im Ausland abgespielt haben, seiner Jurisdiktion unterwerfen kann, wenn sie sich auf sein eigenes Staatsgebiet auswirken; denn Unterlassungsansprüche ausländischer Grenznachbarn wirken sich auf den Betrieb der inländischen Anlage aus.

Letztlich braucht die Frage hier nicht vertieft zu werden, da sie, außer für die völkerrechtskonforme Auslegung der ausländischen Genehmigung, für die Anerkennungsfrage keine Rolle spielt. Kein Staat ist nämlich durch das Territorialitätsprinzip daran gehindert, eine ausländische Genehmigung für sich als verbindlich anzuerkennen, selbst wenn sie völkerrechtswidrig ohne legitimen Anknüpfungspunkt zustande gekommen ist. Das Völkerrecht bevormundet die Staaten nicht. Denn "the public law of nations can hardly dictate to a country which is in the theory wronged how to treat that wrong within its domestic borders"[149].

### (3) Beschränkung der "jurisdiction to enforce"

Soweit mit dem Territorialitätsprinzip gesagt ist, daß ein Staat nur seinen eigenen Organen die Durchsetzung öffentlich-rechtlicher Normen unmittelbar befehlen kann[150], steuert diese Feststellung zur Anerkennungsfrage nichts bei.

### (4) Territorialitätsprinzip als Auslegungsgrundsatz

Manche sprechen von "Territorialität" ausländischen öffentlichen Rechts, wenn sie dem Gesetz mangels ausdrücklicher anderer Vorgaben einen territorial beschränkten Geltungswillen unterstellen wollen[151]. Diese Auslegungsregel ginge, wenn sie sich wirklich nachweisen ließe, nicht über den Rang einfachen Gesetzesrechts hinaus. Sie könnte folglich keinen Staat daran hindern, einen ausländischen Hoheitsakt zu respektieren.

---

[147] Dazu Meessen, Völkerrechtliche Grundsätze des internationalen Kartellrechts, 108 ff.; Meng, ZaöRV 1984, 743 ff.

[148] So auch Rehbinder, RabelsZ 1983, 561 ff.,564.

[149] 376 U.S. 398 = A.J.I.L. 58 (1964), 779, 789 (Banco Nacional de Cuba v. Sabbatino).

[150] Schulze, 51; Verdross, 1019; Meessen, 16; s. auch Sec. 6 des Restatement of the Foreign Relations Law of the United States, 1986.

[151] Vgl. Schwander, 76; zu den Vertretern dieser Ansicht gehören insbesondere Oppermann/Kilian, 111 ff.

(5) Territorialitätsprinzip als Erfahrungssatz

Rein empirisch kann man sicher über ein Gesetz sagen, es sei insofern territorial, als es von dem erlassenden Staat besonders häufig angewendet werde[152]. Dieser Satz drückt aber eine Banalität aus und ist für die kollisionsrechtliche Frage, ob ein Staat eine ausländische Genehmigung anerkennen will, unfruchtbar.

*d) Souveränitätsinteressen und Gebietshoheit des Genehmigungsstaates*

Aus dem oben unter 2 c (1) und (2) Gesagten ergibt sich, daß die Anerkennung ausländischer umweltrechtlicher Genehmigungen mit der Souveränität und der Gebietshoheit des Genehmigungsstaates unter keinem Gesichtspunkt in Konflikt geraten kann. Die Anerkennung ist keine Hoheitsausübung im Ausland, sondern Anwendung ausländischen Rechts kraft eigener Hoheitsgewalt im Inland. Ihre Rechtmäßigkeit unter Territorialitätsaspekten hängt nicht davon ab, ob der extraterritoriale ausländische Hoheitsakt völkerrechtskonform ist, insbesondere ob er einen legitimen Anknüpfungspunkt zum Inland aufweist. Denn das Völkerrecht diktiert den Staaten nicht die Bedingungen, unter denen sie ausländische Hoheitsakte im Inland als für sich und ihre Staatsbürger verbindlich respektieren dürfen.

*e) Souveränitätsinteressen und Gebietshoheit des Anerkennungsstaates*

Souveränitätsinteressen des Inlands und Gebietshoheit sind kein Grund, die Anerkennung ausländischer Genehmigung generell abzulehnen. Die strikte Beharrung auf territorialer Integrität spiegelt nicht den Stand des modernen Völkerrechts wider. Staaten, die ausländische Hoheitsakte anerkennen, verlieren darum nichts von ihrer Souveränität. Das ist für ausländische Führerscheine, Reifezeugnisse[153], akademische Grade[154], nicht zuletzt gerichtliche Entscheidungen anerkannt und sollte auch für umweltrechtliche Genehmigungen nicht in Frage gestellt werden.

Durch Anerkennung fremder Hoheitsakte büßt ein Staat schließlich auch nichts an seiner Gebietshoheit ein. Sein Staatsgebiet bleibt ihm vollständig erhalten. Noch niemand hat bislang die These vertreten, die Anerkennung ausländischer Genehmigungen verletze den anerkennenden Staat in seiner

152 Vgl. Schwander 76.

153 S. z.B. für das Verhältnis zur DDR Drobnig, ROW 1981, 182.

154 §§ 2,3, des Reichsgesetzes über die Führung akademischer Grade vom 7.6.1939 (BGBl. I 985; dazu Thieme, 394 ff.

Gebietshoheit, obwohl die ständige Berufung der Rechtsprechung und einiger Autoren auf den Territorialitätsgrundsatz zur Abwehr ausländischer Eingriffsnormen diese Deutung nahelegt. Im Umweltrecht ist auch zu berücksichtigen, daß die territoriale Integrität eines Staates faktisch nicht unbegrenzt ist[155]. Sein Staatsgebiet ist vielmehr mit der latenten Gefahr der Errichtung grenznaher umweltbelastender Anlagen im Nachbarstaat von vornherein belastet.

### *f) Abkehr des BGH vom Territorialitätsprinzip im internationalen Konkursrecht*

Der BGH hat inzwischen selbst erkannt, daß der Satz, die Wirkung eines Hoheitsakts sei auf den Machtbereich des ihn erlassenden Staates beschränkt, ohne jeden Aussagewert ist für die Frage, ob der Auswirkungsstaat ihn anerkennen will. Seine Entscheidung vom 11.7.1985 markiert eine deutliche Abkehr vom Territorialitätsprinzip und eine Hinwendung zum Universalitätsprinzip im internationalen Konkursrecht[156].

In jenem Verfahren ging es um die Frage, ob der Konkursverwalter über das Vermögen einer belgischen Gesellschaft eine im Inland belegene Forderung zur Masse ziehen konnte. Während das RG[157] und im Anschluß daran der BGH[158] die Anerkennung einer ausländischen Konkurseröffnung bis dahin stets unter Hinweis auf das Territorialitätsprinzip verneint hatten, waren sie für den umgekehrten Fall - Konkurseröffnung im Inland - stets vom Universalitätsprinzip ausgegangen.

Der BGH hält nunmehr diese Differenzierung mit der Gleichbehandlung aller Gläubiger, einem international anerkannten Grundgedanken des Konkursrechts, für nicht vereinbar. Dem widerspreche die generelle Nichtanerkennung des Auslandskonkurses für das Inlandsvermögen des Gemeinschuldners; zu Recht sehe diese sich dem Vorwurf unbegründeten Mißtrauens gegen ausländische Rechtsordnungen und deren handelnde Organe ausgesetzt[159]. Der BGH gibt sodann sein bisheriges Bekenntnis zum Territorialitätsprinzip, das er auch in umweltrechtlichen Entscheidungen zur Ab-

---

[155] Fröhler/Zehetner, Bd. I, 72 ff.; Kloepfer, Grenzüberschreitende Umweltbelastungen, in: Moltke u.a., 60; Nassr-Esfahani/Wenckstern RabelsZ 1985, 778.

[156] BGH WM 1985, 1004 ff.

[157] RGZ 6, 400, 404 ff.; RGZ 21, 7, 9; seither std. Rspr., zuletzt RGZ 153, 200, 207.

[158] BGH WM 1960, 347 = MDR 1960, 578 m. Anm. Kuhn; WM 1979, 978.

[159] BGH WM 1985, 1006.

wehr ausländischer Eingriffsnormen geäußert hatte, ausdrücklich auf[160]: Es treffe nicht zu, daß die Konkurseröffnung als staatlicher Hoheitsakt nicht über den Machtbereich des Eröffnungsstaates hinauswirken könne. Die Wirkung eines Hoheitsakts, den der erlassende Staat nicht auf sein Gebiet beschränkt wissen wolle, sei nicht nach dem Machtbereich des erlassenden Staates zu beurteilen, sondern danach, ob der Staat, in dessen Gebiet die Folgen wirksam werden sollten, nach seinem Recht den Hoheitsakt anerkennen wolle[161]. Die deutsche Rechtsordnung erkenne zahlreiche ausländische Staatsakte an, z.B. die Auflösung juristischer Personen etc. Allgemein lasse sich sagen, daß ausländische Staatsakte, wenn es um privatrechtsgestaltende Maßnahmen geht, anerkannt würden, nicht dagegen Maßnahmen zur Durchsetzung vorwiegend staats- oder wirtschaftspolitischer Interessen des ausländischen Staates. Das Konkursverfahren diene aber nicht dem Staat, sondern ausschließlich der gleichmäßigen Befriedigung aller Gläubiger des Gemeinschuldners. Deshalb sei der ausländische Konkursverwalter berechtigt, im Inland belegenes Vermögen des Gemeinschuldners zur Masse zu ziehen[162].

Damit hat der BGH für den Bereich des Konkursrechts einen Verdacht ausgeräumt, den ursprünglich die häufige Berufung auf das Territorialitätsprinzip zur Abwehr ausländischer Eingriffsnormen hegen ließ: Die Antwort auf die Frage, ob wir einen ausländischen Hoheitsakt anerkennen, ist auch nach seiner Auffassung nicht durch territoriale Souveränität und Gebietshoheit vorgegeben[163], sondern durch unser öffentliches Kollisionsrecht.

Es bleibt zu hoffen, daß eine solche Klarstellung auch im Internationalen Umweltrecht nachfolgen wird.

### *g) Schlußfolgerungen für die Eignung des Territorialitätsprinzips zur Abwehr ausländischer Eingriffsnormen*

Die Ausleuchtung der einzelnen Facetten des Territorialitätsprinzips hat ergeben, daß jedenfalls sein völkerrechtlicher Inhalt für die von der Rechtsprechung im Umweltrecht gezogene Folgerung, die Wirkung ausländischer Hoheitsakte höre an der Staatsgrenze auf, nichts hergibt. Überhaupt enthält das Bekenntnis zum Territorialitätsgrundsatz zur Abwehr ausländi-

---

160 BGH WM 1985, 1006.

161 BGH WM 1985, 1006.

162 BGH WM 1985, 1004.

163 So auch die Völkerrechtler, s. Schlochauer, 40, 56, 62; Verdross, Rn 1021; Rudolf, 37; Geck, Hoheitsakte 55 f; Kegel/Seidl-Hohenveldern, 245; ferner Bothe, UPR 1983, 2; Siehr, RabelsZ 1981, 387; Kloepfer/Kohler, 165.

scher Hoheitsakte wenig Substanz, die es gegenüber den für die Anerkennung sprechenden Kriterien[164] aufwerten würde. Es sollte daher besser durch eine Diskussion über aus dem staatlichen Recht ableitbare Grenzkriterien, insbesondere verfassungsrechtliche Aspekte, abgelöst werden[165].

### *h) Pflicht zur Anerkennung aus dem Territorialitätsprinzip*

#### (1) Universelle Anerkennungspflicht

Eine ältere Literaturmeinung zu den Folgerungen aus dem Territorialitätsprinzip gibt Anlaß, der Frage nachzugehen, ob sich aus diesem Grundsatz eine generelle Pflicht zur Anerkennung ausländischer Hoheitsakte ableiten läßt.

Diese Auffassung wurde bislang nur von Heiz vertreten. Heiz geht im Ansatz richtig davon aus, daß das Völkerrecht die Existenz einer Vielheit von Staaten zur Voraussetzung habe und daß es seine Aufgabe sei, die Abgrenzung der einzelstaatlichen Hoheitsbereiche zu treffen[166]. Im Anschluß daran folgert er jedoch:

> "Indem das Völkerrecht die Existenz einer Vielheit von souveränen Staaten... voraussetzt, anerkennt es nicht nur das Recht der Staaten, innerhalb ihres Herrschaftsbereichs die Hoheitsgewalt auszuüben, sondern es auferlegt ihnen gleichzeitig die Pflicht, die Hoheitsausübung anderer Staaten zu respektieren. Diese Pflicht des Staates ist die unerläßliche Kehrseite zur Anerkennung seiner Souveränität durch das Völkerrecht"[167].

Konkretisierend führt er aus:

> "Die strikte Befolgung der völkerrechtlichen Pflicht zur Respektierung der von anderen Staaten innerhalb ihres völkerrechtlich anerkannten Herrschaftsbereichs gesetzten Hoheitsakte zwingt den einheimischen Richter unweigerlich zu einer grundsätzlichen Beachtung von ausländischem öffentlichen Recht..."[168]

---

[164] Dazu unten § 4.

[165] Dazu unten § 3 und § 4 I.

[166] Heiz, 162.

[167] Heiz, 163.

[168] Heiz, 165.

Eine so universelle Anerkennungspflicht ließe sich jedoch angesichts der Vielzahl der Fälle, in denen konkurrierende Zuständigkeiten auftreten können, mit den Interessen des Staates kaum vereinbaren. Verwaltungsakte ergehen in den Binnenrechtsordnungen unter völlig verschiedenen Voraussetzungen und stellen auch oft, wie Devisenkontrollbestimmungen, Embargos und Genehmigungen für Atomkraftwerke, Entscheidungen mit stark politischem Einschlag dar. Durch eine universelle und bedingungslose Anerkennung ausländischer Hoheitsakte ohne förmliches Verfahren würden sich die Staaten in schwerwiegende Konflikte mit ihrer eigenen inneren Ordnung bringen, sie würden außerdem ihren außenpolitischen Handlungsspielraum unerwünscht einengen (z.B. bei obligatorischer Anerkennung ausländischer Boykottaufrufe). Die Meinung von Heiz fand übrigens keine Stütze in der Staatspraxis. Der BGH behält sich beispielsweise vor, ausländische Verfügungsbeschränkungen[169] oder devisenrechtliche Genehmigungen[170] anzuerkennen oder nicht.

Mit Recht halten deshalb fast alle Autoren eine universelle Anerkennungspflicht für indiskutabel[171].

(2) In Ausnahmefällen begründete Anerkennungspflicht

Ausnahmsweise wurde in der Völkerrechtsliteratur eine - nicht an ein bestimmtes Rechtsgebiet gebundene - Anerkennungspflicht bejaht:

(aa) wenn die Verweigerung der Anerkennung im Einzelfall einen Rechtsmißbrauch bedeuten würde (Schlochauer)[172]; das ist im Umweltrecht nur in dem seltenen Fall denkbar, daß eine gebundene Realkonzession im Inland unter genau denselben oder durchweg engeren Voraussetzungen ergehen würde;

(bb) wenn ein Staat die Hoheitsakte anderer Staaten in so pauschaler Weise ignoriert, daß deren Zuständigkeit zur Regelung ihrer inneren Angelegenheiten in Frage gestellt würde (Verdross)[173]. Die extraterritorial wirkende, privatrechtsgestaltende Genehmigung für umweltbelastende Anlagen ist jedoch keine ausschließlich innere Angelegenheit, da sie in Rechte ausländischer Grenznachbarn eingreift und damit die Personalhoheit des

---

169 BGHZ 31, 371 = NJW 60, 1101.

170 BGHZ 64, 189 = NJW 1975, 1220.

171 Geck, 55; Rudolf, 37; Schlochauer, 56, 40, 62; Verdross, 1019; Stoll, RabelsZ 1973, 374; Schwander, 75.

172 Schlochauer, 62.

173 Verdross, Rn 1019.

benachbarten Staates berührt. Haben die inländischen Grenznachbarn im ausländischen Umweltverfahren wie im Fall des österreichischen Verkehrsflughafens keine Gelegenheit zur Stellungnahme erhalten oder liegen die ausländischen Grenzwerte für die Zulassung der umweltbelastenden Tätigkeit höher, liegt damit schon ein sachlicher Grund für die Versagung der Anerkennung vor. Die Haltung des betroffenen Staates läßt sich nicht mehr als pauschale Nichtanerkennung fremder Hoheitsakte bewerten.

(cc) Eine zusätzliche Ausnahme ist denkbar, wenn der Gerichtsstaat weder von den Immissionen betroffen noch Heimatstaat des gestörten Grenznachbarn ist. Nehmen wir folgenden Fall an: Grenznachbar A, Staatsbürger des Staates X, verlangt von dem beklagten Betreiber B einer Seifenfabrik im Staat Y Unterlassung der auf sein Grundstück in X herüberwirkenden Geruchsimmissionen, und zwar im Staat Z, wo B einen Wohnsitz hat. Alle Staaten sind Vertragsparteien des GVÜ. Qualifiziert man Abwehransprüche nicht als Rechte an beweglichen Sachen i.S. des § 16 GVÜ, sondern mit der h.M. als deliktische Ansprüche, so ist neben dem Gerichtsstand der unerlaubten Handlung nach Art. 5 Ziff. 3 - dieser liegt im Handlungsort Y und im Erfolgsort X - auch das Gericht am Wohnort des Beklagten, hier in Z, berufen. Für die Gerichte dieses Staates wäre nun in der Tat kein Grund gegeben, der ausländischen Genehmigung die Anerkennung zu verweigern.

Dieser Fall wird sich indessen kaum einmal zutragen, nicht nur wegen der ungewöhnlichen Konstellation, sondern auch im Hinblick auf das hohe Prozeßrisiko. Unterlassungsansprüche sind wegen der erhöhten Schutzbereitschaft des Heimatstaates in diesem, wegen der höheren Durchsetzungschancen aber am besten im Immissionsstaat geltend zu machen. Es empfiehlt sich nicht, die Gerichte eines an der Umweltbelastung selbst ganz und gar unbeteiligten Drittstaates anzurufen. Daher kann man die hier gebildete Fallkonstellation vernachlässigen.

Zusammenfassend ist festzustellen, daß keine der von den Völkerrechtslehrmeinungen angenommenen oder sonst denkbaren Ausnahmen von der grundsätzlichen Freiheit der Staaten, einen ausländischen Hoheitsakt zu respektieren, im umweltrechtlichen Bereich eine Rolle spielt.

#### (3) Spezifische Anerkennungspflicht für umweltrechtliche Genehmigungen als Folgerung aus dem Prinzip der beschränkten territorialen Integrität?

Man könnte allerdings erwägen, ob nicht aus dem Umstand, daß jedes Staatsgebiet von vornherein mit der Gefahr der Errichtung umweltbelastender Anlagen im Nachbarstaat belastet ist, auch folgert, daß jede dafür erteilte fremdstaatliche Genehmigung im Inland in den Grenzen des völkerrechtlichen Nachbarrechts[174] zu akzeptieren ist. Hierfür haben sich insbesondere Fröhler/Zehetner[175] und Rest[176] ausgesprochen.

Fröhler/Zehetner gehen davon aus, daß eine absolute territoriale Souveränität im Sinne einer unumschränkten Herrschaftsgewalt auf eigenem Hoheitsgebiet mit der Mehrzahl gleichberechtigter, souveräner Staaten nicht vereinbar sei[177] und daß eine absolute territoriale Integrität - im Sinne eines Ausschlusses jeglicher grenzüberschreitend umweltbelastender Tätigkeit - der völkerrechtlichen Praxis offenkundig nicht entspreche[178]. Zwischen den beiden einander entgegengesetzten Polen eröffne sich stattdessen, in mehreren Ausformungen, ein durch das Gebot der Rücksichtnahme konkretisiertes Prinzip der beschränkten territorialen Souveränität: Jeweils der Teil territorialer Souveränität, der nicht durch Rücksichtnahme auf die territoriale Integrität des anderen Staates beschränkt sei, korrespondiere den Schranken, die der territorialen Integrität des Nachbarstaates auferlegt seien[179].

Eine der daraus entwickelten Maximen lautet, daß jeder Staat jene von anderen Staatsgebieten ausgehenden grenzüberschreitenden Umweltbeeinträchtigungen zu dulden hat, die bloß unerhebliche oder unübliche Schäden verursachen[180]. Hieraus leiten Fröhler/Zehetner die Forderung her, daß "jeder Staat die aufgrund eines konkretisierten Prinzips der beschränkten territorialen Souveränität und Integrität zulässigen grenzüberschreitenden Umweltbeeinträchtigungen auch im innerstaatlichen Privatrecht als zulässig bzw. genehmigt zu betrachten hat, sofern sie das auch am Handlungsort sind"[181].

Den Autoren ist im Ausgangspunkt insofern beizupflichten, als dem Problem grenzüberschreitender Umweltbeeinträchtigungen mit einer Verabsolutierung gegenseitiger Souveränitätsansprüche sicherlich nicht beizukommen ist[182]. Diese Erkenntnis zwingt aber nicht zur Annahme einer Duldungspflicht zu Lasten Privater. Die Kategorien des "Prinzips der be-

---

174 Dazu unten § 1 II 3.

175 Fröhler/Zehetner, I, 69 ff.

176 Rest, UPR 1982, 358 ff., 366 f.

177 Fröhler/Zehetner, 70.

178 Fröhler/Zehetner, 71.

179 Fröhler/Zehetner, 70 f.

180 Fröhler/Zehetner, 74.

181 Fröhler/Zehetner, 83.

182 So auch Kloepfer, Grenzüberschreitende Umweltbelastungen, in: Moltke u.a., 60.

schränkten territorialen Souveränität und Integrität" sind zu verschwommen und zu wenig greifbar, als daß man für den Interessenkonflikt zwischen Privaten im Fall einer Nachbarklage etwas herleiten könnte. Im Binnenbereich legitimiert eine Genehmigung den Betrieb einer Anlage nur unter der Voraussetzung, daß die detailliert festgelegten Genehmigungsvoraussetzungen eingehalten werden. Eine völkerrechtliche Pflicht zur Anerkennung ausländischer Genehmigungen ist dementsprechend nur vorstellbar, wenn die Voraussetzungen für ihre Erteilung supranational geregelt und so klar eingegrenzt sind, daß ihre Einhaltung überprüfbar wird. Das läßt sich von dem verschwommenen Abgrenzungskriterium, daß "Schäden nicht erheblich und nicht unüblich" sein dürfen, nicht sagen. Die höheren Standards etwa für Strahlendosisgrenzwerte in der Bundesrepublik Deutschland, verglichen mit denen anderen Staaten[183], belegen zu Genüge, daß unter "unerheblich" jeder Staat etwas anderes versteht.

Auswirkungen von umweltbelastenden Anlagen, die einer Genehmigung nach §§ 4 BImSchG i.V.m. § 2 der 4. BImSchVO bedürfen, sind überdies nach Auffassung des deutschen Gesetzgebers niemals unerheblich oder ortsüblich - sonst hätte es nicht einer ausdrücklichen Anspruchspräklusion gem. § 14 BImSchG neben § 906 BGB bedurft.

Zusammengefaßt folgt aus dem "Prinzip der beschränkten territorialen Souveränität und Integrität" weder eine Anerkennungspflicht noch hat es Rückwirkungen auf die Rechte und Pflichten Privater. Das räumen Fröhler/Zehetner selbst an anderer Stelle ein, wenn sie bemerken, daß das Prinzip nicht unmittelbar die Ansprüche Privater betrifft, die sich gegen an und für sich völkerrechtskonforme grenzüberschreitende Umweltbeeinträchtigungen von Privatrechtssubjekten des Nachbarstaates richten[184].

### *i) Zusammenfassung und Ergebnis*

Im Ergebnis ist festzustellen: Ein Staat ist aufgrund des völkerrechtlichen Territorialitätsprinzips nicht verpflichtet, eine ausländische Genehmigung für umweltbelastende Anlagen anzuerkennen. Das Territorialitätsprinzip verbietet andererseits eine solche Anerkennung auch nicht; es stellt sie den Staaten frei[185].

---

183 Vgl. Kloepfer, Grenzüberschreitende Umweltbelastungen, in: Moltke u.a., 64; das Atomrecht ist bezeichnenderweise nicht in den Gleichwertigkeitskatalog des von der Gesellschaft für Umweltrecht entworfenen Abkommens aufgenommen worden, s.o. § 1 II 1.a).

184 Fröhler/Zehetner, 78.

185 vgl. für Hoheitsakte allgemein Schlochauer, 40, 56, 62; Verdross Rn. 1021; Rudolf, 37; Geck, Hoheitsakte, 55 f.; Kegel/Seidl-Hohenveldern, 245; Siehr RabelsZ 1981, 387; Kloepfer/Kohler, 165; Nassr-Esfahani/Wenckstern, 772; BVerfGE 63, 343 ff., 361.

### 3. Völkerrechtliches Nachbarrecht

Für die Behandlung deutscher Grenznachbarn bei zivilrechtlichen Klagen gegen grenzüberschreitende Umweltbelastungen, die von genehmigten Anlagen ausgehen, wäre im Völkerrecht außerdem an eine mögliche Relevanz des völkerrechtlichen Nachbarrechts zu denken. Das setzt voraus, daß diese Normen tatbestandlich etwas über die Anerkennung aussagen, und ferner, daß sie auch gegenüber Individuen wirken.

Das völkerrechtliche Nachbarrecht befaßt sich mit Fragen, die aus der räumlichen Beziehung zweier oder mehrerer Staaten zueinander entstehen[186]. Außerhalb von Verträgen, wie der Nordischen Umweltschutzkonvention[187], fehlt es jedoch regelmäßig an einer direkten Anknüpfung an Einzelpersonen[188]. Berechtigte und Verpflichtete sind vielmehr nur die Staaten. Ohne einer genaueren Prüfung[189] in diesem Abschnitt vorgreifen zu wollen, kann deshalb zum Komplex "völkerrechtliches Nachbarrecht" bereits jetzt bemerkt werden, daß Grenznachbarn, die von ausländischen Umweltbelastungen betroffen sind, keine allgemein anerkannten Duldungspflichten haben. Der Vollständigkeit halber seien hier aber zunächst die Tatbestände wiedergegeben.

#### *a) Wasserrecht*

Der heutige Stand des völkerrechtlichen Nachbarrechts erschließt sich am besten vom internationalen Wasserrecht her, da sich wegen der nachhaltigen Auswirkungen wasserwirtschaftlicher Maßnahmen auf das Gebiet der Unterliegerstaaten internationaler Flüsse von hier aus ein internationales Umweltrecht erst herausgebildet hat.

---

[186] Allgemein hierzu Thalmann, Grundprinzipien des modernen zwischenstaatlichen Nachbarrechts, 1951.

[187] Convention on the Protection of the Environment between Denmark, Finland, Norway and Sweden v. 19.2.1974, ILM 1974, 591 ff.

[188] Oppermann/Kilian 13; Nassr-Esfahani 784; a.A. Rechtbank Rotterdam 8.1.1979, Nr. 15 (RabelsZ 1985, 745).

[189] S.u. § 8 IV 2.

#### (1) Materielle Pflichten

##### (a) Harmon-Doktrin

Nach der Harmon-Doktrin, die von der irrealen Vorstellung von einer absoluten territorialen Souveränität ausging, konnte ein Staat unbeschränkt über die Gewässer auf seinem Gebiet kraft seiner Gebietshoheit verfügen[190]. Diese Doktrin hat sich als Völkergewohnheitsrecht nicht durchsetzen können, so daß der Frage, ob der vermeintlich unumschränkten Befugnis der Staaten zur Nutzung von Umweltmedien auf eigenem Territorium eine Anerkennungspflicht der Nachbarstaaten korrespondiert, nicht nachgegangen zu werden braucht.

##### (b) Rechtsmißbrauchsverbot

Nur vorübergehende Aufmerksamkeit fand auch von Seiten des Institut de Droit International das Rechtsmißbrauchsverbot als Rechtsgrundlage dafür, die Handlungsfreiheit der Staaten im Bereich der Verschmutzung internationaler Flüsse und Seen zu beschränken[191]. Dieses Verbot erwies sich als zu eng, zum einen, weil es den Nachweis voraussetzt, daß die Verschmutzung ausschließlich auf die Tätigkeit des Nachbarstaates zurückgeht[192], zum anderen, weil Schädigung danach gerade Zweck der Rechtsausübung sein muß[193]. In der Praxis hat das Rechtsmißbrauchsverbot in den Beziehungen der Staaten im Bereich des grenzüberschreitenden Umweltschutzes aus diesem Grunde auch keine Anwendung gefunden[194]. Eine Bedeutung für die Anerkennungsfrage hat es schon tatbestandlich nicht.

---

[190] Neuhold/Hummer/Schreuer D 264 a); einzig vertreten vom US Supreme Court im Fall State of Kansas v. State of Colorado et al., bei Scott (Hrg.), Judicial Settlement of Controversies between States of the American Union, Bd. II (1918), S. 1325 ff.; dazu Krakau, die Harmon-Doktrin, 1966; Verdross Rn 1028; Oppermann/Kilian, 14; Mann, The Doctrine of Jurisdiction in International Law, RdC 1964 I, 1, 23 ff.

[191] IDI, Annuaire Vol. 58 I.

[192] Oppermann/Kilian, 15.

[193] Rauschning, FS Schlochauer 561; vgl. auch Entscheidung des IGH im Korfu-Kanal-Fall, I.C.J. Rep. 1949, 22: "not to allow knowingly its territory to be used for acts contrary to the rights of other states".

[194] von Verdross als Rechtsmißbrauchsrecht eingeordnet; richtiger wohl Rauschning, FS Schlochauer, 561: Prinzip der guten Nachbarschaft.

(c) Prinzip der guten Nachbarschaft

Als sachgerechte Einschränkung der staatlichen Souveränität anerkannt ist demgegenüber das Prinzip der guten Nachbarschaft, auch als Grundsatz "sic utere tuo ut alienum non laedas" bezeichnet[195], demzufolge kein Staat einen internationalen Wasserlauf in einer Weise beeinträchtigen darf, welche die Interessen der Unterlieger nachhaltig beeinträchtigt. Möglicherweise erlaubt dieser Grundsatz einen Umkehrschluß dahin, daß alle danach erlaubten Tätigkeiten von den Nachbarstaaten auch als für sie verbindlich anzuerkennen sind.

Das Prinzip, daß die territoriale Souveränität des einzelnen Staates zugunsten des Gemeinschaftsinteresses an einer fairen Nutzungsaufteilung zurückgedrängt wird, durchzieht z. B. die "Helsinki Rules on the Use of International Rivers"[196]. Diese wurden niedergelegt durch die International Law Association, eine internationale wissenschaftliche Vereinigung von hohem Ansehen[197]. In Art. X heißt es:

"1. Consistent with the principle of equitable utilization of the waters of an international drainage basin, a State

(a) must prevent any new form of water pollution or any increase in the degree of existing water pollution in an international drainage basin which would cause substantial injury in the territory of a cobasin State, and

(b) should take all reasonable measures to abate existing water pollution in an international drainage basin to such an extent that no substantial damage is caused in the territory of a cobasin State.

2. The rule stated in paragraph 1 of this Article applies to water pollution originating:

(a) within a territory of the State, or

(b) outside the territory of the State, if it is caused by the State's conduct."

---

195 Vgl. Rest, UPR 1983, 358; Beyerlin, in: Festschrift für Doehring, 58f.

196 Int'l L.Rep. 1967, Vol. 24, Rep. of the 52. Conference, held at Helsinki, 1967, 477 ff.; 496; abgedr. auch bei Neuhold/Hummer/Schreuer, D 257.

197 Oppermann/Kilian, 15.

Dieses Konzept der "shared natural resources" greift allerdings insofern über den Grundsatz der guten Nachbarschaft hinaus, als es die Gemeinschaft der "drainage basin States" nicht nur auf bloße Abwehrrechte beschränkt, sondern neue, dem völkerrechtlichen Nachbarrecht an sich fremde Ansprüche auf positive Schutzvorkehrungen und Vorsorgemaßnahmen schafft. Man kann deshalb bezweifeln, ob sich in diesem Punkt überhaupt noch auf ein Völkergewohnheitsrecht nachweisen läßt[198].Wie man auch immer dazu steht, eine positive Anerkennungspflicht ist in den Helsinki Rules nicht geregelt. Sie läßt sich dem Konzept der "shared natural resources" folglich nicht entnehmen.

### (d) Minimierungsgebot

Schließlich zeigt die Entwicklung im Wasserrecht, daß sich die Staaten nicht weiterhin für berechtigt halten, bei grenzüberschreitenden Umweltbelastungen bis an die Grenze ganz erheblicher Schäden zu gehen[199]. Durchgesetzt hat sich gegenüber diesen Minimalanforderungen vielmehr ein Verhaltenskodex, der mit dem Postulat gegenseitiger Rücksichtnahme charakterisiert werden kann.

Diese Frage ist u.a. im Lac Lanoux Schiedsurteil vom 16.11.1957 behandelt worden[200]. Der Lac Lanoux ist ein Alpensee in den französischen Pyrenäen, dessen Abfluß auf französischer Seite in den Carol mündet, nach 25 km die spanische Grenze überquert und dort in den Segre fließt. Frankreich beabsichtigte, den Lac Lanoux aufzustauen und den Wasserverlust des Carol durch künstlich zugeleitetes Wasser zu ersetzen. Der Schiedsspruch lehnte zwar die spanische Rechtsmeinung ab, daß ein solches Vorhaben der Zustimmung des Nachbarstaates Spanien bedürfe; zugleich unterstrich er aber die materielle Pflicht Frankreichs, bei seinen wasserwirtschaftlichen Maßnahmen Rücksicht zu nehmen auf die Interessen des betroffenen Nachbarstaates[201]. Wörtlich führt das Schiedsgericht dazu aus:

> "Le Tribunal est d'avis que l'Etat d'amont a, d'après des règles de la bonne foi, l'obligation de prendre en considération les différentes intérêts en présence, de chercher à leur donner toutes les satisfactions compatibles avec la poursuite de ses propres intérêts

---

198 Zweifelnd auch Beyerlin, in: Festschrift für Doehring, m.w.N.

199 aA noch Rest, UPR 82, 359 ff., weitergehend für das gesamte Umweltrecht Rauschning, FS Schlochauer, 567.

200 R.I.A.A. 12, 281 ff.

201 Ausführl. Wildhaber, 109.

> et de montrer qu'il a à ce sujet, un souci réel de concilier les intérêts de l'autre riverain avec les siens propres[202]".

Und die Rechtbank Rotterdam zieht in dem erwähnten niederländisch-französischen Rheinversalzungsprozeß aus diesem Schiedsspruch und aus der Entscheidung des IGH zum Oder-Fall[203], aus der vorangegangenen Entscheidung des Tribunal Administratif zu den verwaltungsverfahrensrechtlichen Aspekten der Rheinversalzung[204] und aus Prinzip 21 der Stockholmer Deklaration[205] den folgenden Schluß:

> "In den letzten zehn Jahren hat sich eine Rechtsentwicklung aufgetan, nach der die stromaufwärts gelegenen Benutzer eines internationalen Flusses nicht länger ohne weiteres berechtigt sind, (das Wasser) dieses Flusses zu gebrauchen, sondern daß sie, wenn sie Entscheidungen im Hinblick auf den Gebrauch treffen, in redlichem Maße Rücksicht nehmen müssen auf die Belange von anderen, stromabwärts gelegenen Benutzern"[206].

### (e) Folgerungen

So erfreulich diese Tendenzen in Richtung auf ein kooperatives Völkerrecht im Sinne guter Nachbarschaft auch sein mögen, über die Problematik der Anerkennung ausländischer Genehmigungen besagen sie schon tatbestandlich nichts. Zum einen regeln sie nur das Verhalten des Staates, der die Umweltbelastungen zuläßt, nicht das Verhalten des betroffenen Staates. Zum anderen sind das Gebot gegenseitiger Rücksichtnahme und das Verbot der Verursachung erheblicher Schäden im Nachbarstaat in ständigem Wandel begriffen und zu wenig spezifiziert, als daß sich daraus konkrete Duldungspflichten für im Nachbarstaat betroffene Einzelpersonen ableiten ließen. Ein Umkehrschluß auf eine Anerkennungspflicht scheidet demnach aus, erst recht die Ableitung eines Individualschutzes zugunsten des Verursachers grenzüberschreitender Umweltbelastungen.

---

[202] R.I.A.A. 12, 281-317 (insb. 315 ff.); engl. Übersetzung in Auszügen von Bruson Mc Chemey, in: AJIL 53 (1959), 156 ff.

[203] V. 10.9.1929, C.P.J. Ser.Nr. 23, S. 27.

[204] Trib. Adm. 27.7.83, Rev. jur. env. 1983, 343 = ZaöRV 1984, 342 m. Anm. Beyerlin.

[205] Declaration of the U.N. Conference on the Human Environment v. 16.6.1972, UN-Doc. A/Conf. 48/14 = International Protection of the Environment, Treaties and Related Document, Rüster/Simma (Hrg) I (1975), 118-120; Neuhold/Hummer/Schreuer, D 296 b; ILM 1972, 1416, 1420.

[206] Rb. Rotterdam, RabelsZ 1985, 757.

### (2) Verfahrensrechtliche Pflichten

Aus dem Gebot gegenseitiger Rücksichtnahme folgen auch prozedurale Pflichten, im einzelnen: die Pflicht zu vorheriger Information des Nachbarstaates vor Zulassung umweltbelastender Vorhaben[207]; die Pflicht, in Verhandlungen über eine den Nachbarstaat belastende Nutzung des Wassers in einem internationalen Wasserlauf einzutreten[208]; nicht aber die Pflicht, die Zustimmung des betroffenen Staates vor Erteilung der behördlichen Genehmigung einzuholen[209]. Die Pflicht zu vorheriger Information ist unter anderem in der UVP-Richtlinie der EG von 1985 festgeschrieben. In Art. 7 heißt es:

> "Stellt ein Mitgliedstaat fest, daß ein Projekt erhebliche Auswirkungen auf die Umwelt eines anderen Mitgliedstaats haben könnte, oder stellt ein Mitgliedstaat, der möglicherweise davon erheblich berührt wird, einen entsprechenden Antrag, so teilt der Mitgliedstaat, in dessen Hoheitsgebiet die Durchführung des Projekts vorgeschlagen wird, dem anderen Mitgliedstaat die nach Artikel 5 eingeholten Informationen zum gleichen Zeitpunkt mit, zu dem er sie seinen eigenen Staatsangehörigen zur Verfügung stellt. Diese Informationen dienen als Grundlage für notwendige Konsultationen im Rahmen der bilateralen Beziehungen beider Mitgliedstaaten auf der Basis von Gegenseitigkeit und Gleichwertigkeit."[210]

Außerdem bestimmt Art. 8 der UVP-Richtlinie, daß u.a. die gemäß Art. 7 eingeholten Angaben im Rahmen des Genehmigungsverfahrens zu berücksichtigen sind.

Schließlich hat das französische Tribunal Administratif Straßbourg im Rheinversalzungsprozeß den Grundsatz der guten Nachbarschaft nach verfahrensrechtlicher Seite hin dadurch abgesichert, daß es von den französischen Behörden verlangt, vor Erteilung einer Einleitungsgenehmigung die

---

[207] Rauschning, FS Schlochauer, 571.

[208] Rauschning, FS Schlochauer, 574.

[209] Allg. Meinung seit dem Schiedsspruch im Fall Lac Lanoux v. 16.11.1957, R.I.A.A. 12, 281 ff.; ebenso Wildhaber, 109 f.

[210] Richtlinie des Rates der Europäischen Gemeinschaften vom 27. Juni 1985 über die Umweltverträglichkeitsprüfung bei bestimmten öffentlichen und privaten Projekten (85/337/EWG, ABl. Nr. L 175/40f., abgedruckt in DVBl. 1987, 829ff.; Art. 7 der Richtlinie wurde inzwischen in innerstaatliches Recht umgesetzt durch Art. 8 des Gesetzes zur Umsetzung der Richtlinie des Rates vom 27. Juni 1985 über die Umweltverträglichkeitsprüfung bei bestimmten öffentlichen und privaten Projekten (85/337/EWG) vom 12.2.1990 (BGBl. I S. 205ff.).

voraussichtlichen Auswirkungen des Vorhabens auf ausländischem Staatsgebiet zu berücksichtigen[211]. Dem ist das BVerwG in seiner Entscheidung zum "Kernkraftwerk Emsland" für den Bereich des Strahlenschutzrechts jetzt beigetreten[212].

Auch für diese Regeln gilt jedoch unter dem Aspekt ihrer Schutzrichtung und ihrer generalklauselartigen Weite dasselbe, was eingangs schon für die materiellrechtlichen Wirkungen des Rücksichtnahmegebots konstatiert wurde: Sie begründen Pflichten nur für den Emissionsstaat, nicht für den betroffenen Staat. Möglicherweise bringen sie auch Rechtsreflexe zugunsten von Individuen im betroffenen Nachbarstaat mit sich, keinesfalls aber rechtfertigen sie einen Umkehrschluß auf Duldungspflichten Privater für den Fall, daß sie im Verfahren zur Erteilung einer Genehmigung im Nachbarstaat eingehalten worden sind.

### *b) Immissionsschutz- und Strahlenschutzrecht*

Die für das internationale Wasserrecht dargestellten Grundsätze lassen sich auf den Kernenergiebereich und das Strahlenschutzrecht übertragen, wobei allerdings die Anforderungen an eine Kooperation der Staaten im Sinne guter Nachbarschaft dort nicht ganz so weit entwickelt sind[213]. Die dort gezogene Konsequenz für die Anerkennungsproblematik gilt jedoch auch hier: Das völkerrechtliche Nachbarrecht trägt zur Anerkennungsfrage von seinem Regelungsgegenstand her nichts bei.

Der Vollständigkeit halber sei jedoch auch der heutige Stand des völkerrechtlichen Nachbarrechts im Bereich grenzüberschreitender Luft- und Lärmimmissionen und im Kernenergiebereich dargestellt:

#### (1) Materielle Pflichten

Aus dem Prinzip der guten Nachbarschaft folgt materiell die Verpflichtung jeden Staates, auf seinem Hoheitsgebiet keine Handlungen wissentlich zu dulden oder vorzunehmen, die andere Staaten in ihren Rechten verletzen können. Dieser Gesichtspunkt war leitend für die häufig als Beleg im völ-

---

211 Trib. Adm. Straßbourg a.a.O. (ZaöR 84, 342 ff.)

212 BVerwG UPR 1987, 114 ff.

213 So in bezug auf die Unterscheidung zwischen dem Verbot, empfindliche Umweltschäden zu verursachen, und dem Gebot der Minimierung beabsichtigter Umweltbelastungen; näher dazu Rauschning FS Schlochauer, 566 ff. im Unterschied zu Verdross, Anm. 1030 ("im Entstehen begriffen").

kerrechtlichen Nachbarrecht angeführte[214] Entscheidung des IGH im Korfu-Kanal-Fall[215], die an sich nicht direkt hierher paßt, weil sie nicht die Beziehungen zwischen Nachbarstaaten betrifft. Auch im Nachbarrecht beansprucht dieser Grundsatz jedoch Geltung, insbesondere darf ein Staat nicht den Betrieb einer Anlage auf einem Staatsgebiet dulden, deren Emissionen geeignet sind, Leben oder Eigentum der Bewohner des Nachbarstaates ernstlich und nachweislich zu gefährden[216].

#### (a) Verbot der Verursachung erheblicher und nachweislicher Schäden auf fremdem Staatsgebiet

Der bekannte Präzedenzfall hierzu ist der Trail-Smelter-Schiedsspruch[217]. Bei der Ortschaft Trail in Kanada lag eine Zink- und Bleischmelze, ca. 18 km von der amerikanisch-kanadischen Grenze entfernt. Seit ihrer Vergrößerung im Jahre 1925 verursachte sie im Bundesstaat Washington erhebliche Schäden durch Schwefeldioxydgase. Ein 1935 eingesetztes Schiedsgericht entschied im Jahre 1938 in einem Zwischenurteil, daß Kanada für die bis Ende September 1937 verursachten Schäden Ersatz zu leisten und künftige Umweltbelastungen über ein vom Schiedsgericht genau bestimmtes Maß hinaus einstweilen zu unterlassen habe. In einer weiteren Entscheidung vom 11.3.1941 erklärte das Schiedsgericht Kanada für alle nachweislich eingetretenen und künftigen ernstlichen Schäden für verantwortlich. Außerdem wurde Kanada präventiv zur Unterlassung künftiger unzumutbarer Schädigungen verpflichtet. Der tragende Grundsatz lautet:

> "The Tribunal, therefore, finds that the above decisions, taken as a whole, constitute an adequate basis for its conclusions, namely, that, under the principles of international law, as well as of the law of the United States, no State has the right to use or permit the use of its territory in such a manner as to cause injury by fumes in or to the territory of another or the properties or persons therein, when the case is of serious consequence and the injury is established by clear and convincing evidence".

Auf diesen Grundsatz kann sich aber der Betreiber umweltbelastender Anlagen zur Rechtfertigung seiner genehmigten Tätigkeit nicht berufen, weil sich das Prinzip nur an die Staaten richtet und weil es vor allem nicht

---

214 Vgl. Rest, UPR 82, 360; Wildhaber 102.

215 Entscheidung d. IGH vom 9.4.1949 I.C.J.Rep. 1949, 4-169, 22.

216 Diez, 13; Wildhaber, 102; Verdross, Rn 1029; Oppermann/Kilian, 14; Kloepfer, Grenzüberschreitende Umweltbelastungen, in: Moltke u.a., 65; Rauschning, FS Schlochauer, 562 ff.

217 R.I.A.A., Bd. 3, 1911 ff. u. 1938 ff.; A.J.I.L. 1941, 684 ff.

den Emittenten schützt; außerdem fehlt es dem Begriff "serious consequence" für eine Übertragung auf Privatrechtsverhältnisse an hinreichend klaren Konturen.

### (b) Gebot der Rücksichtnahme

Über das nur auf die Verursachung erheblicher Schäden bezogene Verbot hinaus ist neuerdings ein Völkerrechtssatz im Werden, wonach die Staaten, auch außerhalb des Wasserrechts, verpflichtet sind, neue Umweltbelastungen mit der gebotenen Sorgfalt auf den geringsten Stand zu begrenzen, der nach dem Stand der Technik erreichbar ist[218].

In diese Richtung weist zunächst die von den Vereinten Nationen 1972 verabschiedete "Stockholmer Deklaration"[219], die weithin sogar als Kodifizierung bestehenden Völkerrechts verstanden wird[220]. Prinzip 21 lautet:

> "States have, in accordance with the Charter of the United Nations and the principles of international law, the sovereign right to exploit their own resources pursuant to their own environmental policies, and the responsibility to ensure that activities within their jurisdiction or control do not cause damage to the environment of other States or of areas beyond the limits of national jurisdiction".

Das Prinzip knüpft also nicht mehr an die Erheblichkeit denkbarer Schäden an[221].

Diese Auslegung wird durch die 1978 ausgearbeiteten sogenannten "UNEP Guidelines"[222] mit einem integrierten Entwurf über "Principles of Conduct in the Field of Environment for the Guidance of States in the Conservation and Harmonious Utilization of Natural Resources Shared by Two or More States"[223], bestätigt.

---

218 Rauschning, 566 ff; Verdross, Rn 1030.

219 Declaration of the United Nations Conference on the Human Environment vom 16.6.1972, UN-Doc. A/Conf. 48/14 = International Protection of the Environment, Treaties and Related Documents, hrsg. v. Rüster/Simma, I (1975), 118 ff. = Harvard J.Int.L. 1973, 423 ff. m. Erläuterungen Sohn.

220 Vgl. z.B. Beyerlin, Festschrift für Doehring, 45.

221 aA Rest UPR 82, 367.

222 I.L.M. 1978, 1091.

223 I.L.M. 1978, 1097ff. Der Entwurf stammt von der "Intergovernmental Working Group of Experts on Natural Resources Shared by Two or More States" on the Work of its Fifth Session Held at Nairobi from January 23, to February 7, 1978.

Prinzip Nr. 3 wiederholt zunächst dem vollen Wortlaut nach das Prinzip Nr. 21 der Stockholmer Deklaration. Es heißt dann weiter:

> "Accordingly, it is necessary for each State to avoid to the maximum extent possible and to reduce to the minimum extent possible the adverse environmental effects beyond its jurisdiction of the utilization of a shared natural resource so as to protect the environment, in particular when such utilization might:
>
> (a) cause damage to the environment which could have repercussions on the utilization of the resource by another sharing State:
>
> (b) threaten the conservation of a shared renewable resource;
>
> (c) endanger the health of the population of another State.
>
> Without prejudice to the generality of the above principle, it should be interpreted, taking into account, where appropriate, the practical capabilities of States sharing the natural resource".

In dem Entwurf einer Resolution des Institut de Droit International[224] heißt es, ebenfalls ohne Beschränkung auf die Fälle erheblicher Schäden:

> "Art. 1
>
> Dans le cadre de leur droit souverain d'exploiter leurs ressources selon la politique d'environnement qu'ils déterminent et sans préjudice de leurs obligations conventionnelles, les Etats ont le devoir de veiller avec une diligence raisonnable à ce que les activités exercées dans les limites de leur jurisdiction ou sous leur contrôle ne causent pas de dommage à l'environnement dans leur propre territoire, dans d'autres Etats ou dans des régions ne relevant d'aucune jurisdiction nationale".

Auch diese Empfehlungen sind ausdrücklich nur an die Staaten adressiert. Sie begründen keine Individualpflichten des privaten Betreibers der umweltbelastenden Anlage und schon gar keine Duldungspflichten der grenzüberschreitend betroffenen Nachbarn für den Fall, daß die dort aufgestellten Schadensminimierungsgebote eingehalten sind.

Den Grundsatz der guten Nachbarschaft im Bereich des grenzüberschreitenden Immissionsschutzes konkretisiert auch eine OECD-Empfehlung. In der "Recommendation of the Council on Principles Concerning

---

[224] IDI, Annuaire, Vol. 58, Tome I, 358.

Transfrontier Pollution", vom 14.11.1974[225] heißt es in Title B, Solidarity, Ziff. 3:

> "Countries should endeavour to prevent any increase in transfrontier pollution; including that coming from new or additional substances and activities and to reduce, and as far as possible eliminate any transfrontier pollution existing between them within time limits to be specified."

Nach dieser Empfehlung leitet sich aus dem Grundsatz der guten Nachbarschaft materiellrechtlich allenfalls ein an den Emissionsstaat gerichtetes Gebot der Minimierung neuer Umweltbelastungen nach dem technisch Möglichen her. Daß dagegen ausländische Anlagengenehmigungen zu Lasten betroffener Grenznachbarn von den Gerichten des Nachbarstaates anzuerkennen seien, läßt sich weder dieser Norm noch einer sonstigen konkretisierenden Regel in einer der vier Empfehlungen der OECD im Bereich grenzüberschreitenden Umweltschutzes entnehmen[226].

Die in den Empfehlungen außerdem enthaltenen Gebote der Nichtdiskriminierung von Ausländern in Fällen grenzüberschreitender Umweltbeeinträchtigungen (Recommendation v. 14.11.1974, Title C; Recommendation v. 17.5.1977 - Title B) sind zwar nach ihrem Wortlaut individualschützend, sie schützen aber nur die betroffenen Nachbarn, nicht die Betreiber umweltbelastender Anlagen.

### (2) Prozedurale Pflichten

In verfahrensrechtlicher Hinsicht leiten die Vereinten Nationen, die OECD, der Europarat und das Institut de Droit International in den genannten Regelwerken aus dem Gebot der guten Nachbarschaft eine Vielzahl von Informations-, Anzeige-, Konsultations- und sonstige Kooperationspflichten her, auf die hier wegen der offenkundigen Irrelevanz dieser Obliegenheiten für die Anerkennungsproblematik nicht eingegangen werden soll.

---

225 I.L.M. 1975, 242 ff. = OECD Doc. C (74) 224 of November 21, 1974.

226 Vgl. vorige Fn sowie: "Recommendation of the Council on Equal Right of Access in Relation to Transfrontier Pollution v. 11.5.1976, Doc. C (76), 55; Recommendation of the Council for the Implementation of a Regime of Equal Right of Access and Non-Discrimination in Relation to Transfrontier Pollution v. 17.5.77, Doc. C (77) 28, I.L.M. 1977, 977 ff; Recommendation of the Council for Strengthening International Cooperation on Environmental Protection in Frontier Regions v. 21.9.1978, Doc. C (78) 77, I.L.M. 1978, 1530; näher dazu Oppermann/Kilian 30 ff.

### (3) Zusammenfassung und Folgerungen

Der Überblick über die Konkretisierungen des Grundsatzes der guten Nachbarschaft durch die Rechtsprechung der internationalen und nationalen Gerichte sowie durch internationale Organisationen hat gezeigt, daß sich aus dem völkerrechtlichen Nachbarrecht keine Pflicht der Staaten dahin ableiten läßt, eine ausländische Genehmigung unter bestimmten Voraussetzungen zum Nachteil der Bewohner des eigenen Staatsgebiets zu respektieren. Selbst wenn man in der Vielzahl internationaler Bestrebungen zum Ausbau des völkerrechtlichen Nachbarrechts eine Entwicklung vom "soft law" zum "hard law" sieht, sind die Grundsätze der guten Nachbarschaft in ihrem Aussagegehalt zu unbestimmt und zu häufigen Wandlungen unterworfen, als daß sie auf Individualrechtsbeziehungen übertragen werden könnten. Außerdem entsprechen Umkehrschlüsse dahin, daß die hoheitliche Zulassung von grenzüberschreitenden Umweltbelastungen, die das Gebot guter Nachbarschaft nicht verletzen, anzuerkennen seien, nicht dem Schutzzweck des Prinzips. Die Regelwerke internationaler Organisationen beziehen auch im übrigen nicht zu diesem Problem Stellung. Das erklärt sich damit, daß mit zunehmender Größe der Organisation die Frage der Anerkennung ausländischer Realkonzessionen einer supranationalen Regelung immer schwerer zugänglich wird. Die internationalen Organisationen können sich daher nur auf einen Appell an die Staaten beschränken, von sich aus völkervertragliche Lösungen zur gemeinschaftlichen Senkung der Umweltbelastungen zu suchen. Im übrigen regeln sie das gegenseitige Verhalten der Staaten vor Zulassung umweltbelastender Vorhaben und zur Einsetzung von Schiedsgerichten für die Fälle, in denen in absehbarer Zeit keine sachliche Annäherung erzielt wird[227]. Prinzip Nr. 2 der erwähnten "Principles of Conduct in the Field of Environment for the Guidance of States in the Conservation and Harmonious Utilization of Natural Resources Shared by Two or More States" lautet dementsprechend:

> "In order to ensure effective international cooperation in the field of environment concerning the conservation and harmonious utilization of natural resources shared by two or more States. States sharing such natural resources should endeavour to conclude bilateral or multilateral agreements between or among themselves in order to ensure specific regulation of their conduct in this respect, applying as necessary to present principles in a legally binding manner or should endeavor to enter into other arrangements, as appropriate, for this purpose. In entering into such

---

[227] Vgl. außer den UNEP-Guidelines in ILM 1091, 1097 noch: OECD Recommendation 1974, ILM 1977, 977, Title C, Ziff. 10; OECD 1977, ILM 1975, 242 ff., Title J.

agreements or arrangements, States should consider the establishment of institutional structures, such as joint international commissions, for consultations on environmental problems relating to the protection and use of shared natural resources."

Ähnlich auch Ziff. 7 der Resolution No. 3 des Europarats vom 13.12.1975:

> "7. It is a matter of urgency to set out universal rules and create institutions in the spirit of Principle 21 of the Stockholm Declaration whereby States have the responsibility to ensure that activities within their jurisdiction or control do not cause damage to the environment of other States. Before setting up installations causing or likely to cause pollution, consideration should therefore be given to their possible effects not merely within the frontiers of that State, but also in the neighbouring States.
>
> For this purpose it is necessary:
>
> - to harmonize national procedures for prior consultations on the basis of generally accepted principles;
> - to carry out impact studies as a matter of course;
> - to set up official bodies for international consultation."[228]

### 4. Comity of Nations

#### *a) Allgemeines*

Eine außervertragliche Anerkennung ausländischer umweltrechtlicher Genehmigungen könnte rechtlich geboten sein durch die sog. Comity of Nations oder Courtoisie Internationale.

Dieser fehlt es allerdings schon per definitionem an einer rechtlichen Verbindlichkeit. Die Comity of Nations umfaßt lediglich alle Handlungen, Praktiken und Regeln des Goodwill, die gewohnheitsmäßig von den Staaten im zwischenstaatlichen Verkehr beobachtet werden ohne eine Überzeugung dahin, daß diese Übungen auch rechtlich geboten sind[229].

---

[228] Abgedruckt in: A 75, Beiträge zur Umweltgestaltung, European Council of Environmental Law, Resolutions 1975-81.

[229] Macalister-Smith, Comity, in: Encyclopedia of Public International Law, Bd. 7, 41 ff.

### *b) Act of State Doctrine: Inhalt und Ursprung*

#### (1) Ältere Entscheidungen

Die anglo-amerikanischen Gerichte haben jedoch aus der Comity of Nations die "Act of State Doctrine" entwickelt, derzufolge die Gerichte eines Staates im Rahmen öffentlich-rechtlicher Vorfragen in Zivilrechtsstreitigkeiten über die Hoheitsakte eines anderen Staates, die dieser auf eigenem Staatsgebiet erlassen hat[230], nicht zu Gericht sitzen dürfen. Selbst die Völkerrechtmäßigkeit eines ausländischen Hoheitsakts soll nach diesem Grundsatz nicht gerichtlich überprüfbar sein[231]. Dabei haben die Gerichte durch generalisierende Formulierungen - "die Gerichte eines Staates" - und durch Bezugnahme auf die staatliche Verpflichtung zur Achtung fremder Souveränität gelegentlich den Eindruck erweckt, als hielten sie sich von Völkerrechts wegen zur Respektierung der ausländischen Hoheitsakte für verpflichtet[232]. Am deutlichsten zutage tritt diese scheinbare Haltung wohl in der Entscheidung Underhill v. Hernandez, in der es heißt:

> "Every sovereign state is bound to respect the independence of every other sovereign state, and the courts of one country will not sit in judgement on the acts of the government of another done within its own territory."[233]

Ähnlich leitet auch der englische Court of Appeals in der Sache Buck v. Attorney General[234] die Act of State Doctrine aus der staatlichen Unabhängigkeit und dem Interventionsverbot her:

> "A State does not purport to exercise jurisdiction over the internal affairs of any other independent State... For the English Court to pronounce on the validity of a law of a foreign sovereign state

[230] Underhill v. Hernandez, 168 U.S. 250, 252, (1897), 42 Law Ed. 456; American Banana v. United Fruits Co. 213 U.S. 347, 358; Buck v. Attorney General, (1964) 3 W.L.R. 850 Ch; (1965) 2 W.L.R. 1033, 1042 m. Anm. Mann, I.C.L.Q. 1965, 985 ff.; Banco Nacional de Cuba v. Sabbatino and Far Whitlock & Co., 376 U.S. 398, A.J.I.L. 1964, 779, 788 f.; ausführl. dazu Folz, 113 ff.; Buttes Gas & Oil Co. v. Hammer and others, (1981) 3 W.L.R. 787 ff.; dazu Jones, V.J.I.L. 1982, 433 ff.; allg. zur Sacrosanctity of Foreign States Mann, Law Quart.Rev. 1943, 42 ff.

[231] Sabbatino Case (vorige Note), 376 U.S. 428 = A.J.I.L. 1964, 789.

[232] So auch die Feststellungen des Kommentators im Restatement on Foreign Relations Law, § 442, und Jones, V.J.I.L. 1982, 469.

[233] 168 U.S. 252.

[234] (1965) 2 W.L.R. 1033 ff.

within its own territory... would be to assert jurisdiction over the internal affairs of that State[235].

(2) Sabbatino-Entscheidung des Supreme Court

Der darin implizierten Meinung, die Act of State Doctrine sei vorwiegend von der Natur staatlicher Souveränität her vorgegeben, ist der amerikanische Supreme Court jedoch in seiner berühmten Entscheidung vom 23.3.1964 - Banco Nacional de Cuba v. Sabbatino - ausdrücklich entgegengetreten[236]. In dem Urteil, in dem er es ablehnt, die Völkerrechtmäßigkeit kubanischer Enteignungsmaßnahmen zu überprüfen, unterstreicht er zunächst, daß ein Forum, das eine Klage im Hinblick auf die Act-of-State-Doktrin abweist, damit keineswegs zu verstehen gebe, auf die Ausübung eigener Jurisdiktion verzichten zu wollen; es verweigere lediglich (in Ausübung eigener Jurisdiktion) die richterliche Überprüfung des ausländischen Hoheitsaktes[237].

Nachdem der Supreme Court auf diese Weise konstatiert hat, daß die anglo-amerikanische Rechtsprechung zur Act-of-State-Doktrin positiv nichts über eine entsprechende Rechtsüberzeugung besagt, führt er negativ drei Gründe aus der Staatenpraxis dafür an, daß eine völkerrechtliche Pflicht zur Anwendung der Act-of-State-Doktrin definitiv nicht existiert:

> "Most of the countries rendering decisions on the subject fail to follow the rule rigidly. No international arbitral or judicial decision discovered suggests that international law prescribes recognition of sovereign acts of foreign governments, see 1 Oppenheim's International Law § 115 aa (Lauterpacht, 8th ed. 1955), and apparently no claim has ever been raised before an international tribunal that failure to apply to act of state doctrine constitutes a breach of international obligation."[238]

Aus dem Ergebnis, daß das Völkerrecht die Anwendung der Doktrin nicht erzwingt, folgert der Supreme Court, daß es ihre Anwendung umgekehrt auch nicht verbiete, selbst wenn der fragliche Staatsakt womöglich völkerrechtswidrig sei[239]. Das Völkerrecht könne einem in seinen Rechten

---

235 (1965) 2 W.L.R. 1042; dazu Mann, I.C.L.Q. 1965, 985 f.

236 A.J.I.L. 1964, 788; Ausführlich zur Entwicklung des gesamten Rechtsstreits Folz, 99 ff.

237 376 U.S. 421 = A.J.I.L. 1964, 788.

238 376 U.S. 422 = A.J.I.L. 1964, 788 f.

239 376 U.S. 422 = A.J.I.L. 1964, 789.

verletzten Staat kaum vorschreiben, wie er die Rechtsverletzung innerhalb der eigenen Staatsgrenzen zu behandeln habe[240].

### (3) Restatement on Foreign Relations Law

Das "American Law Institute" in Washington, D.C. hat 1986 die dritte Fassung des "Restatement of the Foreign Relations Law of the United States" herausgegeben[241], eine überwiegend leitsatzhafte Zusammenstellung von Regeln, nach denen amerikanische Gerichte in internationalen Streitigkeiten wahrscheinlich entscheiden würden. Die Publikation stellt kein Völkerrecht dar, zeigt aber Entwicklungstendenzen des Völkerrechts auf, wobei vorhandene Elemente ausgenutzt werden.

§ 443 lautet: "Act of State Doctrine: Law of the U.S.

(1) In the absence of a treaty or other unambiguous agreement regarding controlling legal principles, courts in the United States will generally refrain from examining the validity of a taking by a foreign state of property within its own territory, or from sitting in judgement on other acts of a government character done by a foreign state within its own territory and applicable there.

(2) The doctrine set forth in Subsection (1) is subject to modification by act of Congress."

Die Formulierung "will generally refrain" und die Beschränkung der Praxis auf die Gerichte der Vereinigten Staaten lassen deutlich werden, daß es sich hier um eine Geste des goodwill und einen Ausfluß der die auswärtigen Beziehungen der Vereinigten Staaten regelnden Comity, nicht aber um eine Verpflichtung handelt.

Dementsprechend ist man sich heute auch in der Literatur darin einig, daß die Act of State-Doctrine keinen völkerrechtlichen Ursprung hat und lediglich auf einem innerstaatlichen Rechtssatz im anglo-amerikanischen Rechtskreis beruht[242]. Sie ist eine unter dem Gesichtspunkt der comity of nations ausgeübte Form der richterlichen Selbstbeschränkung mit dem Ziel,

---

[240] 376 U.S. 423 = A.J.I.L. 1964, 789; dazu Folz, 117.

[241] Restatement of the Law Third (The American Law Institute), The Foreign Relations Law of the United States, Vol. I, §§ 1-488, as adopted and promulgated by The American Law Institute at Washington, D.C., May 14, 1986.

[242] Folz S. 171 f., Kommentar zum Restatement of Foreign Relations, 3rd, § 443, S. 367; Mann, I.C.L.Q. 1965, 985; Jones, V.J.I.L. 1982, 469.

die freundschaftlichen Beziehungen zu anderen Staaten nicht zu gefährden[243].

### *c) Ergebnis und Folgerungen*

Als Ergebnis ist festzuhalten, daß die Act of State Doctrine bisher nicht die Qualität eines Völkerrechtssatzes erreicht hat. Sie kann folglich nicht ein deutsches Gericht bei seiner Entscheidung über zivilrechtliche Unterlassungsklagen gegen Auslandsemissionen dazu verpflichten, eine ausländische Genehmigung zu Lasten inländischer Grenznachbarn anzuerkennen.

## 5. Regelungsbedürfnis und Ausblick

### *a) Regelungsbedürfnis*

Aus den vorstehenden Überlegungen ergibt sich, daß das Völkerrecht, abgesehen von der bisher als unbefriedigend empfundenen Regelung des Salzburger-Flughafen-Vertrages, über das Problem der Anerkennung ausländischer Genehmigungen nichts aussagt. Demgegenüber nehmen tatsächliche Probleme grenzüberschreitender Umweltbelastungen, wie die Fälle "Kernkraftwerk Emsland"[244], "Kernkraftwerk Brokdorf"[245], "Kohlekraftwerk Buschhaus"[246], "Kernkraftwerk Cattenom"[247] zeigen, ständig zu. Sie dringen immer mehr auf eine transnationale Lösung, die klar und in für Grenznachbarn wie Anlagenbetreiber vorhersehbarer Weise die Voraussetzungen regelt, unter denen der inländische Grenznachbar genehmigte Auslandsemissionen dulden muß[248]. Denn die einseitige Versagung der Anerkennung im Wege des nationalen Kollisionsrechts, wie der BGH[249] und das Landgericht Waldshut-Tiengen[250] sie praktizieren, nützt dem inländischen Grenznach-

---

243 S.o. vorherige Fn, Komm. z. Restatement a.a.O.

244 Dazu oben § 2 II 2 a) und unten § 7 II 3.

245 Zu Klagen dänischer Grenznachbarn vor dem VG Schleswig vgl. Wolfrum DVBl. 84, 500.

246 Vgl. FAZ 14.9.1984, Nr. 806; OVG Lüneburg, Beschl. v. 28.2.1985, UPR 1985, 253 ff.

247 C.E., Rec. 1981, 485.

248 Lummert, Natur und Recht 1982, 244; Kloepfer, Grenzüberschreitende Umweltbelastungen, in: Moltke u.a., 67.

249 So noch im Salzburger-Flughafen-Fall, DVBl. 1979, 226 ff., indem er eine autonome Anerkennung der ausländischen Genehmigungen gar nicht in Erwägung zog.

250 UPR 1983, 14 ff.

barn nichts, wenn der Emissionsstaat unter Berufung auf seine öffentliche Ordnung (Art. 27 EuGVÜ) das stattgebende Unterlassungsurteil nicht vollstreckt[251].

Eine transnationale Regelung ist auf verschiedenen Ebenen denkbar: regional (Europarat), auf Gemeinschaftsebene oder bilateral[252].

Eine weltweite Regelung empfiehlt sich nicht, da die Sicherheitsstandards und verfahrensrechtlichen Regelungen weltweit zu unterschiedlich sind, um hinsichtlich der Anerkennung umweltrechtlicher Genehmigungen auf einen Nenner gebracht werden zu können.

### *b) Gemeinschaftsrechtliche Lösungen*

Das Europäische Gemeinschaftsrecht hat die hier interessierenden Fragen der Anspruchspräklusion bis jetzt nicht geregelt.

#### (1) Kompetenznormen

Eine spezielle umweltrechtliche Kompetenznorm ist dafür an sich vorhanden, seitdem die Einheitliche Europäische Akte, die am 1.7.1987 in Kraft getreten ist, durch ihren Art. 25 ein neuen Titel VII "Umwelt" in den EWG-Vertrag eingefügt hat[253]: Nunmehr verleiht Art. 130 s des EWG-Vertrages dem Rat ausdrücklich die Kompetenz, über ein Tätigwerden der Gemeinschaft in der Umweltpolitik zu beschließen. Inhaltlich wird diese Kompetenz ausgefüllt durch Art. 130 r I und V S. 1 des EWG-Vertrages[254]. Der Rat hat also die Kompetenz zur Verfolgung der in Art. 130 r I genannten Ziele - im einzelnen: Schutz und Erhaltung der Umwelt; Verbesserung der Umweltqualität; Beitrag der Umweltpolitik zur menschlichen Gesundheit; Gewährleistung einer umsichtigen und rationellen Verwendung natürlicher Ressourcen - und für die Zusammenarbeit mit Drittländern und internationalen Organisationen.

Man kann zwar darüber streiten, ob anlagenspezifische Bestandsschutznormen unter diese Ermächtigungsgrundlage fallen oder nicht; das ist aber wegen der Sachnähe zum Umweltschutz im engeren Sinne im Ergebnis zu

---

[251] Siehr, RabelsZ 1981, 387; dazu unten § 4 IV.

[252] Vgl. Lindemann, Tagungsbericht, in: Natur und Recht 1982, 256.

[253] Erklärung des Rates und der im Rat vereinigten Vertreter der Regierungen der Mitgliedstaaten (ABl. 1987 Nr. L 169, 1ff.).

[254] Grabitz, Art. 130 s Rn.14.

bejahen[255]. Außerdem ist zu berücksichtigen, daß nach Art. 130 r IV S. 1 die Gemeinschaft im Bereich der Umwelt nur insoweit tätig wird, als die im ersten Absatz dès Art. 130 s genannten Ziele besser auf Gemeinschaftsebene erreicht werden können als auf der Ebene der einzelnen Mitgliedstaaten. Um dieses Prinzip dreht sich der Streit, ob Art. 130 s IV S. 1 der Gemeinschaft eine konkurrierende Zuständigkeit - im Sinne strenger Subsidiarität - zuweist[256] oder ob er ihr lediglich eine politische Orientierung an die Hand liefert[257]. Letzteres wird damit begründet, aus einer so allgemein gefaßten Norm lasse sich kaum abstrakt bestimmen, wer im Einzelfall zuständig ist. - Für den grenzüberschreitenden Bestands- und Nachbarschutz liegt ein Bedürfnis nach einer Gemeinschaftslösung allerdings so sehr auf der Hand, daß der Streit hier nicht entschieden zu werden braucht. Wie man auch immer dazu steht, bis jetzt hat die Gemeinschaft jedenfalls von ihrer Kompetenz nach Art. 130 r, 130 s in bezug auf die hier interessierende Frage keinen Gebrauch gemacht.

Art. 130 s ist allerdings nicht die einzige und abschließende Kompetenznorm für die Umweltpolitik der Gemeinschaft. Daneben gelten noch die vor Inkrafttreten der Einheitlichen Europäischen Akte oft herangezogenen allgemeinen Kompetenznormen, die durch Art. 130 r ff. nicht verdrängt worden sind[258]. Kompetenzen zur Rechtsetzung im sekundären Gemeinschaftsrecht wurden früher überwiegend abgeleitet aus der Präambel ("Besserung der Lebensbedingungen"), Art. 2 ("Harmonische Entwicklung des Wirtschaftslebens"), Art. 3f. ("Wettbewerbsschutz") und Art. 3i ("Verbesserung der Beschäftigungsmöglichkeiten der Arbeitnehmer und Hebung ihrer Lebenshaltung"). Für die Umsetzung wurde auf Art. 100 ("Rechtsangleichung") und Art. 235 ("Annexkompetenz") verwiesen. Auf dieser Grundlage hat die EWG schon eine Reihe von Rechtsvorschriften erlassen[259], die vornehmlich der Vorsorge gegen schädliche Umwelteinwirkungen sowie der Harmonisierung umweltrechtlicher Standards dienen.

### (2) Einführung der Umweltverträglichkeitsprüfung

Im Rahmen des Vorsorgeprinzips hat der Rat die Richtlinie 85/337/EWG vom 27.6.1983 über die Umweltverträglichkeitsprüfung bei

---

[255] Vgl. für anlagenspezifische Umweltnormen im allgemeinen Grabitz, Art. 130 s Rn.23.

[256] Vgl. z.B. Zuleeg, NVwZ 1987, 281; Grabitz, § 130 r Rn.73.

[257] Krämer, S.142f.

[258] Vgl. Grabitz, Art. 130 s Rn.16.

[259] Überblick bei Grabitz, Art. 130 s Rn.34ff.

bestimmten öffentlichen und privaten Projekten[260] erlassen. Diese Richtlinie enthält jedoch keine Regelung über die Wirkung einer nationalen Anlagengenehmigung auf die Ansprüche ausländischer Grenznachbarn. Auch über die Beteiligung der Betroffenen im umweltrechtlichen Verwaltungsverfahren sowie deren Klagemöglichkeiten im Zusammenhang mit grenzüberschreitenden Umweltbelastungen findet sich keine Regelung. Art. 7 der Richtlinie sieht lediglich eine Unterrichtung des von erheblichen Auswirkungen voraussichtlich betroffenen Nachbarstaates vor[261]. Außerdem tragen nach Art. 6 II der Richtlinie die Mitgliedstaaten dafür Sorge, "daß der Öffentlichkeit jeder Genehmigungsantrag sowie die nach Art. 5 eingeholten Informationen zugänglich gemacht werden" und "daß der Öffentlichkeit Gelegenheit gegeben wird, sich vor Durchführung des Projektes dazu zu äußern". Sowohl aus der Entstehungsgeschichte als auch aus der Gegenüberstellung der Vorschriften des Art. 6 (Öffentlichkeitsbeteiligung) und Art. 7 (Grenzüberschreitende Zusammenarbeit) ergibt sich jedoch, daß unter "Öffentlichkeit" nur Inlandbewohner, nicht aber ausländische Grenznachbarn zu verstehen sind[262]. Das deutsche UVP-Gesetz hat an dieser Regelung nichts geändert[263]. Insgesamt bleibt der Bereich grenzüberschreitender Verfahrensbeteiligung und Genehmigungswirkung noch regelungsbedürftig.

#### (3) Harmonisierung umweltrechtlicher Standards

Aus den Rechtsvorschriften, die der Harmonisierung umweltrechtlicher Standards dienen, ist besonders hervorzuheben die Richtlinie des Rates vom 28. Juni 1984 zur Bekämpfung der Luftverunreinigung durch Industrieanlagen (84/360/EWG)[264]. Die in Art. 8 vorgesehene Festlegung von Emissionsgrenzwerten steht allerdings noch aus.

### *c) Bilaterale Lösungen*

Solange das Problem der Anerkennung ausländischer Genehmigungen nicht auf europäischer Ebene gelöst ist, kann es auch bilateral in Angriff genommen werden. Als Vorbild bietet sich bisher nur der Entwurf eines Abkommens zwischen der Bundesrepublik Deutschland und der Französischen

---

260 ABl. 1985 Nr. L 175/40ff.

261 dazu oben A § 2 II 3a) (2).

262 Vgl. Blümel, 108.

263 Art. 8, 9 UVP-Gesetz (BGBl. 1990 I S. 207).

264 Beil. BAnz.v. 6.2.1985, Nr.25a).

Republik zur Beschränkung und Vermeidung grenzüberschreitender Umweltbelastungen an[265]. Statt einer Anerkennungslösung ist allerdings auch eine umfassende internationale Harmonisierung von Umweltrecht denkbar[266], verbunden mit einer völkervertraglichen Regelung über die Gleichbehandlung ausländischer Grenznachbarn im Emissionsstaat. Als Modell kann die auf der Basis einer weitgehend homogenen Rechtsordnung geschlossene Nordische Umweltschutzkonvention[267] dienen. Deren zentrale Vorschrift lautet:

Art. 3:

> "Any person who is affected or may be affected by a nuisance caused by environmentally harmful activities in another Contracting State shall have the same right to bring before the appropriate Court or Administrative Authority of that State the question of the permissibility of such activities, including the question of measures to prevent damage, and to appeal against the decision of the Court or the administrative authority to the same extent and on the same terms as a legal entity of the State in which the activities are being carried out."

Harmonisierungsbestrebungen lassen allerdings erwarten, daß, im ganzen gesehen, der Umweltschutz eher rückläufig ist, da zu befürchten steht, daß der langsamste, den Umweltschutz am wenigsten ernst nehmende Staat das Tempo bestimmt[268].

Vor diesem Hintergrund ist die völkervertragliche Anerkennung einer Harmonisierung nationaler Standards und Inländerbehandlung nach dem Vorbild der Nordischen Umweltschutzkonvention vorzuziehen.

---

265 Einzelheiten dazu oben § 2 II 1.

266 Dafür vor allem Kloepfer, Grenzüberschreitende Umweltbelastungen, in: Moltke u.a., 68.

267 Abkommen über eine Zusammenarbeit zwischen Dänemark, Finnland, Island, Norwegen und Schweden vom 23.3.1962, abgedr. im Europa-Archiv, 1962, S. D 313 ff.

268 Knebel/Kloepfer, S. 93 ff.

## *III. Anerkennung und nationales Verwaltungsrecht der Emissionsstaaten*

### 1. Extraterritorialer Geltungswille als Anerkennungsvoraussetzung - grenzüberschreitende Präklusion oder faktische Beeinträchtigung über die Staatsgrenze hinaus?

Die Anerkennung der ausländischen Genehmigung durch ein deutsches Forum setzt denknotwendig voraus, daß diese schon im Hoheitsgebiet des erlassenden Staates negatorische oder deliktische Ansprüche rechtsgestaltend beeinflußt, und ferner, daß sie schon nach ihrem eigenen Geltungswillen extraterritorial wirkt[269]. Wie bei allen ausländischen Eingriffsnormen kommt es also auch für die umweltrechtliche Genehmigung auf ihren Anwendungswillen an[270]. Ansonsten würde es sich bei der Berücksichtigung ausländischen Bestandsschutzes nicht um eine Anerkennung handeln, sondern um eine Verweisung oder um eine Inkorporation. Die Frage, der wir uns in diesem Abschnitt zuwenden, lautet also: Ist die rechtliche Situation auf dem Gebiet des Bestands für umweltbelastende Anlagen in den benachbarten Emissionsstaaten überhaupt so beschaffen, daß die Bundesrepublik Deutschland ausländische Genehmigungen anerkennen kann, oder verursacht die ausländische Genehmigung bloß faktische Beeinträchtigungen über die Staatsgrenze hinweg[271]?

### 2. Territorial "neutrale" Fassung ausländischer Bestandsschutznormen als Grund für Auslegungszweifel

Gelegentlich erhobene Zweifel an der Extraterritorialität ausländischer Genehmigungen beruhen darauf, daß die Tatbestände und Grundsätze über den Bestandsschutz ausnahmslos "territorial neutral" gefaßt sind.

In Frankreich ist der Ausschluß privatrechtlicher Unterlassungsansprüche gegen behördlich genehmigte Anlagen eine Folge der strikten Trennung zwischen Exekutive und Justiz: Sich in die Tätigkeit der Verwaltung einzumischen, ist dem Zivilrichter untersagt[272]. Vor den Zivilgerichten können

---

[269] Wengler, ZVglRW 1941, 183.

[270] Münchener Kommentar/Sonnenberger, Einl. IPR Rn 237; so auch Geck, 55; Wengler, ZVglRW 1941, 181; Nassr-Esfahani/Wenckstern RabelsZ 1985, S. 773, 777; a. A. König, 27.

[271] So Kloepfer, Grenzüberschreitende Umweltbelastungen, in: Moltke u.a., 50.

[272] Woehrling NVwZ 1985, 22.

deshalb keine Ansprüche geltend gemacht werden, die auf Einstellung der genehmigten Tätigkeit abzielen[273]. Die Zuerkennung solcher Abwehransprüche würde dort als Übergriff in die Kompetenz der Verwaltung angesehen[274]. Aus diesem Grundsatz folgt aber nicht, daß die Genehmigung auch extraterritorial wirkt; denn es steht danach nicht fest, daß die Verwaltung mit der Genehmigungserteilung auch ausländische Sachverhalte (Auswirkungen der Anlage auf fremdem Staatsgebiet) regeln will.

Eine in der französischen Umweltgesetzgebung durchweg anzutreffende Regelung stellt klar, daß die Genehmigung "vorbehaltlich der Rechte Dritter" erteilt wird[275]. In Art. 6 IV des Gesetzes vom 16.12.1964 "relative au régime et à la répartition des eaux et à la lutte contre leur pollution" heißt es am Ende:

> "Dans tous le cas, les droits des tiers à l'égard des auteurs des pollutions sont et demeurent réservés."

Und in Art. 8 des Gesetzes vom 19.7.1976 "relative aux installation classées pour la protection de l'environment" heißt es entsprechend:

> "Les autorisations sont accordées sous réserve des droits des tiers."

Diese Vorschrift erhält nicht Unterlassungsansprüche aufrecht[276], sondern besagt nur, daß Schadensersatzansprüche nicht ausgeschlossen sind. Die Genehmigung zur Unterhaltung einer Gefahrenquelle befreit nicht gleichzeitig von der zivilrechtlichen Einstandspflicht für dadurch verursachte Schäden[277]. Auch diese Norm sagt nichts über ihren räumlichen Anwendungsbereich.

---

273 Vgl. Nassr-Esfahani/Wenckstern, RabelsZ 1985, 774 f.

274 Vgl. Despax Nr. 48: "Le principe de la separation des pouvoirs interdit assurément à l'autorité judiciaire d'imposer directement la fermeture d'un établissement régulièrement autorisé à fonctionner en vertu d'une autorisation administrative." Siehe auch Mazeaud/Tunc, Traité théoretique et practique de la responsibilité civile III (1978) Nr. 2315; Cass.civ. 5.9.1963, D. 1964. J. 178 mit Anm. C. Gabolde.

275 Art. 6 IV a.E. des Gesetzes Nr. 64-1245 vom 16.12.1964 (relative au régime et la répartition des eaux et à lutte contre leur pollution), J.O. 1964, 11258 = Dalloz, Code de l'environnement, 260; für den Bereich der Luftverschmutzung durch Industrieanlagen vgl. Art. 8 des Gesetzes Nr. 76-663 (relative aux installations classeés pour la protection de l'environnement) vom 19.7.1976. J.O. 1976, 4320 = Dalloz a.a.O. 1097. Vgl. auch Despax Nr. 50: "On sait que selon une formule qui revient comme un leitmotiv dans diverses lois 'les autorisations administratives sont accordées sous réserve des droits des tiers'."

276 So aber irrtümlich Oppermann/Kilian, 68.

277 Le Tourneau, Nr. 745.

Dasselbe gilt für die - wortgleiche - Regelung in Luxemburg[278].

Nach § 364 a des österreichischen ABGB[279] kann der durch eine behördlich genehmigte Anlage gestörte Nachbar in Österreich nur Schadensersatz, nicht Unterlassung verlangen. Auch diese Vorschrift sagt nichts über ihren räumlichen Anwendungsbereich.

In den Niederlanden verhält es sich mit dem Bestandsschutz genehmigter Anlagen ähnlich wie in Frankreich: Die Frage ist nicht gesetzlich geregelt, die Gerichte sind aber mit Verbotsverfügungen aus Kompetenzgründen jedenfalls äußerst zurückhaltend[280]. Ob der Zivilrichter die Einstellung einer genehmigten Tätigkeit dann anordnen darf, wenn ein Nichtgebietsansässiger sie verlangt, ist unklar, weil mangels ausdrücklicher Regelung nicht feststeht, ob die Verwaltung mit ihrer Genehmigung auch ausländische Sachverhalte rechtlich erfassen will.

### 3. Territorialitätsprinzip als Auslegungsmaxime ausländischen öffentlichen Rechts

Ausgehend von dieser territorial neutralen Fassung nachbar- wie bestandsschützender Normen haben manche aus dem Territorialitätsprinzip für den räumlichen Anwendungsbereich einer Genehmigung den Schluß gezogen, die Genehmigung beziehe sich stets nur auf das Territorium des Genehmigungsstaates[281]; das Zivilrecht werde hier von einer "prinzipiellen Fesselung des öffentlichen Rechts an sein Hoheitsgebiet" eingeholt; soweit behördliche Genehmigungen grenzüberschreitend Umweltbeeinträchtigungen schüfen, seien diese "bloß faktischer Natur"[282]. Insbesondere Oppermann/Kilian hatten für diesen Anwendungsbereich einfachen Gesetzesrechts die Auffassung vertreten, das Territorialprinzip schließe extraterritoriale Ausstrahlungswirkungen innerstaatlichen Gesetzesrechts aus[283].

Ihre Ansicht ist zwar direkt nur auf deutsches Gesetzesrecht bezogen, sie entspringt jedoch allgemeinen, aus dem Gedanken staatlicher Souveränität

---

278 Art. 24 du loi du 16 avril 19179, Memorial v. 27.4.1979, S. 678 ff. "relative aux établissements dangereux, insalubres ou incommodes".

279 Abgedr. in Feil, III, 147.

280 Groen, 79-83.

281 Weber, DVBl. 1980, 335; Prieur, La reconnaissance des autorisations étrangères, in: Rechtsfragen, 216.

282 Kloepfer, Grenzüberschreitende Umweltbelastungen, in: Moltke u.a., 50; zurückhaltender aber S. 44; Ress, Grenzüberschreitende Beteiligung, Rechtsfragen, 87.

283 Oppermann/Kilian 102.

abgeleiteten Überlegungen, die deshalb schon an dieser Stelle Beachtung verdienen.

Nach Ansicht Oppermanns/Kilians spricht der Anschein bei neutral formulierten Normen eher für die strikt territoriale Geltung des Gesetzes im Regelfall. Das ergebe sich aus der grundlegend gebietlich beschränkten Staatsgewalt. Man dürfe nicht der Versuchung verfallen, aus dem "Schweigen" der Gesetze zur Frage ihres Geltungsbereichs zu folgern, daß damit keinerlei Beschränkung ihres Geltungsbereichs vorliege nach dem Prinzip "was nicht verboten ist, ist erlaubt" oder "im Zweifel zugunsten eines umfassenden Umweltschutzes". Eine solche Interpretation liege bei der "grundlegend binnenstaatlich orientierten Auslegung nationaler Gesetze allzu fern"[284]. Mangels anderslautender Angaben werde man die Bereiche "Nachbarschaft" und "Allgemeinheit" angesichts der festgestellten grundsätzlich territorialitätsbezogenen - binnenorientierten Ausrichtung des deutschen Verwaltungsrechts auf deutsche Nachbarschaftsverhältnisse und auf die deutsche Allgemeinheit beziehen müssen[285].

Der Vollständigkeit halber ist anzumerken, daß die Autoren ihr Augenmerk in der Hauptsache nicht direkt auf den Bestandsschutz einmal genehmigter Anlagen richten, sondern auf den Nachbarschutz. Mit ihrer "strikt binnenorientierten" Auslegung[286] ist es nämlich Oppermann/Kilian darum gegangen, die Einbeziehung ausländischer grenznachbarlicher Interessen in den Schutzbereich deutscher Umweltverwaltungsgesetze zu verneinen und, daran anknüpfend, mangels subjektiver Rechte ausländischen Grenznachbarn Beteiligungs- und Klagerechte abzusprechen. Für den Bestandsschutz entscheiden diese Autoren aber nicht anders[287]. Während sie nämlich einräumen, daß bei hoheitlichen Maßnahmen, die Vorteile gewähren - hier dem Nachbarschutz - die Möglichkeit bestehe, das Territorialitätsprinzip zu durchbrechen, soll nach ihrer Ansicht bei belastenden Maßnahmen stets das Territorialitätsprinzip gelten[288]. Die Genehmigung fällt demnach unter das Territorialitätsprinzip, denn sie ist für den Nachbarn ein belastender, weil seine Ansprüche beschränkender Verwaltungsakt.

Das Bundesverwaltungsgericht liegt teilweise auf derselben Linie. Während es die Anwendung des Territorialitätsprinzips auf die Schutzansprüche einräumenden Normen ablehnt, ist es der Meinung Oppermanns/Kilians in

---

284 Oppermann/Kilian, 102.

285 Oppermann/Kilian 121.

286 Oppermann/Kilian, 121.

287 Vgl. Oppermann/Kilian, 110.

288 Oppermann/Kilian 108, 110.

bezug auf die Anspruchspräklusion gefolgt und lehnt eine extraterritoriale Verbindlichkeit deutscher Genehmigungen im Ausland ab.[289].

Die Argumentation aus der "grundlegend gebietlich beschränkten Staatsgewalt"[290] ist jedoch nicht überzeugend. Wie im völkerrechtlichen Abschnitt erörtert, hat die Beschränkung der Gebietshoheit nur zur Folge, daß ein Staat einen anderen nicht zur Anwendung seines Rechts zwingen kann.[291] Sie schließt aber nicht einen extraterritorialen Anwendungswillen aus.

Insoweit hat Vogel in seiner umfassenden Studie zum räumlichen Anwendungsbereich der Verwaltungsrechtsnorm[292] vielmehr überzeugend nachgewiesen, daß es das Territorialitätsprinzip im Sinne eines apriorischen, aus dem Wesen des Staates abgeleiteten Rechtsprinzips nicht gibt[293]. Die Praxis kennt zahlreiche Beispiele, in denen ausländisches öffentliches Recht im Ausland wirken soll und dort auch wie eigenes angewendet wird, sei es durch Anerkennung ausländischer Führerscheine, sei es durch Berücksichtigung ausländischer Enteignungen oder ausländischer Devisenkontrollbestimmungen. Wo deshalb gegenwärtig noch von "Territorialität" die Rede ist, handelt es sich nur noch um eine leere Formel, die nicht mehr vom Rechtsbewußtsein der Allgemeinheit getragen wird und für die Rechtsanwendung im Einzelfall unfruchtbar bleibt.[294]

Das Territorialitätsprinzip erzwingt eine Beschränkung der Genehmigungswirkungen auch nicht deshalb, weil die Genehmigung, soweit sie negatorische Ansprüche ausschließt, den Nachbarn belastet. Die Genehmigung ist per se für Nichtgebietsansässige noch kein belastender Verwaltungsakt. Der extraterritoriale Anwendungswille der ihr zugrundeliegenden Eingriffsnorm ist eine, aber nicht die einzige Voraussetzung für ihre Geltung im Immissionsstaat. Hinzukommen muß noch die Anerkennung durch die Gerichte dieses Staates. Per se verhindert der extraterritoriale Geltungswille der Genehmigung nur, daß ausländischen Grenznachbarn - im Emissionsstaat durchsetzbare - Unterlassungsansprüche zustehen, die Inländer nicht haben, oder daß ein ausländischer Grenznachbar im Heimatstaat Unterlassungsansprüche erstreitet, die mit der Rechtsordnung des Genehmigungsstaates im Einklang stehen und deshalb dort auch ohne das Hin-

---

289 BVerwG JZ 1987, 353.

290 Zu den Konsequenzen s. u. B § 9 II 1.

291 Oppermann/Kilian (vgl. oben Fn 217-222).

292 Vogel, Der Anwendungsbereich der Verwaltungsrechtsnorm, 1966.

293 Vogel, 142 ff.

294 Vogel 142. Zust. Weber, DVBl. 1980, 331; Beyerlin, Natur und Recht 1985, 177; Fröhler/Zehetner, Bd. 2, 76 ff.

dernis des ordre public vollstreckbar sind. Den Gerichten des Nachbarstaates bleibt es unbenommen, der ausländischen Genehmigung die Anerkennung zu versagen. In diesem Fall hätte die Erteilung der Genehmigung tatsächlich bloß "faktische" Auswirkungen zur Folge. Das heißt aber nicht, daß die rechtliche Situation in den Emissionsstaaten unter dem Regime eines "Territorialprinzip" im allgemeinen Sinne zu einer von vornherein eingeschränkten Auslegung zwingt. Es kann deshalb nur geprüft werden, ob in den einzelnen Staaten konkrete einzelne Rechtsvorschriften das geltende Recht auf dem Gebiet des Bestandsschutzes noch in territorialer Weise begrenzen oder nicht[295].

### 4. Auslegung ausländischen Umweltrechts aus der Sicht ausgewählter Emissionsstaaten

Vorab ist zuzugeben, daß sich die extraterritoriale Wirkung bestandsschützender Normen in den benachbarten Staaten direkt nicht belegen läßt. Die Normen selbst sind neutral gefaßt; auch ist kein von der Rechtsprechung entschiedener Fall ersichtlich, in dem ein in Deutschland wohnhafter Grenznachbar im Ausland zivilrechtliche Abwehransprüche verfolgt hätte. Die Praxis kennt durchweg nur Fälle, in denen ausländische Grenznachbarn entweder durch ein Verwaltungsstreitverfahren im Emissionsstaat gegen die Genehmigung vorgegangen sind[296] oder in denen sie im Heimatstaat zivilrechtliche Abwehransprüche geltend machten[297].

Die ausländische Praxis hatte sich aber in der Vergangenheit wiederholt mit Fällen zu befassen, in denen es um die grenzüberschreitende Wirkung nachbarschützender Normen ging oder in denen diese vorausgesetzt wurde. Diese Praxis erlaubt möglicherweise Rückschlüsse darauf, wie der Bestandsschutz als Kehrseite des Nachbarschutzes von seinem räumlichen Anwendungsbereich her verstanden würde.

---

[295] Vogel 142.

[296] So in den Fällen des Verwaltungsgerichts Straßburg, Urt. v. 27.7.1983, Rev. jur. env. 1983, 343=ZaöR 84, 342, 484 ("Rheinversalzung"); Berufungsinstanz= Urt. des C.E. v. 21.3.1986 (noch nicht veröffentlicht); Urt. des C.E. v. 28.12.1981 (Rec. 1981, 484 ("Kernkraftwerk Cattenom"); OVG Lüneburg, Beschl. v. 28.2.1985 UPR 1985, 253 ("Kohlekraftwerk Buschhaus"); BVerwGJZ 1987, 351 ("Kernkraftwerk Emsland").

[297] So in den Fällen des BGH Beschl. v. 10.3.1978, DVBl. 1979, 226 ff., (Salzburger Flughafen); der Rechtbank Rotterdam, Urt. v. 16.12.1983, Ndl. Jur. 1984, Nr. 341=RabelsZ 1985, 741 ff.

### a) *Frankreich*

#### (1) Umweltgesetzgebung und Verwaltungsgerichtsbarkeit

Ob umweltrechtliche Tatbestände in Frankreich grenzüberschreitend wirken, ist für die Bundesrepublik Deutschland von besonderem Interesse: zum einen wegen der gemeinsamen langen Grenze, zum anderen, weil industrielle Anlagen und insbesondere Kernkraftwerke im Hinblick auf die Kühlwasserkapazität des Rheins häufig in der Grenzregion errichtet werden[298].

Die Umweltschutzgesetze und Dekrete sind in Frankreich in bezug auf ihren räumlichen Anwendungsbereich im allgemeinen neutral gefaßt. Im Gesetz über die installations classées von 1976[299] beispielsweise, einer dem deutschen BImSchG sachlich entsprechenden Regelung, findet sich nicht eine einzige Vorschrift, die sich ausdrücklich auf ausländische Sachverhalte bezieht.

Das Verwaltungsverfahren ist für wesentliche Bereiche des Umweltrechts, u.a. den Immissionsschutz, 1983 reformiert worden. Während seine Regelung vorher auf eine Vielzahl umweltrechtlicher Spezialgesetze aufgesplittert war, wurde es durch Gesetz Nr. 83-630 vom 12. Juli 1983[300] einheitlich geregelt. Nur für den Bereich der Kernenergie ist noch eine "enquête locale"[301] vorgesehen, auf die aber verzichtet werden kann, wenn zuvor eine enquête public durchgeführt worden ist und bestimmte weitere Voraussetzungen vorliegen.

Auch dieses Gesetz schafft aber keine Klarheit darüber, ob ausländische Grenznachbarn den inländischen Betroffenen in bezug auf das Verwaltungsverfahren gleichgestellt werden sollen und ob, korrepondierend dazu, auch die Genehmigung gegen sie wirken soll. In Art. 2, der das Ziel der enquête beschreibt, ist lediglich von der Öffentlichkeit die Rede, die ihre Vorschläge und Einwendungen zusammentragen soll, um der Behörde eine umfassende

---

298 Kloepfer, Grenzüberschreitende Umweltbelastungen, in: Moltke u.a., 63; zu der Vielzahl der Kernkraftwerke s. Stern, 1981, Nr. 51, 168.

299 Loi Nr. 76-663 du 19 Aug. 1976 "relative aux installations classées pour la protection de l'environnement", J.O. v. 20.7.1976, 4320, s.o. Fn 208.

300 Loi du 12 juillet 1983 rèlative à la democratisation des enquêtes publiques à la protection d'environnement", J.O. du 13.7.1983, 2156 ff. = Dalloz, Droit de l'Environnement, 78 ff.

301 Art. 3 a des Décret No. 1228 du 11 dec. 1963, J.O. 14 dec.1963, Dalloz a.a.O. 1142.

Einschätzung des Vorhabens zu ermöglichen. Was unter "Öffentlichkeit" zu verstehen ist, wird im Gesetz nicht näher spezifiziert[302].

Daraus läßt sich aber noch nicht, wie Oppermann und Kilian vertreten haben[303], der Schluß ziehen, die französischen Verwaltungsverfahren seien allein auf innerfranzösische Belange zugeschnitten und berücksichtigten grenzüberschreitende Belange überhaupt nicht.

Die Beteiligung nichtgebietsansässiger Nachbarn im französischen Verwaltungsverfahren war in Frankreich nie Gegenstand irgendeiner Kontroverse in der Rechtswissenschaft und gab bisher noch nicht Anlaß zu verwaltungsgerichtlichen Auseinandersetzungen[304]. Im Gegenteil ist man sich darin einig, daß das französische Verwaltungsrecht auch die im Ausland eintretenden Auswirkungen umweltbelastender Tätigkeiten berücksichtigt; das schließt man daraus, daß "le droit administratif francais n'établit aucun obstacle à l'encontre de la participation de non résidents à des procedures administratives"[305].

Die Zulässigkeit der gewohnheitsmäßig anerkannten Anfechtungsklage (recours pour excès de pouvoir) hängt in Frankreich allein davon ab, ob die Verwaltungsentscheidung ein - weit auslegbares persönliches - Interesse des Klägers beeinträchtigt[306]. Im Unterschied zu der vor allem auf subjektiven Rechtsschutz angelegten VwGO ist die französische Verwaltungsgerichtskontrolle dabei viel deutlicher auf eine objektive Rechtskontrolle der Verwaltung ausgerichtet[307]. Deshalb ist es aus französischer Sicht für die Zulässigkeit einer Anfechtungsklage gegen eine umweltrechtliche Genehmigung völlig unerheblich, ob sie von "residents" oder von nicht gebietsansässigen Grenznachbarn erhoben wurde[308]. Das läßt sich im folgenden an zwei bekannten Entscheidungen französischer Verwaltungsgerichte belegen.

---

302 Krit. auch Autexier, Participation à la procédure administrative noncontentieux française, in: Ress, Grenzüberschreitende Verfahrensbeteiligung, 145.

303 Oppermann/Kilian S. 68, 70.

304 Woehrling, Grenzüberschreitende Beteiligung im Verwaltungsverfahren - Frankreich, in: Rechtsfragen, 101.

305 Autexier, a.a.O.

306 Vgl. Fromont, UPR 1983, 189ff.

307 Woehrling, NVwZ 1985, 23; ders., in: Rechtsfragen, (vorige Note), 129 ff.; Kilian/Pätzold, UPR 84, 155.

308 Vgl. Woehrling (oben Fn 238), 129.

### (2) Conseil d'Etat, Urteil vom 23.12.1981 (Kernkraftwerk Cattenom)

Im Verfahren vor dem Conseil d'Etat ging es um die Rechtmäßigkeit einer sog. "déclaration d'utilité publique"[309], einer Entscheidung des Präfekten im Département Moselle aus dem Jahr 1978, mit der die Errichtung des französischen Atomkraftwerks Cattenom rechtsgestaltend für dem gemeinen Wohl dienlich erklärt worden war. Verfahrensbeteiligte waren: die Gemeinden Thionville u.a., darunter auch die deutsche Gemeinde Saarburg als Klägerin, die Französische Republik als Beklagte; die Electricité de France als Nebenintervenientin.

Die große Bedeutung der "déclaration d'utilité publique" für die Kläger erklärt sich damit, daß die Verwaltung gem. Art. 3 a) des Décret No 1228 du 11 decembre 1963[310] im eigentlichen Verfahren zur Erteilung einer Errichtungsgenehmigung auf die Durchführung einer "enquête locale" verzichten kann, falls folgende weitere Voraussetzungen vorliegen: 1. Das Vorhaben war schon einmal Gegenstand eines förmlichen Verwaltungsverfahrens vor der "Déclaration d'utilité publique" gewesen; 2. der geplante Bau der Anlage weicht nicht oder nicht wesentlich von der Bauausführung ab, wie sie sich beim Stand der ersten Untersuchung darstellte; und 3. die Risiken haben sich seitdem nicht vergrößert.

Die Kläger rügten unter anderem: Die Französische Regierung habe Art. 34 (Pflicht der Mitgliedstaaten zur Konsultation der Kommission vor Durchführung besonders gefährlicher Experimente) und Art. 37 EURATOM (Pflicht zur Information der Kommission über Pläne zur Ableitung radioaktiver Stoffe) verletzt. Das Wohl der Allgemeinheit sei im Hinblick auf die Wahl des Standorts nicht gewahrt. Die Standortwahl schaffe zusätzliche Gefahren für die Umwelt und für die Nachbarschaft in einer Grenzregion, in der schon genügend Gefahrenpotential durch andere Kernenergieanlagen geschaffen sei[311]. Im übrigen machten die Kläger eine Verletzung des französisch-luxemburgischen Abkommens vom 17.5.1978 über die Errichtung nuklearer Anlagen an der Mosel[312] und Verstöße gegen innerstaatliches Verfahrensrecht geltend[313].

---

[309] Aufgrund des Art. L. 11-1 des Code de l'expropriation pour cause d'utilité publique, abgedr. bei Dalloz, Code administratif, 1977, S. 781 ff.

[310] Relatif aux installations nucléaires, J.O. 14 déc., abgedruckt in Dalloz, Code de l'Environnement, 1984, S. 1142 ff.

[311] C.E. a.a.O., 486.

[312] C.E. a.a.O., 486.

[313] C.E. a.a.O., 485 f.

Der - erstinstanzlich zuständige -[314] Conseil d'Etat hat die Klage für zulässig erachtet, ohne die Klagebefugnis der - aus seiner Sicht ausländischen - Gemeinde Saarburg auch nur mit einem Wort zu problematisieren[315]. Ihm reicht die Feststellung, die Kläger hätten sämtlich ein Interesse an der Aufhebung der angefochtenen Verwaltungsentscheidung. Umfassend prüft er nur die Begründetheit der Klage und gelangt aufgrund einer Auseinandersetzung mit den im einzelnen vorgebrachten Rügen gegen das Dekret zu dem Ergebnis, daß die Déclaration d'Utilité publique nicht rechtswidrig und die Anträge aus diesem Grunde zurückzuweisen seien[316].

(3) Tribunal Administratif de Strasbourg v. 27.7.1983 ("Rheinversalzung")

Im Verfahren vor dem Verwaltungsgericht Straßburg[317] ging es um die Rechtmäßigkeit mehrerer Verfügungen des Präfekten im Département Haut-Rhin, durch die es den französischen Kalibergwerken "Mines Domaniales de Potasse d'Alsace" (MDPA) gestattet worden war, ihre Abraumsalze in den Rhein abzuleiten. Kläger waren die Provinz Nord-Holland, die Stadt Amsterdam sowie mehrere Vereinigungen, die Trinkwasserressourcen in den Niederlanden bewirtschafteten. Beklagte waren die Französische Republik und der französische Umweltminister, Intervenient auf Seiten der Beklagten waren die MDPA[318].

Die Kläger stützten ihre Klagebefugnis darauf, daß sie im Hinblick auf ihre Aufgaben im Zusammenhang mit der öffentlichen Wasserversorgung ein Interesse daran hätten, die anhaltende Verunreinigung des Rheins mit Salzen einzustellen. Zur Sache trugen sie vor: Die angegriffene Verfügung verkenne die internationalen Verpflichtungen Frankreichs, insbesondere den Grundsatz der guten Nachbarschaft und das - damals noch nicht ratifizierte - Bonner Chloridabkommen vom 3.12.1976[319], wonach Frankreich die Salzableitungen in den Rhein schrittweise zu reduzieren hat[320]. Im übrigen rügten die Kläger Verstöße gegen Art. 7 EWGV (Diskriminierungsverbot) und innerstaatliches Gewohnheitsrecht.

---

[314] Zur erstinstanzlichen Zuständigkeit des C.E. für Großvorhaben vgl. Woehrling, NVwZ 1985, 23.

[315] C.E. a.a.O., 484.

[316] C.E. a.a.O., 487.

[317] Rev. jur. env. 1983, 343 ff. = ZaöRV 44 (1984), 342 ff. m. Anm. Beyerlin = UPR 1984, 174 f.m. Kilian/Pätzold, ebd. 155-157.

[318] Beyerlin, a.a.O., ZaöRV 1984, 336.

[319] BGBl. 1978 II 1065.

[320] Trib. Adm., UPR 1984, 174.

Die Beklagten vertraten die Ansicht, die Kläger verwechselten die internationale Verantwortlichkeit eines Staates und seine Verantwortlichkeit nach innerstaatlichem Recht mit den Voraussetzungen für die Aufhebung einer Verwaltungsmaßnahme wegen Ermessensüberschreitung[321].

Das Verwaltungsgericht Straßburg gab in seinem Urteil vom 27. Juli 1983 der Klage statt.

Zur Zulässigkeit der Klage bemerken die Richter nur, daß diese im Interesse einer umfassenden Rechtskontrolle lediglich voraussetze, daß die Kläger den Anforderungen, wie sie für jedermann gelten, genügen. Weder im Völkerrecht noch im innerstaatlichen Recht sei eine Norm ersichtlich, die die Klagerechte ausländischer juristischer Personen beschneide. Wörtlich heißt es dort:

> "Considérant que le recours pour excès de pouvoir est un recours de droit commun ouvêrt même sans texte contre tout acte administratif, dans le but d'assurer le respect de la légalité, à la seule condition que le requérant satisfasse aux conditions générales de recevabilité; qu'en particulier, aucune règle de droit international, aucune disposition de caractère législatif, aucun principe général du droit ne restreignent le droit des personnes morales de droit public étrangères de présenter un tel recours devant la jurisdiction administrative française"[322].

Hierin liegt eine deutliche Abkehr von der Meinung aller Autoren, die von ihrem räumlichen Anwendungsbereich her "neutral" gefaßte Normen grundsätzlich territorial auslegen. Das Verwaltungsgericht macht am vorliegenden Fall umgekehrt deutlich, daß derartige Normen aus französischer Sicht extraterritorial zu deuten sind, sofern sich für eine territoriale Beschränkung nicht greifbare rechtliche Anhaltspunkte bieten.

Das Verwaltungsgericht stellt sodann fest, daß die Kläger im Hinblick auf die Gefährdung ihrer wasserwirtschaftlichen Aufgaben durch die Rheinversalzung das geforderte Interesse an der Aufhebung der Genehmigung haben. Damit ist die Klagebefugnis gegeben.

Die Genehmigung ist nach Auffassung der Richter deshalb rechtsfehlerhaft und aufzuheben, weil die Verwaltung keine Aktivitäten auf eigenem Staatsgebiet zulassen dürfe, die jenseits des Staatsgebietes schädliche, schwerwiegende und anormale Folgen habe. Das ergebe sich aus nationalem

321 VG Straßburg, UPR 1984, 174.

322 ZaöRV 1984, 342.

Verfassungs- und Verwaltungsrecht, außerdem aus Völkerrecht[323]. Insbesondere habe die Verwaltung nach innerstaatlichem Recht[324] vor der Zulassung grenzüberschreitend umweltbelastender Vorhaben die möglichen Auswirkungen der Ableitungen auf ausländischem Staatsgebiet gründlich zu erforschen, um sie bei der Entscheidung über die Genehmigung zu berücksichtigen[325].

Demnach wenden die französischen Verwaltungsrichter auch das materielle nationale Umweltverwaltungsrecht gleichmäßig auf inländische und ausländische Nachbarn an.

(4) Schlußfolgerungen

Nach alledem läßt sich für Frankreich nicht die These aufrechterhalten, die materiellen umweltrechtlichen Tatbestände wirkten lediglich territorial. Bezüglich der Schutzrichtung innerstaatlichen Verwaltungsrechts hat sich die Rechtsprechung klar für eine extraterritoriale Wirkung ausgesprochen. Sie hat dies, wie schon vorher einhellig die Lehre[326], damit begründet, daß die Rechtsordnung dem nichts Abweichendes entgegenstellt. Dann wirken aber auch privatrechtsgestaltende Genehmigungen extraterritorial. Denn für eine Einschränkung auf Inländer bietet die französische Rechtsordnung keinen Anhaltspunkt. Auch das Völkerrecht kann diese Geltungserstreckung nicht verbieten. Das wird jedenfalls dann offenkundig, wenn das Ausland sie anerkennt[327].

*b) Luxemburg*

Wie in Frankreich ist auch die luxemburgische Umweltgesetzgebung territorial neutral gefaßt. Die Genehmigungspflicht für umweltbelastende Anlagen regelt das Gesetz vom 16.4.1979 "relative aux établissements dangereux, insalubres ou incommodes"[328]. Das - dem französischen Gesetz Nr. 76-663 "relative aux installations classées pour la protection de

---

[323] ZaöRV 1984, 344.

[324] Art. 3 des Décret du 23 février 1973.

[325] ZaöRV 1984, 344.

[326] Woehrling, Grenzüberschreitende Klagebefugnisse im verwaltungsrechtlichen Verfahren - Frankreich -, in: Rechtsfragen, 129.

[327] Vgl. die Begründung des Supreme Court im Sabbatino-Fall, A.J.I.L. 1964, 789 = 376 U.S. 423: "public law of nations can hardly dictate to a country which is in theory wronged how to treat that wrong within its domestic borders."

[328] Mémorial (J.O. du Grand Duché Luxembourg) v. 27.4.1978, 678 ff.

l'environnement"[329] sehr ähnliche - Regelwerk sieht in bezug auf das Verwaltungsverfahren vor, daß die Antragsunterlagen zusammen mit einer gutachtlichen Beschreibung fünf Tage lang im Rathaus der Gemeinde, in der die Gesellschaft ihren Sitz hat, und am Standort der Anlage ausgelegt werden (Art. 7). Vorhaben der Klassen 1 und 2, die in Gebieten mit mehr als 10 000 Einwohnern beabsichtigt sind, sind außerdem in mindestens vier luxemburgischen Tageszeitungen bekanntzugeben (Art. 7 IV). Nach Ablauf der Auslegungsfrist findet eine öffentliche Untersuchung (enquête de commode et incommode) statt. Hierbei sind "tous les intéressés qui se présentent" zu hören (Art. 8).

Der Wortlaut des Art. 8 ("tous les intéressés") läßt keine Einschränkung erkennen; es ist nicht ersichtlich, daß nur inländische Interessen geschützt sein sollen. Andererseits ist nicht verkennbar, daß die Auslegung in luxemburgischen Gemeinden und Bekanntmachung in luxemburgischen Tageszeitungen vor allem de facto die Wirkung haben, daß nur inländische Interessen zum Zuge kommen. Für eine Einbeziehung ausländischer Interessen läßt sich direkt auch nichts an Art. 7 III herleiten, demzufolge die Unterlagen nicht nur in den unmittelbar betroffenen Gemeinden auszulegen sind, sondern auch in den "communes limitrophes sur le territoire desquelles s'étend le rayon tracé au plan cadastral"; denn diese Vorschrift zielt nach luxemburgischer Auffassung darauf ab, die Untersuchung strikt auf einen Umkreis zu begrenzen, der kaum jemals wenige Meter überschreitet[330].

Im Unterschied zu Frankreich ist in Luxemburg Rechtsprechung, die umweltrechtliche Tatbestände territorial oder grenzüberschreitend auslegen würde, nicht ersichtlich.

Eine luxemburgische Literaturmeinung zieht vielmehr aus der Neutralität der Umweltverwaltungsgesetze in Luxemburg den Schluß, daß das luxemburgische Recht die Beteiligung nicht gebietsansässiger Nachbarn völlig ignoriere[331]. Das schließe allerdings nicht aus, die Interessen ausländischer Betroffener faktisch zu berücksichtigen[332]. Autexier führt als Beispiel dafür, daß die luxemburgische Verwaltungspraxis einer Beteiligung ausländischer Grenznachbarn "nicht feindlich" gegenüberstehe, die Reaktion luxemburgischer Behörden auf einen Brief des Bürgermeisters der deutschen Gemeinde Langsur an, mit dem diese gegen die Errichtung einer grenznahen

---

329 V. 19.7.1976, s.o. § 2, Fn 299.

330 Autexier, Participation à la procédure administrative non-contentieuse luxembourgoise, in: Ress (Hrsg.), Grenzüberschreitende Verfahrensbeteiligung, 302.

331 Autexier a.a.O., 302.

332 Autexier a.a.O., 302 f.

Gießereianlage protestiert hatte[333]. Der Brief sei den Unterlagen beigefügt worden und der Bürgermeister habe eine Antwort von den luxemburgischen Behörden erhalten. Es habe den Anschein, als wäre selbst die Direktintervention ausländischer Grenznachbarn keinem Hindernis begegnet[334].

Für die Auslegung umweltrechtlicher Tatbestände in Luxemburg ist indessen noch im Hinblick auf die auffallende Ähnlichkeit mit französischen Regelungen zu fragen, ob sich nicht die französische Rechtsprechung auf sie übertragen läßt, nach der materielles Umweltverwaltungsrecht ebenso wie Beteiligungs- und Klagerechte keiner territorialen Beschränkung unterliegen, sofern sich diese nicht ausdrücklich aus dem Gesetz ergibt.

Es ist bereits eingangs angedeutet worden, daß das luxemburgische Gesetz "relative aux établissements dangereux, insalubres ou incommodes" von 1979 dem älteren französischen Gesetz Nr. 76-663 "relative aux installations pour la protection de l'environnement" von dem Aufbau und der Regelungsstruktur her weitgehend entspricht und ihm wahrscheinlich nachgebildet ist. Beide Gesetze teilen umweltbelastende Anlagen in drei nach Gefahrenpotential abgestufte Klassen ein[335], von denen die ersten beiden einer Genehmigungspflicht[336] und die dritte einer Anzeigepflicht unterliegt[337]; beide Gesetze sehen für die Klassen 1 und 2 eine ähnlich ausgestaltete enquête public unter Beteiligung der Personen vor, die in ihren in Art. 1 betroffenen Interessen berührt werden[338]; beiden Gesetzen zufolge ergeht die Genehmigung schließlich "unter dem Vorbehalt der Rechte Dritter"[339], was nach übereinstimmender Rechtslage lediglich Schadensersatzansprüche, nicht aber Unterlassungsansprüche aufrechterhält[340]. Unter diesem Aspekt liegt es nahe anzunehmen, daß der luxemburgische Conseil d'Etat bei der Entscheidung über die von einem ausländischen Grenznachbarn erhobene Nachbarklage luxemburgisches Umweltverwaltungsrecht ähnlich auslegen

---

333 Autexier a.a.O., 303.

334 Autexier a.a.O. Fn 55 auf S. 303.

335 Art. 2 du loi du 16 avril 1979 (Lux); Art. 3 du loi du 19 juill. 1976 i.V.m. Art. 2 du loi du 19 dec. 1917 (Fr.).

336 Art. 3 du loi du 16 avril 1979 (Lux); Art. 3 du loi du 19 juill. 1976 (Fr.).

337 Art. 3 IV du loi du 19 juill. 1976 (Fr.); Art. 15 du loi du 16 avril 1979 (Lux).

338 Art. 7-8, 10 du loi du 16 avril 1979 (Lux.); Art. 5 du loi du 19 juill. 1976 (Fr.). Näheres dazu bei Despax, 13, 19, 25, 441 sowie Autexier, in: Ress, Grenzüberschreitende Verfahrensbeteiligung 138 ff.; derselbe, a.a.O., 292 ff. für Luxemburg.

339 Art. 24 du loi du 16 avril 1979 (Lux.) und Art. 8 du loi du 19 juill.1976 (Fr.).

340 vgl. Despax Nr. 48 und Le Tourneau Nr. 745; erläuternd Nassr-Esfahani/Wenckstern, RabelsZ 1985, 774.

würde, wie die französische Rechtsprechung entsprechende französische Tatbestände auslegt. Luxemburgisches Recht dürfte demnach extraterritorial gelten, ausländische Interessen werden aller Wahrscheinlichkeit nach nicht bloß faktisch berücksichtigt. Ebenso würde eine Genehmigung auch ausländischen Grenznachbarn Duldungspflichten auferlegen, mit der Folge, daß sich der luxemburgische Betreiber vor inländischen Gerichten gegenüber Unterlassungsansprüchen eines ausländischen Grenznachbarn auf sie berufen könnte.

Ganz sicher ist dieser Schluß jedoch nicht. Die Rechtsvergleichung ist hier verhältnismäßig unergiebig, die extraterritoriale Wirkung einer Genehmigung kann letztlich nur aus dem Interesse des Großherzogtums Luxemburg gefolgert werden.[341]

### *c) Niederlande*

Das materielle Immissionsschutzrecht in den Niederlanden ist geregelt im Luftverunreinigungsgesetz (Wet inzake luchtverontreiniging)[342] und im Lärmschutzgesetz (Wet geluidhinder)[343]. Beide treffen keine ausdrücklichen Bestimmungen darüber, ob der Schutz vor Luft- und Lärmimmissionen nur im Inland verwirklicht werden soll und ob, korrespondierend damit, die Genehmigung auch gegenüber nicht gebietsansässigen Grenznachbarn wirkt.

Deutlichere Rückschlüsse in diese Richtung läßt demgegenüber das niederländische Verfahrensrecht zu. Das Verfahrensrecht ist seit dem 1.9.1980 im "Gesetz über allgemeine Bestimmungen im Umweltschutz"[344] (Wet Algemene Bepalingen Milieuhygiéne (WABM)) einheitlich für alle Umweltbereiche geregelt. Nach Art. 20 steht jedermann das Recht zu, gegen die Erteilung der beantragten Genehmigung Einwendungen vorzubringen. Nach ausdrücklichem Vermerk in der amtlichen Begründung ist dieses Recht nicht ausschließlich gebietsansässigen Personen und Personenvereinigungen vorbehalten, sondern steht auch Nichtgebietsansässigen zu[345]. Wie sich aus der amtlichen Begründung weiter ergibt, will der Gesetzgeber damit den

---

341 Dazu u. § 2 III 5.

342 v. 26.11.1970, Staatsblad 1970, 1353 ff.; deutsche Übersetzung in: Ausl. Umweltrecht V, Beiträge zur Umweltgestaltung, Bd. 61, S. 109.

343 Vgl. Stein, in: Ress (Hrsg.), 309.

344 vom 13.6.1976, Staatsblad 1979, 442.

345 Amtl. Begründung (memorie van toelichting) zum WABM, Tweede Kamer, Zitting 1976-1977, Bijlage 14311, Nr. 3, § 4, S. 27. Einzelheiten bei Stein, in: Ress (Hrg.), Grenzüberschreitende Verfahrensbeteiligung, 308 ff.; Nassr-Esfahani/Wenckstern, 775.

jüngeren OECD-Empfehlungen zur Ausländergleichbehandlung entsprechen.

Angesichts diesen deutlichen Bekenntnisses zu einer rechtlichen Einbeziehung ausländischer grenznachbarlicher Interessen in das Umweltverfahren spricht einiges dafür, daß auch der Genehmigung in den Niederlanden extraterritoriale Wirkung zukommt[346].

Im übrigen ist zu erwarten, daß die Rechtbank Rotterdam, wenn sie schon, wie im Rheinversalzungsprozeß, ausländische Genehmigungen für im Prinzip beachtlich erklärt[347], eigenen Genehmigungen im Verhältnis zu ausländischen Grenznachbarn dieselbe extraterritoriale Wirkung zuweisen würde.

### *d) Schweiz*

In der Schweiz haben umweltrechtliche Genehmigungen keine privatrechtsgestaltende Wirkung.

Die Frage, ob solche Genehmigungen extraterritorial wirken und ob dies etwa aus der in der Schweiz ganz üblichen[348] Einräumung verfahrensrechtlicher Befugnisse geschlossen werden kann, wie sie u.a. in einem Entscheid des Schweizerischen Bundesrats vom 22.8.1979 (Kernkraftwerk Leibstadt)[349] zutage tritt, stellt sich deshalb nicht.

### *e) Österreich*

In Österreich scheint die Diskussion um das Territorialitätsprinzip als Auslegungsregel von der schon erwähnten Entscheidung des österreichischen VerwGH[350] bestimmt zu sein, derzufolge "aus dem grundsätzlich territorialen Charakter der verwaltungsrechtlichen Norm" folgen soll, "daß unter Ländern etc. ausnahmslos österreichische Gebietskörperschaften und Interessenverbände, nicht aber ausländische zu verstehen" seien[351].

Diese Entscheidung darf aber aus drei Gründen nicht in ihrer Repräsentativität für die österreichische Rechtsauffassung überbewertet werden:

---

346 Nassr-Esfahani/Wenckstern, 775.

347 S.o.§ 4 V 2.

348 So auch Oppermann/Kilian, 55.

349 UPR 1983, 19.

350 Beschl. v. 30.5.1969, Slg 7582 A, S. 264 ff.

351 S. vorige Note.

Erstens ist sie in dieser Rigorosität nicht zuletzt schon in Österreich auf heftige Kritik gestoßen[352] und seitdem nicht wieder von der Rechtsprechung bestätigt worden.

Zweitens war die Territorialität öffentlichen Rechts nicht der tragende Grund für die Zurückweisung der Klagen, dieser lag vielmehr in der unzureichenden tatsächlichen Betroffenheit der Kläger[353]. Nach österreichischem Recht wäre es für Parteistellung im österreichischen Verfahren auf die unmittelbare Inanspruchnahme fremden Grund und Bodens durch das Flugplatzprojekt angekommen[354].

Drittens zeichnet sich auch in der Gesetzgebung neuerdings die Tendenz ab, das Territorialitätsprinzip als Maßstab für die Auslegung österreichischen öffentlichen Rechts erheblich aufzulockern:

Der Schutz gegen Luft- und Lärmimmissionen gewerblich genutzter Anlagen ist gewährleistet durch einen Genehmigungsvorbehalt der österreichischen Gewerbeordnung[355]. Nach § 76 II ist die Genehmigung zu versagen, wenn die Anlage oder ihr Betrieb geeignet ist, Leben und Gesundheit u.a. der Nachbarn zu gefährden, oder die Nachbarn durch Geruch, Lärm, Rauch, Staub, Erschütterung oder in anderer Weise zu beläsigen. § 75 III GewO sieht ausdrücklich vor, daß unter Nachbarn auch diejenigen Personen zu verstehen sind, die auf grenznahen Grundstücken im Ausland wohnen, sofern die Gegenseitigkeit gewährleistet ist.

Damit dürfte der Ansicht, das österreichische öffentliche Recht sei strikt binnenorientiert, jedenfalls für die Bereiche der Luftverschmutzung und Lärmbeeinträchtigung die Grundlage entzogen sein.

Die ausdrückliche Einbeziehung von Ausländern in den Schutzbereich der einschlägigen Gewerbeordnung legt vielmehr die Vermutung nahe, daß sich nach dem Zweck des österreichischen Gesetzes (§ 74 II GewO i.V.m. § 364 a ABGB) auch die privatsrechtsgestaltende Wirkung der behördlichen Genehmigung auf im Ausland betroffene Grenznachbarn erstrecken soll.

---

352 Schreuer, ÖJZ 1971, 542 ff; krit. auch Oppermann/Kilian S. 56; Bothe, Rechtsschutz, DVBl.1983, 3.

353 Beschl. vom 30.5.1969, Erh. u. Beschl. Nr. 7582 (A), 266.

354 Beschl. v. 20.VI.63, Z. 1225/62.

355 Vom 29.11.1973 - GewO1973, BGBl. 1974 Nr. 50, S. 529 ff.

## 5. Ergebnis und Schlußfolgerungen

Das Ergebnis des Länderüberblicks über die rechtliche Situation auf dem Gebiet des Nachbarschutzes gegen genehmigte Anlagen bietet ein weitgehend einheitliches Bild. Ob die Genehmigungen nur territorial oder auch außerhalb der Staatsgrenzen wirken, läßt sich zwar direkt durch Gesetzgebung und Rechtsprechung nicht belegen. Materiellen Nachbarschutz und Beteiligungs- und Klagerechte räumen aber die westlichen Nachbarn der Bundesrepublik Deutschland durchweg auch Nichtgebietsansässigen ein. Diese grundsätzliche Bereitschaft zur Berücksichtigung im Ausland belegener Interessen läßt den Schluß zu, daß die Nachbarstaaten das Territorialitätsprinzip auch als Hindernis für die Ausdehnung privatrechtsgestaltender Wirkungen der Genehmigung in das Ausland nicht kennen.

Aus der Sicht des Emissionsstaates wäre es im übrigen kaum interessengerecht, im Hinblick auf den Nachbarschutz und die Verfahrensbeteiligung Ausländer den Inländern gleichzustellen, sie aber im Hinblick auf die privatrechtsgestaltende Wirkung der Genehmigung besser zu behandeln. Die Beschränkung der Genehmigungswirkungen auf das Territorium des Erststaates hätte weitreichende und schwerwiegende Eingriffe von Nichtgebietsansässigen in das Zusammenspiel von Umweltverwaltungsrecht und Umweltprivatrecht zur Folge, die vom Emissionsstaat kaum gewollt sein können.

Das erhellt folgende Überlegung: Wirkte die Genehmigung nicht extraterritorial, so würde es sich für nicht gebietsansässige Grenznachbarn empfehlen, ihre Unterlassungsansprüche vor dem Gericht des Emissionsstaates als Handlungsort zu verfolgen. Unterlassungsansprüche wären in jedem Fall gegeben, sei es nach deutschem (Erfolgsorts-)Recht, sei es nach dem Privatrecht des Genehmigungsstaates (Handlungsortsrecht). Die Genehmigung dürfte das Gericht nicht beachten, denn diese wäre territorial begrenzt. Dem ausländischen Betreiber nützte auch bei der Vollstreckung aus dem im selben Staat erwirkten Titel die Berufung auf den ordre public (Art. 27 EuGVÜ) nichts, denn dieser ist auf Inlandsentscheidungen nicht anwendbar. Wenn dem so wäre, könnten nicht gebietsansässige Nachbarn in beliebigem Umfang ohne Bindung an Verfahrens- und Klagefristen die Einstellung der genehmigten Tätigkeit erwirken und praktisch alle grenznah errichteten Industrieanlagen und Versorgungswerke stillegen. Die dadurch bedingte Entwertung von Investitionen und die Aushöhlung des Bestandsschutzes, nicht zuletzt auch die Vereitelung seiner umweltpolitischen Entscheidungen wird kein Emissionsstaat hinnehmen wollen.

Der extraterritorialen Auslegung ausländischer umweltrechtlicher Genehmigungen steht nicht entgegen, daß das Völkerrecht die Hoheitsausübung im Ausland verbietet und für belastende Verwaltungsakte nach verbreiteter Meinung deshalb stets das Territorialitätsprinzip gilt. Die Ausstrahlung eines Hoheitsakts in das Ausland ist keine Hoheitsausübung im Ausland, weil sie per se dort keine verbindlichen Wirkungen äußert. Diese Wirkungen treten erst dann ein, wenn der Nachbarstaat - hier die Bundesrepublik Deutschland - die hoheitliche Entscheidung auch anerkennt. Tut er dies nicht, kann man in der Tat von bloß "faktischen" Beeinträchtigungen sprechen. Das heißt aber nicht, daß schon die rechtliche Situation in den Emissionsstaaten unter der Herrschaft eines apriorischen Territorialitätsprinzips steht und deshalb eine Anerkennung von vornherein ausschließt.

## *IV. Anerkennung und nationales Recht der Bundesrepublik Deutschland*

### 1. Grundsätze der offenen Staatlichkeit und Völkerrechtsfreundlichkeit

Auf dem Gebiet des Nachbarschutzes mehren sich in neuerer Zeit die Stimmen[356], die in den Grundsätzen der offenen Staatlichkeit und der Völkerrechtsfreundlichkeit eine Verfassungsentscheidung des Grundgesetzes für einen extraterritorialen Nachbarschutz sehen wollen. Es fragt sich, ob diese Prinzipien nicht auch dafür sprechen könnten, ausländische Genehmigungen unter dem Vorbehalt verfahrensrechtlicher Sicherungen zugunsten inländischer Nachbarn auch vor deutschen Gerichten anzuerkennen.

Der Grundsatz der offenen Staatlichkeit besagt jedoch nur, daß Gesetze so auszulegen sind, daß sie dem Bekenntnis des Grundgesetzes zu einer internationalen Zusammenarbeit möglichst weitgehend Rechnung tragen[357]. Der Grundsatz der völkerrechtsfreundlichen Auslegung verbietet es nur, innerstaatlichen Normen eine Bedeutung beizulegen, die den Staat an der Erfüllung einer völkerrechtlichen Verpflichtung hindern würde[358]. Beide Grundsätze sind Auslegungsregeln, die nur konkretisierungsbedürftige Normen des einfachen Gesetzesrechts spezifizieren, nicht aber selbst Gegenrechte des ausländischen Betreibers schaffen. Die Anerkennung ausländischer umweltrechtlicher Genehmigungen ist gesetzlich nicht geregelt.

---

356 Beyerlin, Natur und Recht 1985, 177; Fröhler/Zehetner 1980, 76 ff.; Weber, DVBl. 1980, 331.

357 Vogel, Die Verfassungsentscheidung des Grundgesetzes für eine internationale Zusammenarbeit, 35 ff., 42, 51; ders. Verwaltungsrechtsnormen, 415.

358 Bothe, UPR 1983, 5; Maunz/Dürig/Herzog/Scholz-Kommentar zum GG, Art. 25, Rn 30.

Abgesehen davon ist die Bundesrepublik Deutschland, wie wir bereits im ersten Abschnitt ersehen haben, zur Anerkennung solcher Hoheitsakte völkerrechtlich nicht verpflichtet[359]. Aus diesem Grunde lassen sich auch die Grundsätze der offenen Staatlichkeit und der Völkerrechtsfreundlichkeit nicht für sie fruchtbar machen.

## 2. Ausfüllung der völkerrechtlichen Regelungslücke als Aufgabe des nationalen Kollisionsrechts

Die Anerkennung ausländischer Genehmigung steht nach den Ergebnissen im völkerrechtlichen Abschnitt im freien Willen des Anerkennungsstaates und beruht auf seiner Rechtsetzungsgewalt[360]. Die rechtspolitisch vernünftigste Lösung für die Probleme des grenzüberwirkenden Bestandsschutzes wäre es sicherlich, den Anerkennungswillen in zwischenstaatlichen Vereinbarungen zum Ausdruck zu bringen[361]. Solange diese aber noch nicht existieren, ist an die Möglichkeit zu denken, den ausländischen Verwaltungsakt stillschweigend einem inländischen gleichzustellen und die Anerkennung erst in einem Gerichtsverfahren hoheitlich zu bestätigen[362].

Einige Autoren meinen allerdings, zur Anwendung ausländischer öffentlichrechtlicher Normen immer einen ausdrücklichen Rechtsanwendungsbefehl abwarten zu müssen; fehlt es, wie im Umweltbereich, an einer gesetzlichen Kollisionsregel, gehen sie von einem "Grundsatz der Nichtanwendbarkeit ausländischen öffentlichen Rechts" aus[363]. Dies schließen sie aus der Subordination des Bürgers unter die inländisch hoheitliche Gewalt im öffentlichen Recht, die grundsätzlich "keine andere neben sich" dulde. Küppers[364] verweist zum Beleg für seine Auffassung außerdem auf Vogel, dessen Thesen zufolge das internationale Verwaltungsrecht einseitig konzipiertes Rechtsanwendungsrecht darstellt[365].

---

359 S.o. § 2 II 2 h).

360 Neumeyer, IV, 174, 299, 336, 343; König 19 ff., Rossbach, Diss. 236.

361 Lummert, Natur + Recht 1982, 244.

362 vgl. Verdross, § 666; Lummert, Natur + Recht 1982, 244.

363 Küppers, ZPR 1976, 263; so auch das LG Waldshut-Tiengen, UPR 1983, 14 ff. 17, für den umgekehrten Fall, daß ein ausländischer Grenznachbar Unterlassung im Inland genehmigter Immissionen begehrt; vgl. auch Lindemann, Tagungsbericht, Natur + Recht 1982, 256; Ruppert, Tagungsbericht, UPR 1982, 293; für das französische Recht Prieur, in: Rechtsfragen, 215.

364 S. Küppers, ZPR 1976, 263

365 Vogel, Räumlicher Anwendungsbereich, 194 ff., 236 ff.

Beides überzeugt für die hier behandelte Problematik privatrechtsgestaltender Genehmigungen nicht.

Die Subordination des Bürgers unter die hoheitliche Gewalt ist eher dort anzutreffen, wo es um die Rechtsbeziehungen zwischen dem einzelnen und der Verwaltung selbst geht, weniger in den von der Verwaltung rechtsgestaltend beeinflußten Privatrechtsbeziehungen. Die Anwendung des "Grundsatzes der Nichtanwendung ausländischen öffentlichen Rechts" wird überdies dadurch erschwert, daß viele Länder die Unterscheidung zwischen öffentlichem und privatem Recht nicht kennen[366].

Der Hinweis auf Vogel ist verfehlt. Vogel hat mit der Begründung, daß öffentlichrechtliche Vorfragen in zivilrechtlichen Hauptfragen dem "Gebot internationalprivatrechtlicher Gerechtigkeit" unterlägen[367], privatrechtsgestaltende Genehmigungen ausdrücklich aus dem Bereich seiner Untersuchung ausgeklammert[368]. Mit "einseitig konzipiertem Recht" meint er nur die Regeln des materiellen - deutschen - Verwaltungsrechts, die zugleich eine kollisionsrechtliche Entscheidung über ihren eigenen räumlichen Anwendungsbereich in sich tragen[369].

Im übrigen zeigt auch die deutsche Rechtsprechung zum ausländischen Konkursrecht[370], Außenhandelsrecht[371], Enteignungsrecht[372] und Devisenrecht[373], daß die deutsche Rechtsprechung keineswegs einheitlich nach dem Prinzip der Nichtanwendung ausländischen öffentlichen Rechts verfährt, sondern von Fall zu Fall spezifische, richterrechtliche Anerkennungskriterien aufstellt. Es ist deshalb jedenfalls für den Bereich privatrechtsgestaltender Hoheitsakte realitätsfern, davon auszugehen, daß es einen Grundsatz der Nichtanwendung ausländischen öffentlichen Rechts in dieser Allgemeinheit im deutschen Kollisionsrecht heute noch gibt[374]. Die Ausfüllung der völkerrechtlichen Regelungslücke bleibt vielmehr eine Aufgabe des

---

366 Münchener Kommentar/Sonnenberger, Einl. IPR Rn 4, Fn 2.

367 Vogel, Räumlicher Anwendungsbereich, 295.

368 Vogel, Räumlicher Anwendungsbereich, 296.

369 Vogel, Räumlicher Anwendungsbereich, 194 ff.

370 JZ 1985, 1004 ff.

371 BGHZ 64, 183.

372 OLG Bremen, AVR 1961/62 (Bremer Tabak-Fall); LG Hamburg, AWD 1973, 163 (Deutsch-Chilenischer Kupfer-Fall).

373 BGHZ 31, 367 (s. nachfolgend § 2 IV 3).

374 Kritisch ggü. dem Grundsatz der Nichtanwendung ausländischen öffentlichen Rechts auch Schwander, 76 f.; Vogel, Räumlicher Anwendungsbereich, 89 ff.; Schulze, 46 ff.

deutschen nationalen Kollisionsrechts, die Entwicklung spezifischer Anerkennungskriterien hat sich an verfassungsrechtlichen Grenzen und im übrigen an den Kriterien der Sachgerechtigkeit zu orientieren.

### 3. Abgrenzung von der Fragestellung nach Internationalem Privatrecht

Der Beschluß des BGH zum Salzburger Flughafenfall gibt Anlaß, der Frage nachzugehen, welchem konkreten Rechtsgebiet eigentlich die Regeln über die Anerkennung ausländischer Genehmigungen zu entnehmen sind. Der BGH hatte der österreichischen Flughafengenehmigung die Anerkennung außer mit territorialitätsbezogenen Argumenten mit der Begründung versagt, die internationalprivatrechtliche maßgebliche lex rei sitae enthalte keine Verweisung auf das ausländische Recht des Staates, dessen Recht die Immission rechtfertige[375].

Zu den Grundgedanken des Internationalen Privatrechts gehört jedoch, daß die Fragestellung nicht vom Anwendungsbereich des Gesetzes, sondern vom Sachverhalt her erfolgt[376]. Hiermit will es eine interessengerechte, den Besonderheiten des Einzelfalls besonders angepaßte Rechtswahl ermöglichen. Im Mittelpunkt seiner Betrachtung steht der Mensch, sein persönlicher Wille[377].

Damit ist aber nicht gesagt, daß die sachliche Angemessenheit es nicht im Einzelfall erfordern kann, eine spezifische Frage im Rahmen des Rechtsverhältnisses gesondert anzuknüpfen und hierbei die Frage nach dem anwendbaren Recht vom Gesetz her zu stellen. Insbesondere bei öffentlichrechtlichen Regelungen, wie umweltrechtlichen Genehmigungen, kann es der Sache nach angemessener sein, statt nach der Qualifikation des Rechtsverhältnisses nach dem Anwendungswillen des Gesetzes zu fragen und hierdurch ausländische wirtschafts- oder staatspolitische Interessen zu berücksichtigen. Hierzu sagt das IPR überhaupt nichts aus. Die Methode, eine besonders enge Beziehung eines Rechtssatzes zum Sachverhalt dadurch zu berücksichtigen, daß man ihn anwendet, ohne daß eine ausdrückliche Kollisionsnorm auf ihn verweist, ist seit langem anerkannt. Man bezeichnet sie als Sonderanknüpfung[378].

---

375 BGH DVBl. 1979, 227.

376 Neuhaus, 29-31; Vogel, Räumlicher Anwendungsbereich, 215.

377 Neuhaus, 31.

378 Schwander, 199; Wengler, ZVglRW 1941, 168 ff.; ders. JZ 1979, 175 ff.; Kloepfer/Kohler, 169.

Dementsprechend ist auch mit umweltrechtlichen Genehmigungen zu verfahren; denn die ihnen zugrundeliegenden Regeln über die Anspruchspräklusion sind Eingriffsnormen mit wirtschaftspolitischem Einschlag, die eine genuine Beziehung zum Sachverhalt aufweisen. Die internationalprivatrechtliche Anknüpfung äußert sich zu ihrer Wirkung nicht.

So ist nach den ungeschriebenen Regeln des deutschen Internationalen Deliktsrechts auf alle Schadensersatzansprüche wegen grenzüberschreitender Umweltbelastungen das Recht des Tatorts (lex loci delicti commissi) anzuwenden[379]. Als Recht des Tatorts sehen Rechtsprechung[380] und Lehre[381] das Recht des Handlungs- oder Erfolgsorts an, je nachdem, welches von den beiden den Verletzten besser stellt. Dahinter stehen folgende, das Interesse des Verletzten in den Mittelpunkt stellende Überlegungen: Durch die Wahl des Handlungsorts wird der Täter mit dem Maß der Umwelt, in der er handelt, gemessen. Ist dieses, etwa in bezug auf die Verjährung oder auf Verschulden, dem Verletzten günstiger als das Erfolgsortsrecht[382], gilt dieser strengere Maßstab. Schützt dagegen das Recht am Ort des Schadenseintritts den Verletzten besser, so wird der Verletzte nach den Maßstäben der Umwelt, in der er verletzt wird, geschützt[383]. Er muß sich gefallen lassen, was um ihn herum erlaubt ist, wenn nicht das Recht des Handlungsortes ihn besser stellt, aber er kann ersetzt verlangen, was darüber hinausgeht[384].

Nachbarrechtliche Unterlassungs- und Beseitigungsansprüche sind nach deutschem Recht als Grundstücksrecht zu qualifizieren[385]. Nach den - ebenfalls ungeschriebenen - Regeln des internationalen Sachenrechts erfolgt die Anknüpfung an die Belegenheit des betroffenen Grundstücks (lex rei sitae). Rechte an Grundstücken stehen meist Personen zu, die dort leben, wo die Sachen liegen. Aus diesem Grund verlangen der Schutz der beein-

---

379 Lummert, Natur + Recht 1982, 241; Kegel, 453, 455; Münchener Kommentar/Kreuzer, Art. 38 EGBGB Rn.12; Palandt/Heldrich, Art. 38 EGBGB Anm. 2.

380 BGHZ 52, 239, 240.

381 Lummert a.a.O., Kegel a.a.O., Kreuzer a.a.O. (vorletzte Fn), Rn.40.

382 So das französische Recht (vgl. OLG Saarbrücken, NJW 1958, 752 - Kohlestaub -) gegenüber dem deutschen.

383 Kegel S. 455; Münchener Kommentar/Kreuzer § 38 EGBGB Rn.42; Lummert, Zivilrechtliche Schadensersatz- und Unterlassungsklagen - Bundesreupblik Deutschland -, in: Rechtsfragen, 183, 184.

384 So auch die Überlegungen der h.M. in Frankreich, wo nur Erfolgsortsrecht gilt, vgl. Huet, Rechtsfragen, 194.

385 Stoll, RabelsZ 1973, 357 ff.; a.A. Lummert,Zivilrechtliche Schadensersatz- und Unterlassungsklagen - Bundesreupblik Deutschland -, in: Rechtsfragen, 184 (derselbe Rechtsgrund wie deliktische Ansprüche).

trächtigten Person und das Verkehrsinteresse[386] die Geltung der lex rei sitae.

Die Motive für die Anknüpfung nach Internationalem Privatrecht im Bereich grenzüberschreitender Umweltbeeinträchtigungen orientieren sich also ausschließlich an privaten Interessen. Keines von ihnen läßt erkennen, daß dem Schuldstatut auch Regelungen über die Anerkennung ausländischer Realkonzessionen zu entnehmen wären. Die Frage nach dem Bestand einer privatrechtsgestaltenden Genehmigung ist vielmehr eine öffentlichrechtliche Vorfrage, die nach dem Sinn und Zweck der Genehmigung[387] gesondert angeknüpft werden muß[388].

Die von Vogel[389] geforderte "internationalprivatrechtliche Gerechtigkeit", an der sich eine behördliche Genehmigung zu messen habe, kann man auch mit einer unselbständigen Anknüpfung öffentlichrechtlicher Vorfragen nach einem internationalverwaltungsrechtlichen Ansatz erzielen. Mit Recht geht deshalb auch die h.M. von einer internationalverwaltungsrechtlichen Behandlung öffentlichrechtlicher Vorfragen aus[390].

Diese Problematik hat der BGH dadurch, daß er die Behandlung der österreichischen Flughafengenehmigung vorschnell der lex causae zugeschlagen und die Sonderanknüpfung nicht mehr erörtert hat, völlig übergangen. Richtigerweise wäre es darauf angekommen, ob sich die Genehmigung schon nach ihrem eigenen Geltungswillen extraterritoriale Wirkung beigelegt hatte und ob sie neben Privatinteressen des Betreibers auch öffentlichen Interessen des erlassenden Staates diente. Das kann man hier angesichts der verkehrspolitischen Bedeutung einer Zivilflughafenbewilligung ohne weiteres bejahen. Diese Feststellung hätte dem BGH Anlaß geben müssen, sich der internationalverwaltungsrechtlichen Frage zuzuwenden, ob die ausländische Flugplatzbewilligung im Rahmen der selbständigen Anknüpfung einer öffentlichrechtlichen Vorfrage privatrechtsgestaltend zu Lasten deutscher Grundstückseigentümer wirken konnte oder ob ihr - aus Gründen des Internationalen Verwaltungsrechts - jeder Einfluß auf Privatrechtsverhältnisse abzusprechen war.

---

[386] Kegel, 484.

[387] Zum Sinn und Zweck extraterritorialer Normen vgl. Neuhaus, 179.

[388] Allg. Neuhaus 173, a.A. Vogel, Räumlicher Anwendungsbereich, 294 ff. wegen eines "Gebots internationalprivatrechtlicher Gerechtigkeit".

[389] Vogel, a.a.O., 294 ff.

[390] Neumeyer, Bd. IV, 235 ff., 261 ff.; Münchener Kommentar/Sonnenberger Einl. IPR, Rn 243; Steindorff, Wörterbuch des Völkerrechts, 1962, Bd. 3, S. 582; Wengler (oben N. 309).; Soergel-Kegel vor Art. 7 EGBGB, Rn 288.

Der BGH hat im übrigen selbst in seiner Rechtsprechung zum internationalen Enteignungs- und Devisenrecht öffentlichrechtliche Vorfragen stets gesondert angeknüpft[391].

Besonders klar in Erscheinung tritt diese Rechtsauffassung in einem Urteil zu einem interzonalen Fall, in dem Darlehnsrückzahlungsansprüche des Klägers aus abgetretenem Recht davon abhingen, ob die Abtretung, die gegen sowjetzonale Devisenkontrollbestimmungen verstoßen hatte, wirksam war.

Noch das Berufungsgericht hatte, wie der BGH im Salzburger Flughafenfall, die Meinung vertreten, das SBZ-Gesetz zur Regelung des innerdeutschen Zahlungsverkehrs sei von den Gerichten der Bundesrepublik Deutschland nicht zu beachten, weil auf die Rechtsbeziehungen zwischen den Beteiligten nur die Rechtsordnung angewendet werden könne, die für das Schuldverhältnis nach internationalprivatrechtlichen Grundsätzen als maßgebend ermittelt worden sei. Das aber sei die Rechtsordnung der Bundesrepublik Deutschland[392].

In deutlicher Abkehr hiervon erklärt der BGH:

> "a) Die Anwendbarkeit des in der Sowjetzone geltenden Devisenrechts auf die Rechtsbeziehungen der Beteiligten ist entgegen der Auffassung des Berufungsgerichts nicht davon abhängig, ob das Darlehensschuldverhältnis sowjetzonalem oder hiesigem Privatrecht unterliegt. Eine solche Betrachtungsweise berücksichtigt nicht den grundsätzlichen Unterschied zwischen privatem und öffentlichem Kollisionsrecht. Sie würde bedeuten, daß das öffentliche Recht eines anderen Staates oder einer anderen Rechtsordnung, sofern nicht im Einzelfall die Vorbehaltsklausel des Art. 6 EGBGB durchgreift, in Anlehnung an die für das internationale Privatrecht geltenden Grundsätze die inländischen Rechtsbeziehungen mitbestimmt. Hierfür ist im geltenden Recht keine Grundlage zu finden."

Daraus folgt, daß auch Regeln über die Anerkennung von behördlichen Erlaubnissen jedenfalls nicht dem IPR zu entnehmen sind. Der BGH hat in seinem Salzburger Flughafenbeschluß diese Fragen zu Unrecht nach der lex causae beurteilt. Regeln über die Anerkennung können sich allenfalls aus dem ungeschriebenen Internationalen Verwaltungsrecht ergeben und wur-

---

391 Nw bei BGHZ 31, 369.

392 BGHZ 31, 369.

den auch schon vom BGH selbst in seiner Devisenrechtsprechung diesem Rechtsgebiet entnommen.

### 4. Abwägung zwischen privatschützendem und wirtschaftspolitischem Zweck des Hoheitsakts - Unfruchtbarkeit des Anerkennungskriteriums für den umweltrechtlichen Bereich

Aus den Gründen des vorstehenden Urteils folgt außerdem, daß es auch nach Ansicht des BGH einen generellen Grundsatz der Nichtanwendung ausländischen öffentlichen Rechts[393] für öffentlichrechtliche Vorfragen in zivilrechtlichen Streitfällen nicht gibt. Der BGH stellt nämlich bestimmte Anerkennungskriterien auf.

Nach Ansicht des BGH gilt das Territorialitätsprinzip jedenfalls für diejenigen Verfügungsbeschränkungen nicht, die ausschließlich oder überwiegend dem Schutz oder den Interessen einzelner dienen[394]. Ob es auch für solche privatrechtsgestaltenden Hoheitsakte nicht gilt, bei denen sich privatrechtsschützende und staatspolitische Ziele nicht recht quantifizieren lassen oder sich die Waage halten, ist unklar. Im concreto verweigert der BGH der ausländischen Devisenkontrollbestimmung die Anerkennung deshalb, weil sie "nach ihrem Inhalt und Zweck ausschließlich dem Schutz von Währung und Wirtschaft der Sowjetzone und die Förderung der dortigen politischen Zielsetzungen" verfolge. Sie diene allein dem Staatswohl, nicht aber den Interessen der privaten Beteiligten[395].

Dieselben Formulierungen kehren in einem Urteil des BGH vom 16.4.1975 wieder[396], in dem es um die Wirkungen eines staatlichen Außenhandelsmonopols der UdSSR auf den Abschluß eines Verlagsvertrages ging. Der BGH unterstreicht zwar den in BGHZ 31, 372 aufgestellten Grundsatz, das (deutsche) öffentliche Kollisionsrecht werde vom Gedanken der Territorialität beherrscht. Aber er bezieht ihn nur auf solche ausländischen öffentlich-rechtlichen Verfügungsbeschränkungen, die nicht dem Ausgleich schutzwürdiger privater Belange, sondern der Verwirklichung wirtschafts- oder staatspolitischer Ziele des rechtsetzenden Staates selbst dienten[397]. Letzteres soll hier der Fall sein; die Zusammenfassung des gesamten Außenhandels in der Hand des Staates bzw. von ihm bestimmter Stellen er-

---

393 So noch Küppers, ZRP 1976, 264.

394 BGHZ 31, 371.

395 BGHZ 31, 372.

396 BGHZ 64, 184 ff.

397 BGHZ 64, 189.

achtet der BGH als eine wirtschaftspolitische Entscheidung, die der Förderung der Ziele der Staats- und Wirtschaftsverfassung diene[398].

Im Ergebnis stellt der BGH demnach Anerkennungskriterien nur für zwei Extremfälle auf: Ausländisches öffentliches Recht wird jedenfalls dann nicht angewendet, wenn der Hoheitsakt - bezw. die ihm zugrundeliegende Norm - ausschließlich staats- oder wirtschaftspolitischen Zwecken dient, und es wird jedenfalls dann angewendet, wenn es ausschließlich oder überwiegend Privatinteressen schützt.

Diese feinsinnigen Differenzierungen sind aber für umweltrechtliche Genehmigungen kaum brauchbar: Die Anspruchspräklusion dient dem Bestandsschutz der Anlage und dem Schutz des in die Bestandskraft der Genehmigung gesetzten Vertrauens des Anlagenbetreibers. Insoweit ist sie privaten Interessen zu dienen bestimmt. Andererseits ist nicht zu verkennen, daß der Staat ein gewichtiges wirtschaftspolitisches oder verkehrspolitisches Interesse am Betrieb der Anlage haben kann, insbesondere bei Energieversorgungsunternehmen (Kohle- und Kernkraftwerken) und Flughäfen. Diese beiden Interessengruppen lassen sich nicht einfach rechnerisch in Beziehung setzen.

Das Gewicht, das dem wirtschaftspolitischen Interesse des Staats zukommt, hängt auch von der Art der Anlage ab: Eine Seifenfabrik etwa ist anders zu beurteilen als ein Verkehrsflughafen. Fest steht nur, daß eine umweltrechtliche Genehmigung nicht ausschließlich hoheitlichen Zwecken dient und daß deshalb der Grundsatz der Nichtanwendung ausländischen öffentlichen Rechts hier nicht durchgreift. Jene differenzierte Interessenabwägung, wie sie der BGH für das Außenhandelsrecht und das Devisenrecht vornimmt, bietet für den Umweltbereich keine praktikablen Maßstäbe. Im Ergebnis erhellt diese Rechtsprechung nur, daß Regeln darüber, wann eine umweltrechtliche Genehmigung im Einzelfall anzuerkennen ist, erst noch entwickelt werden müssen.

## § 3 Grenzen der Anerkennung

Richterrechtliche Regeln über die Anerkennung umweltrechtlicher Genehmigungen würden dem öffentlichen Kollisionsrecht zugehören, sie müßten also verfassungsrechtliche Wertentscheidungen berücksichtigen.

---

[398] BGHZ 64, 189.

## *I. Verfassungsrechtliche Grenzen*

### 1. Gewaltenteilung, Gesetzesunterworfenheit des Richters

Die Anerkennung durch Richterrecht könnte im Widerspruch zum Grundsatz der Gewaltenteilung (Art. 20 III GG) und zur Gesetzesunterworfenheit (Art. 97 GG) des Richters stehen[399]. Im Hinblick auf diese Postulate kann fraglich sein, ob es nicht Sache des Gesetzgebers ist, die kollisionsrechtliche Behandlung ausländischer Genehmigungen zu regeln.

Die gegen Richterrecht nur noch vereinzelt erhobenen Vorbehalte[400] greifen indessen nicht durch; denn sie lassen außer acht, daß Gesetze von Menschen gemacht sind und die Rechtsordnung in weiten Teilen Lücken oder - nur nach den anerkannten Regeln juristischer Interpretation überbrückbare - Unzulänglichkeiten aufweist. Die Legitimität des Richterrechts wurde deshalb auch von der Rechtsprechung nie in Zweifel gezogen. Das Bundesverfassungsgericht hat im Gleichberechtigungsurteil dem Richter die Schließung einer Gesetzeslücke in schöpferischer Rechtsfindung aufgetragen mit dem Hinweis, sie sei "eine herkömmliche und stets bewältigte richterliche Aufgabe." Das Internationale Verwaltungsrecht ist nicht nur lückenhaft, es ist in seinen weitesten Teilen noch nicht einmal im Ansatz kodifiziert. Gerade in solchen Rechtsbereichen, in denen gesetzliche Bestimmungen fehlen, ist die Anwendung von Richterrecht zur Erzielung sachgerechter Ergebnisse oftmals unabdingbar notwendig[401]. Der BGH hat dementsprechend in seinen beiden Urteilen zur Wirkung eines staatlichen Außenhandelsmonopols[402] und zum Einfluß ausländischer Devisenkontrollbestimmungen auf inländische Privatrechtsverhältnisse[403] keine Bedenken gesehen, durch Richterrecht spezifische Anerkennungskriterien zu entwickeln. Wer deshalb heute die Legitimität des Richterrechts unter dem Aspekt der Gewaltenteilung leugnet, ignoriert deshalb zum einen die Rechtswirklichkeit und zum anderen die anerkannten Regeln juristischer Methodenlehre.

---

[399] Zum Problem des Richterrechts vgl. H.-P. Schneider, Richterrecht, Gesetzesrecht, Verfassungsrecht, 1969; Redeker, NJW 1972, 409; Ossenbühl; in: Erichsen/Martens, § 7 VIII.

[400] Hirsch, JR 1966, 334.

[401] Ossenbühl, in: Erichsen Martens, § 7 VIII 2 a); Fischer, Die Weiterbildung des Rechts durch die Rechtsprechung, 1971.

[402] BGHZ 64, 184 ff.

[403] BGHZ 31, 189.

Was die Gesetzesunterworfenheit des Richters angeht, so schließt auch dies eine richterrechtliche Anerkennung ausländischer Realkonzessionen nicht aus. Art. 97 GG wiederholt lediglich den ohnehin geltenden Vorrang des Gesetzes, um klarzustellen, daß die Unabhängigkeit des Richters im gewaltenhemmenden Verfassungsstaat nicht schrankenlos ist[404]. Dagegen sagt er nichts aus für den hier geltenden Fall, daß eine gesetzliche Bestimmung im zur Entscheidung anstehenden Bereich überhaupt nicht existiert.

Weder das Gewaltenteilungsprinzip noch das Postulat strikter Gesetzesunterworfenheit des Richters schließen demnach eine richterrechtliche Anerkennungslösung im umweltrechtlichen Kontext aus.

### 2. Demokratieprinzip

Die Anerkennung ausländischer umweltrechtlicher Genehmigungen könnte aber mangels demokratischer Repräsentation des ausländischen Hoheitsakts mit dem Demokratieprinzip unvereinbar sein.

Die ausländische Genehmigung wirkt sich zwar, wenn sie anerkannt wird, aus als Eingriff in Freiheit und Eigentum inlandsansässiger Grenznachbarn; denn sie entzieht ihnen Unterlassungsansprüche nach § 1004 I BGB. Ihre eigentliche Geltung im Inland verdankt sie jedoch nicht unmittelbar der Hoheitsgewalt des ausländischen Staates, sondern ihrer Anwendung kraft inländischer Hoheitsgewalt im Inland[405]. Der sie anwendende Richter ist zwar gem. Art. 20 III GG an Gesetz und Recht gebunden, jedoch nur an den Vorrang des Gesetzes[406], nicht an den Gesetzesvorbehalt. Der Gesetzesvorbehalt betraf schon historisch gesehen seit jeher nur das Verhältnis zwischen Legislative und Exekutive, er zielte darauf ab, die vollziehende Gewalt zumindest innerhalb bestimmter Bereiche zum Schutz des Bürgers an eine formellgesetzliche Ermächtigung durch den parlamentarisch legitimierten Gesetzgeber zu binden[407]. Er schließt aber nicht richterrechtliches Kollisionsrecht aus. Das Richterrecht gilt ohnehin nur präsumtiv und vorbehaltlich späterer gesetzlicher Regelung[408]. Die Anerkennung ausländischer Bestandsschutzregelungen verletzt daher auch nicht das Demokratieprinzip.

---

[404] v. Münch-Meyer Art. 97, Rn 14.

[405] Nassr-Esfahani/Wenckstern, RabelsZ 1985, 771.

[406] Maunz/Dürig/Herzog/Scholz Art. 20, Rn 33, der allerdings in Art. 20 III GG das Prinzip des Gesetzesvorrangs ganz allgemein, nicht nur für die rechtsprechende Gewalt, ausschließlich verorten will.

[407] Maunz/Dürig/Herzog/Scholz Art. 20, Rn 55 ff.

[408] Ossenbühl, in Erichsen/Martens, § 7 VIII.

Von einem etwas anderen Ansatz geht das Bundesverfassungsgericht in dem bereits erwähnten Beschluß zum deutsch-österreichischen Rechtshilfevertrag aus[409], ebenfalls mit dem Ergebnis eines rechtmäßigen Eingriffs unter dem Gesichtspunkt des Demokratieprinzips. Der deutsche Beschwerdeführer hatte gegen die - im Vertrag selbst nicht geregelte - Anerkennung und gegen die Vollstreckung österreichischer Abgabenbescheide eingewandt, sie seien mit dem Demokratieprinzip nicht vereinbar ("no taxation without representation"). Das Bundesverfassungsgericht vertritt die Ansicht, die vom Völkerrecht gezogenen Grenzen für die abgabenrechtliche Inanspruchnahme eines Ausländers - internationale Regelungskompetenz und hinreichender sachgerechter Anknüpfungspunkt - böten dem (deutschen) Ausländer einen ausreichenden Schutz vor steuerlicher Inanspruchnahme[410] und könnten dadurch einen gewissen Ausgleich für das Fehlen demokratischer Beteiligung am Zustandekommen von Steuergesetzen schaffen. - Ähnlich könnte man für die hier behandelte Frage den Standpunkt vertreten, durch die Plazierung von umweltbelastenden Anlagen sei eine hinreichend enge Beziehung des ausländischen Staates zu inländischen Privatrechtsverhältnissen geschaffen; die Anknüpfung an eine wirtschaftsrechtliche und wirtschaftspolitische Entscheidung über grenznahe Anlagen auf eigenem Hoheitsgebiet rechtfertige es, auf die demokratische Beteiligung der Betroffenen an der ausländischen Entscheidung über Grenzwerte, sicherheitstechnische Ausstattung, Standort etc. der Anlage zu verzichten.

Welchem Ansatz man auch folgt, im Ergebnis besteht jedenfalls kein Anlaß, allein im Fehlen der demokratischen Repräsentation bezüglich der Rechtsgrundlagen für eine ausländische Genehmigung einen mit dem Demokratieprinzip nicht zu vereinbarenden Übergriff des fremden Staates zu sehen.

### 3. Grundrechte im Inland ansässiger Betroffener

#### *a) Rolle der Grundrechte*

Gerichte sind bei der Anerkennung ausländischer Genehmigungen in zweifacher Hinsicht an die Grundrechte gebunden. Die inländische Kollisionsregel muß den grundrechtlichen Anforderungen entsprechen. Die früher vertretene Meinung, Kollisionsregeln seien wertfrei und deshalb nicht

---

[409] BVerfGE 63, 343 ff. = NJW 1983, 2757.

[410] BVerfG NJW 1983, 2761.

am Grundgesetz zu messen[411], wird heute von niemandem mehr ernstgenommen[412]. Aber auch die ausländische Verwaltungsentscheidung selbst muß mit dem Grundrechtskatalog in Einklang stehen[413]. Der deutsche Gesetzgeber und der deutsche Richter können sich grundrechtlichen Bindungen nicht dadurch entziehen, daß sie ausländisches Recht für anwendbar erklären und damit einen "grundrechtsfreien" Raum schaffen[414].

Prüft man allerdings die einzelnen Anerkennungsvoraussetzungen am Maßstab von Grundrechten, so bedarf es zunächst einer sorgfältigen Auslegung dieser Verfassungsnormen selbst, da sie meistens nicht speziell im Hinblick auf Auslandsfälle aufgestellt sein werden[415]. Andererseits kann ein Grundrecht auch gezielt eine bestimmte Beziehung zur Lebensordnung im Geltungsbereich der Verfassung voraussetzen, so daß eine uneingeschränkte Anwendung auf auslandsbezogene Sachverhalte verfehlt wäre[416]. Das übersehen die Autoren, die eine autonome Anerkennung umweltrechtlicher Genehmigungen mit pauschalen Hinweisen auf die Verfassung ablehnen[417]. Es gilt also, sich jedem einzelnen Grundrecht zuzuwenden und zu prüfen, ob es auslandsbezogene Sachverhalte im Blick hat oder nicht.

### *b) Allgemeiner Gleichheitsgrundsatz*

Für die Anerkennungsproblematik könnte der Gleichheitsgrundsatz eine Rolle spielen unter dem Aspekt, daß im Ausland nicht höhere Immissions- und Emissionswerte zugelassen sein dürfen, als sich ein inlandsansässiger Nachbar gegenüber einer vergleichbaren inländischen Anlage gefallen lassen muß.

Der allgemeine Gleichheitssatz besagt nach einer oft wiederkehrenden Wendung des Bundesverfassungsgerichts, daß "Gleiches gleich und Ungleiches seiner Eigenart entsprechend verschieden" zu behandeln ist[418].

---

411 Raape, 43 f.

412 Vgl. Martiny, Handbuch III/1, Rn 164; zu verfassungsrechtlichen Aspekten der Anerkennung von Genehmigungen ferner Küppers, ZRP 1976, 260 ff. und DVBl. 1978, 228 ff.

413 Martiny a.a.O. Rn 164, für die Anerkennung gerichtlicher Entscheidungen.

414 BVerfGE 31, 58, 73 ff.

415 Martiny a.a.O. Rnd 167.

416 BVerfGE 31, 76 f.

417 S.o. § 2 IV 2.

418 Vgl. BVerfGE 1, 52; 1, 247; 4, 144, 155; 11, 283; 17, 319, 330; Maunz/Dürig/Herzog/Scholz Art. 3 Rn 321.

Unterschiedliche Regelungen können den Gleichheitssatz jedoch von vornherein nur verletzen, wenn beide zu vergleichenden Gesetze dem Gleichheitsgrundsatz der Verfassung unterworfen sind[419]. Es verstößt deshalb nicht gegen den Gleichheitssatz, wenn das ausländische Recht denselben Sachverhalt anders regelt als das deutsche Recht[420]. Geringere Anforderungen an den Umweltschutz im Nachbarstaat rechtfertigen es daher noch nicht, die ausländische Genehmigung, soweit sie inlandsansässige Nachbarn belastet, als Verstoß gegen Art. 3 I GG zu bewerten.

Die Anerkennung selbst kann allerdings eine Verletzung des Gleichheitsgrundsatzes sein. Das setzt jedoch voraus, daß der deutsche Gesetzgeber oder Richter bei der Beachtung der ausländischen Genehmigung willkürlich verfährt[421]. Eine Differenzierung zwischen Auslandsimmissionen, die immerhin einheitlich unter den ausländischen rechtlichen Voraussetzungen zugelassen werden, und Inlandsimmissionen unter dem Regime einer ganz anderen Rechtsordnung wird aber fast immer sachgerecht sein. Das gilt zumindest im Verhältnis zu den westeuropäischen Nachbarstaaten, deren Genehmigungen unter annähernd gleichwertigen Voraussetzungen ergehen.

Eine Verletzung des Gleichheitsgrundsatzes durch die Anerkennung wird man deshalb im Verhältnis zu diesen Nachbarstaaten verneinen müssen.

### *c) Eigentumsgarantie*

Der von Art. 14 GG verbürgte Schutz wurde in der Vergangenheit gegenüber der ausländischen Bewilligung des Flughafens Salzburg relevant. Der Ausschluß privatrechtlicher Abwehransprüche greift in den Inhalt des durch Art. 14 geschützten Grundstückseigentums ein, nach der Rechtsprechung des Bundesverfassungsgerichts allerdings nicht in Form einer - nach Art. 14 III GG zu beurteilenden - Enteignung[422], sondern als Inhalts- und Schrankenbestimmung, die nach Art. 14 I nur dem Prinzip der Verhältnismäßigkeit unterliegt[423]. Denn grundsätzlich ist jedes Eigentum von vornherein mit der Gefahr belastet, daß eine solche Anlage errichtet wird und daß dann entsprechende Vorschriften des Nachbarrechts zum Tragen kommen[424]: die Ausprägung der Situationsgebundenheit des Grundstücks. Das

---

[419] BSG v. 11.5.1962 = BSGE 17, 50, 55 = NJW 1962 1541 (1542).

[420] Martiny a.a.O. Rn 168.

[421] BSG NJW 1962, 1542.

[422] So noch BGH DVBl. 1979, 227 m. zust, Anm. Küppers, ebda. 229 f.

[423] BVerfGE 72, 77 ("Salzburger Flughafen").

[424] BVerfGE 72, 77.

Bundesverfassungsgericht hatte es zwar in jenem Fall mit solchen nachbarrechtlichen Vorschriften zu tun, die sich aus einem Staatsvertrag ergaben[425]; ob es sich aber um eine staatsvertragliche oder um eine autonome Anerkennung ausländischer Genehmigungen handelt, kann unter dem Gesichtspunkt der verfassungsrechtlichen Anforderungen an einen solchen Eingriff keinen Unterschied machen.

Die Verhältnismäßigkeit einer solchen Anerkennung ist aber sicherlich gewahrt, wenn die inlandsansässigen Nachbarn im ausländischen Umweltverfahren, wie es in allen westeuropäischen Ländern der Fall ist[426], Gelegenheit zur Beteiligung und Klagerechte hatten. Für reine Inlandsbeziehungen ist man sich darin einig, daß das ausführliche Genehmigungsverfahren mit seinen weitreichenden Möglichkeiten für Dritte, Einfluß auf die behördliche Entscheidung zu nehmen, eine Begrenzung privatrechtlicher Ansprüche auf Schadensersatz und Schutzvorkehrungen rechtfertigt.[427] Das muß für Auslandsbeziehungen jedenfalls dann ebenso gelten, wenn ein rechtsstaatlich ausgestaltetes Verfahren der Genehmigung vorausgegangen war und den deutschen Grenznachbarn die Möglichkeit eröffnet worden war, sich hieran zu beteiligen. Im Salzburger Flughafenfall hatte diese Beteiligung zwar gefehlt, das Bundesverfassungsgericht hatte die Verhältnismäßigkeit jedoch aus anderen Gründen - Behebung der bis dahin bestehenden Rechtsunsicherheit; Anspruchssurrogate - für gegeben erachtet.

Für die Genehmigung von Industrieanlagen ist jetzt § 72 der österreichischen Gewerbeordnung[428] zu beachten, der - unter dem Vorbehalt der Gegenseitigkeit - ausländischen Nachbarn dieselben Verfahrensrechte einräumt wie Inländern. Unter dem Gesichtspunkt der Eigentumsgarantie wäre eine Anerkennung deshalb nicht mehr zu beanstanden.

### *d) Schutz der körperlichen Unversehrtheit*

Nur unter denselben Voraussetzungen wie Art. 14 I GG ist auch das Grundrecht inlandsansässiger Nachbarn aus Art. 2 II GG verletzt.

---

425 S.o. § 2 II 1b).

426 S.o. den rechtsvergleichenden Abschnitt, § 2 III 4. sowie Lummert, Natur + Recht 1982, 251 ff.

427 Jarass, BImSchG, § 14 Rn 1.

428 Dazu oben § 2 III 4 e).

### e) Rechtsweggarantie

Die Rechtsweggarantie des Art. 19 IV 1 GG bezieht sich schon ihrem Wesen nach nur auf die deutsche vollziehende Gewalt[429]. Weder unterliegen Hoheitsakte ausländischer Staaten der deutschen Jurisdiktion, noch wird durch Art. 19 IV GG ausländischen Staaten die Gewährung effektiven Rechtsschutzes für Deutsche abverlangt.[430].

Das Gebot effektiven Rechtsschutzes im Emissionsstaat kann der Anerkennung ausländischer Genehmigungen nur unter dem Aspekt eine verfassungsrechtliche Grenze setzen, daß die inländischen Grenznachbarn vor Genehmigung des Vorhabens die Möglichkeit gehabt haben müssen, sich durch einen Verwaltungsrechtsstreit gegen den Eingriff in ihr Eigentum zu wehren (dazu oben c)). Hierbei kann es keine Rolle spielen, ob der Rechtsweg zu einem unabhängigen Gericht i.S.d. Artt. 97, 92 GG eröffnet ist, wie es Art. 19 IV GG verlangen würde, oder zu einem aus der Verwaltung organisatorisch nicht streng ausgegliederten Staatsorgan, wie dem französischen Conseil d'Etat[431].

## II. Auflockerung der verfassungsrechtlichen Anforderungen vor dem Hintergrund der offenen Staatlichkeit

Im Abschnitt über die Grundlagen der Anerkennung ist zwar die These vertreten worden, daß sich aus dem Grundsatz der offenen Staatlichkeit ein Anerkennungsrecht direkt nicht ableiten läßt, da er nicht selbst Recht konstituiert. Das schließt aber nicht aus, daß er das - autonome - Anerkennungsrecht des Internationalen Verwaltungsrechts beeinflußt, und daß verfassungsrechtliche Regeln, die dieses Anerkennungsrecht begrenzen, im Lichte der offenen Staatlichkeit auszulegen sind.

Das Grundgesetz geht von der Einbindung des von ihm verfaßten Staates in die Völkerrechtsordnung der Staatengemeinschaft aus[432]. Das ergibt sich aus der Präambel und den Artt. 24 bis 26. Auch die Eigentumsgarantie ist im Lichte dieser Einordnung zu sehen[433]. Das Prinzip der Einheit der Verfassung kann deshalb zusätzlich zu den im Grundsatzurteil erörterten Ein-

---

429 Maunz/Dürig/Herzog/Scholz Art. 19 IV Rn 47

430 A.A. Küppers, DVBl. 1979, 281.

431 S. Woehrling, NVwZ 1985, 21f.

432 BVerfGE 63, 370 (Rechtshilfevertrag).

433 BVerfGE 63, 370 für das Demokratieprinzip.

schränkungen bei der Anlegung verfassungsrechtlicher Maßstäbe eine Auflockerung der Anforderungen erfordern, die die Verfassung sonst an Sachverhalte mit reinem Inlandsbezug stellt. Unter diesem Gesichtspunkt hat das Bundesverfassungsgericht in der erwähnten Entscheidung über die Verfassungsmäßigkeit der Gewährung von Rechtshilfe Bedenken, die der Beschwerdeführer aus dem Demokratieprinzip gegen die Anerkennung erhob, zurückgestellt[434]. Verfassungsrechtliche Prinzipien gelten also bei der Anwendung ausländischen öffentlichen Rechts vor dem Hintergrund des Prinzips der offenen Staatlichkeit nur beschränkt[435]. Das wäre bei der Prüfung der Frage, wie weit im Einzelfall die Gleichwertigkeit der ausländischen Genehmigungsvoraussetzungen und der inländischen gehen muß, zugunsten der Anerkennung zu berücksichtigen.

## *III. Ergebnis und Schlußfolgerungen*

Der Überblick über die rechtliche Situation in der Bundesrepublik Deutschland hat ergeben, daß das nationale Recht der richterrechtlichen Anerkennung ausländischer Genehmigungen nichts entgegensetzt, solange die - im Lichte der offenen Staatlichkeit aufgelockerten - verfassungsrechtlichen Grenzen eingehalten werden.

Ob die internationalprivatrechtliche lex rei sitae oder eine sonstige Rechtsordnung für die zivilrechtliche Hauptfrage maßgeblich ist, ist für die Vorfrage nach der Anerkennung der Genehmigung entgegen der Auffassung des BGH nicht entscheidend. Diese beurteilt sich vielmehr nach Internationalem Verwaltungsrecht. Einen Grundsatz der Nichtanwendung ausländischen öffentlichen Rechts gibt es in internationalen Streitfällen zwischen Privaten nicht. Die ausländische Regelung über die Anspruchspräklusion unterliegt vielmehr einer Sonderanknüpfung.

Die spezifischen Kriterien, die der BGH im Bereich des Außenhandelsrechts und des Devisenrechts für eine Sonderanknüpfung zur Anerkennung ausländischer Genehmigungen aufgestellt hat - Unterscheidung danach, ob die Genehmigung "jedenfalls ausschließlich oder überwiegend öffentlichen oder privaten Interessen zu dienen bestimmt ist" -, sind für den umweltrechtlichen Bereich untauglich. Eine umweltrechtliche Genehmigung dient fast immer öffentlichen Interessen genauso gut wie privaten Interessen. Es empfiehlt sich, für den umweltrechtlichen Bereich eigenständige Anerkennungskriterien zu entwickeln. Verfassungsrechtliche Grenzen sind dem

---

[434] BVerfGE 63, 370

[435] S. oben § 3 I 3 a).

deutschen Kollisionsrecht insbesondere aus Artt. 14 I und 2 II GG gezogen. Sie ermöglichen mittelbar auch die Überprüfung ausländischen Rechts. Allerdings sind diese Grenznormen im Lichte der verfassungsrechtlichen Grundentscheidung für eine offene Staatlichkeit auszulegen, sie gelten also für das ausländische Recht nur eingeschränkt. Das wäre bei der Entwicklung eines Lösungsmodells, das sich sonst nur an Gesichtspunkten der Sachgerechtigkeit zu orientieren braucht, zu beachten.

## § 4 Gesichtspunkte der Sachgerechtigkeit und spezifische anerkennungsrechtliche Interessen

In den bisherigen Abschnitten sind die rechtlichen Grundlagen und Ansätze für ein Anerkennungsrecht (Sonderanknüpfung) herausgearbeitet und seine Grenzen abgesteckt worden. Auch innerhalb dieser Grenzen ist die Bundesrepublik jedoch, wie im völkerrechtlichen Teil klargestellt wurde, zur Anerkennung nicht verpflichtet, sondern sie steht in ihrem Ermessen. Für ein deutsches Gericht, das sich mit einem Streitfall um genehmigte Auslandsimmissionen zu befassen hätte[436], wäre deshalb von Interesse, welche Gesichtspunkte es - aus Sicht der Bundesrepublik Deutschland - als sachdienlich erscheinen lassen könnten, den ausländischen Hoheitsakt anzuerkennen.

### *I. Protektionistische Überlegungen*

Bei protektionistischer Betrachtungsweise drängen sich diejenigen Aspekte in den Vordergrund, die gegen eine Anerkennung sprechen: Der Immissionsstaat hat zunächst ein Interesse daran, sich und seine Staatsangehörigen vor fremden Eingriffen zu schützen[437]. Die Anerkennung eines bestandskräftig abgeschlossenen Verwaltungsverfahrens wirkt unmittelbar auf die innerstaatliche Ordnung ein[438], vor allem dann, wenn im Ausland höhere Grenzwerte zugelassen sind oder geringere Sicherheitsvorkehrungen getroffen werden müssen als im Inland. Die ausländische Verwaltungsentscheidung bietet nicht ohne weiteres dieselben Garantien rechtsstaatlicher Verfahrensgestaltung wie eine deutsche Genehmigung[439]. Die Störung der inneren Ordnung kann aber durch eine entsprechende Anerkennungsvor-

---

[436] Beispiele: BGH DVBl. 1979, 227 ff. und LG Waldshut-Tiengen, UPR 1983, 14 ff.

[437] S. Martiny, Rn. 86.

[438] Geck, Anerkennung, 55.

[439] Küppers, ZRP 1976,263; ders.,DVBl. 1979, 229 f.

aussetzung - Gleichwertigkeit der Genehmigungsvoraussetzungen - abgefangen werden. Die Einhaltung rechtsstaatlicher Verfahrensgarantien erreicht man schon dadurch, daß man nur auf einem Erfordernis besteht, das die meisten benachbarten Emissionsstaaten bereits in ihrem eigenen Verfahren zu verzeichnen haben[440]: Dem inlandsansässigen Grenznachbarn muß die Möglichkeit eröffnet worden sein, die Verwaltungsentscheidung durch Erhebung von Einwendungen zu beeinflussen[441]. Für eklatante Widersprüche zur deutschen öffentlichen Ordnung bietet schließlich der ordre public einen hinreichenden Schutz[442]. Im übrigen muß man heute davon ausgehen, daß sich die Interessen eines Staates nicht im Protektionismus erschöpfen[443]. Protektionistische Belange treten insbesondere dann hinter anderen Gesichtspunkten zurück, wenn sie, wie bei der Ignorierung umweltrechtlicher Genehmigungen, in aller Regel ohnehin nicht durchsetzbar sind[444].

## *II. Äußerer Entscheidungseinklang*

Mehr Beachtung verdient demgegenüber das Prinzip der "Gesetzesharmonie" oder des "äußeren Entscheidungseinklangs", ein tragender Grundgedanke des Internationalen Privatrechts[445], der neben der typischen Interessenabwägung[446] auch Ordnungsinteressen[447] zum Zuge kommen lassen will und sich deshalb auf verwaltungsrechtliche Vorfragen in zivilrechtlichen Fällen mit Auslandsberührung übertragen läßt[448].

Der äußere Entscheidungseinklang bedeutet, daß die Rechtsanwendung im Inland möglichst mit der des Auslands übereinstimmt[449]. Das setzt voraus, daß eine solche Anknüpfung gewählt wird, bei der am ehesten zu erwarten steht, daß auch alle anderen Staaten über den betreffenden Sachver-

---

440 S.o. § 2, III.4.

441 S.o., § 3, I.3.c).

442 S. dazu Schwung, 1983; Palandt/Heldrich, Voraufl., Art. 30 EGBGB Anm. 2 a; Münchener Kommentar / Kreuzer, Vorlaufl., Art. 30 EGBGB Anm. 55 ff.

443 Martiny, Rn 86.

444 M. Ausnahme des Salzburger Flughafen-Falls, s. o. § 2 II 1.b)(d).

445 Neuhaus 49 ff.; Münchener Kommentar-Sonnenberger Einl. IPR Rn 62.

446 S. dazu Vogel, Räumlicher Anwendungsbereich, 295.

447 Kegel, 86 f.

448 So im Ergebnis auch Vogel, a.a.O., 294-296.

449 Martiny Rn 104; Vogel. a.a.O., 208.

halt in gleicher Weise entscheiden würden[450]. Auf diese Weise geht man "hinkenden Rechtsverhältnissen" aus dem Weg und schafft ein Konfliktminimum[451].

Übertragen auf das hier behandelte Problem heißt das folgendes: Der aus Gründen des Konfliktminimums erstrebenswerte äußere Entscheidungseinklang ist verwirklicht, wenn wir über die Wirkung der ausländischen Genehmigung möglichst in gleicher Weise entscheiden wie die Gerichte des Emissionsstaates, die spätestens bei der Entscheidung über die Anerkennung und Vollstreckung des deutschen Urteils berufen sind. Es ist davon auszugehen, daß diese über die Wirkung der Genehmigung, unabhängig von der lex causae, nach der lex fori entscheiden würden, da die Genehmigung aus ihrer Sicht zwingendes Recht darstellt und sich auch extraterritoriale Wirkungen beimißt[452]. Zur Erzielung von internationaler Entscheidungsharmonie empfiehlt es sich daher für deutsche Gerichte, ebenfalls eine Sonderanknüpfung zu wählen und die ausländische Genehmigung unter denselben Voraussetzungen wie das Ausland als anspruchsausschließend zu berücksichtigen.

### *III. Innerer Entscheidungseinklang*

Ein weiterer Belang der Bundesrepublik Deutschland, der für eine Anerkennung ausländischer Anlagengenehmigungen spricht, ist unser Interesse am inneren Entscheidungseinklang[453]. Das Recht, das wir anwenden, muß nach Möglichkeit in sich geschlossen sein[454]. Versagt man ausländischen umweltrechtlichen Genehmigungen die Anerkennung, so hat das die nicht sehr interessengerechte Konsequenz, daß womöglich vergleichbare Umweltbelastungen als Auslandsemissionen untersagt werden könnten, als Inlandsemissionen aber geduldet werden müßten[455].

---

450 Vogel, a.a.O., 208.

451 Vogel, a.a.O., 208; Martiny Rn 52.

452 S.o. § 2, III.4.,5.

453 Kegel, 88.

454 Kegel, 88.

455 Nassr-Esfahani/Wenckstern RabelsZ 1985, 77; Lummert, Natur + Recht 1982, 244: Münchener Kommentar/Kreuzer Art. 12 EGBGB Rn 239; Kohler, in: Grenzüberschreitender Umweltschutz, 83; zum entsprechenden Gedanken in Frankreich Despax Nr. 514.

## *IV. Praktikabilität im Hinblick auf die Durchsetzbarkeit*

Geht man von der bloß territorialen Wirkung ausländischer Betriebsgenehmigungen aus, so bereiten Unterlassungsklagen gegen ausländische Betreiber keine Schwierigkeiten. Jedoch muß man sich fragen, was in solchen Fällen ein inländisches Unterlassungsurteil nützt[456]. Spätestens dann, wenn es um die Anerkennung und Vollstreckung der deutschen Entscheidung im Ausland geht, werden sich die Emissionsstaaten auf einen staatsvertraglich oder im nationalen Recht verankerten (vgl. §§ 722, 328 ZPO) ordre public berufen. Im Verhältnis zu den Nachbarstaaten, die der Europäischen Gemeinschaft angehören, findet dieser seine Grundlage in Artt. 27 Ziff. 1, 34 II des Europäischen Gerichtsstands- und Vollstreckungsübereinkommens. Schon im Hinblick auf Praktikabilitätserwägungen empfiehlt es sich daher, eine ausländische Genehmigung im Grundsatz anzuerkennen und sich die Versagung nur für die Fälle vorzubehalten, in denen es schon nach dem Recht des ausländischen Staates zu einer Rechtsverletzung gegenüber im Bundesgebiet wohnhaften Grenznachbarn gekommen ist. U.a. mit dieser Begründung hatte die Rechtbank Rotterdam eine französische Einleitungsgenehmigung für unbeachtlich erklärt, nachdem schon das Verwaltungsgericht Straßburg die Genehmigung wegen einer Verletzung der Rechte niederländischer Kläger aufgehoben hatte[457]. Dieses differenzierte Vorgehen je nachdem, ob die Interessen im Ausland Betroffener bei der Planung grenzüberschreitend umweltbelastender Vorhaben berücksichtigt worden waren oder nicht, verspricht bei der Durchsetzung der gerichtlichen Entscheidung im Nachbarstaat wesentlich mehr Erfolg als eine generelle Übergehung der behördlichen Genehmigung.

## *V. Förderung der Anerkennungs- und Kooperationsbereitschaft in den Nachbarstaaten*

Die Respektierung ausländischer Genehmigungen fördert schließlich die Bereitschaft der Nachbarstaaten, unsere eigenen Genehmigungen anzuerkennen und die Interessen im Bundesgebiet ansässiger Grenznachbarn bei der Planung grenzüberschreitend umweltbelastender Vorhaben zu berücksichtigen.

Die Berücksichtigung grenzüberschreitend betroffener Interessen individueller Grenznachbarn wird von den europäischen Nachbarstaaten, neuer-

---

456 Siehr, RabelsZ 1981, 387.

457 Umfassend dazu Nassr-Esfahani/Wenckstern, RabelsZ 1985, 777 ff.

dings einschließlich Österreichs[458], bereits gewährleistet[459]. Insoweit kann es für die Bundesrepublik Deutschland nur darum gehen, den status quo aufrechtzuerhalten und durch die Anerkennung jeden Anschein eines Protestes[460] gegen diese völkerrechtlich absolut einwandfreie Praxis zu vermeiden.

Im übrigen ist darauf hinzuweisen, daß einige von unseren Nachbarstaaten auch die Anerkennungsbereitschaft bereits bekundet haben. Wegen ihrer Bedeutung für die Herausbildung eines Anerkennungsrechts sollen im folgenden zwei Urteile der Rechtbank Rotterdam und des österreichischen Obersten Gerichtshofs ausführlich dargestellt werden.

### 1. Urteil des österreichischen Obersten Gerichtshofs vom 29.4.1981 - "Stauseeüberschwemmung im Kraftwerksbetrieb"

Die österreichische Praxis zur Behandlung ausländischer Genehmigungen in zivilrechtlichen Streitfällen repräsentiert ein Urteil des österreichischen OGH vom 29.4.1981[461], das in der Diskussion um die Exportwirkung behördlicher Erlaubnisse bisher leider unbeachtet blieb[462].

Die Klägerin verlangte von der Beklagten Ersatz der Schäden, die ihr durch das Auslaufen des Stausees der Beklagten an ihren Fischereibeständen entstanden waren. Sie war Inhaberin eines Fischereirechts an der in Österreich gelegenen Hälfte des Flusses Saalach. Am Oberlauf des Flusses betrieb die Beklagte ein genehmigtes Kraftwerk. Infolge eines Gewitters kam es im Einzugsgebiet der Saalach zu einem außergewöhnlichen Wasserzufluß zum Stausee der Beklagten. Dabei wurde die Mauerkrone überschwemmt. Beim Versuch der Mitarbeiter, die Grundwasser-Schleuse zu öffnen und das drohende Überwasser abzulassen, riß die Schleuse aus ihrer Verankerung, und der See lief aus. Der Klägerin entstanden erhebliche Verluste an ihren Fisch- und Nährtierbeständen.

Der österreichische OGH berücksichtigt die deutsche wasserhaushaltsrechtliche Genehmigung im Wege einer Sonderanknüpfung[463] insoweit, als

---

458 § 74 II öst. GewO, BGBl. 1974, Nr. 50, S. 529 ff.

459 s.o. § 2 III 4 e).

460 Dazu Verdross, § 667.

461 ÖJZ 1983, 380 ff.

462 Beachtung schenkte man im allgemeinen nur der Entscheidung des österreichischen VerwGH vom 30.5.1969, demzufolge die Geltung öffentlichen Rechts an der Staatsgrenze aufhören sollte, vgl. dazu Bothe, UPR 1983, 2; Weber, DVBl. 1980, 330; BGH DVBl. 1979, 226.

463 ÖJZ 1983, 381.

er meint, die Rechtmäßigkeit des Kraftwerkbetriebs nach dem Recht der Bundesrepublik Deutschland[464] beurteilen zu müssen. Allerdings folgt daraus nach seiner Ansicht nicht auch die Abhängigkeit privatrechtlicher Ersatzvorschriften vom öffentlichen Recht der Bundesrepublik Deutschland.

Hiermit meint der OGH folgendes: Der Bestand der Genehmigung beurteilt sich nach deutschem Recht, ihre Wirkungen nach dem Recht der Republik Österreich. Damit ist eine Lösung des Problems ausländischer Genehmigungen gewählt worden, die schon Rossbach für den Bereich des Wasserhaushaltsrechts vorschlug[465]: Die Vorfrage, ob eine gültige öffentlich-rechtliche Genehmigung für eine umweltbelastende Anlage besteht, soll nach dem Recht des Staates beurteilt werden, der die Genehmigung erlassen hat; ob sich aus einer gültigen Genehmigung eine haftungsausschließende oder nur etwa negatorische Ansprüche ausschließende Wirkung ergibt, wird dagegen im Rahmen des Deliktstatuts geprüft[466].

Man kann darüber trefflich streiten, ob diese Anbindung der Genehmigungswirkungen an das Internationale Privatrecht sinnvoll ist[467]. Jedenfalls ist sie die Erklärung dafür, daß der OGH der Klage stattgibt, obwohl er die deutsche Genehmigung für den Kraftwerksbetrieb für beachtlich hält.

Nach deutschem Recht wären die hier geltend gemachten Schadensersatzansprüche aufgrund der wasserhaushaltsrechtlichen Bewilligung ausgeschlossen gewesen, § 11 WHG. Der österreichische OGH wendet jedoch aufgrund alten österreichischen internationalen Privatrechts das österreichische Wasserrechtsgesetz[468] als Erfolgsortsrecht an und gelangt so gem. § 26 II WRG, der eine Erfolgshaftung des Betreibers von Wasserbenutzungsanlagen vorsieht, zu einem von Verschulden und Rechtswidrigkeit unabhängigen[469] Schadensersatzanspruch des österreichischen Nachbarn[470]. Immerhin ist aber für die hier in Rede stehende Problematik feststellbar, daß der OGH im Prinzip die ausländische Genehmigung nicht unberücksichtigt lassen will.

---

[464] ÖJZ 1983, 382.

[465] Rossbach, Diss. 236.

[466] zust. Lummert, Natur + Recht 1982, 244; Raape-Sturm, IPR, 357.

[467] Dazu oben, § 2, IV. 4.

[468] BGBl. 1959/215 i.d.F. v. BGBl. 1969/207.

[469] S. dazu Feil, ABGB, III, § 362-364 b, Anm. 13.2.

[470] ÖJZ 1983, 382.

## 2. Urteil der Rechtbank Rotterdam vom 16.12.1983 - "Niederländisch-französischer Rheinversalzungsprozeß

Auch die Rechtbank Rotterdam hat in ihrem bekannten Grundurteil zum niederländisch-französischen Rheinversalzungsprozeß[471] eine französische wasserhaushaltsrechtliche Einleitungsgenehmigung im Prinzip für beachtlich erklärt[472], obwohl es im konkreten Fall darauf wegen der vorherigen Aufhebung der Genehmigung durch das Verwaltungsgericht Straßburg (aus damaliger Sicht, das Urteil des Verwaltungsgerichts Straßburg ist in der zweiten Instanz vom Conseil d'Etat wieder aufgehoben worden[473]) an sich nicht ankam.

Seit 1933 entledigten sich die französischen Kalibergwerke "Mines Domaniales de Potasse d'Alsace" S.A. (MDPM) ihrer Abraumsalze durch Einleitung als konzentrierte Salzlake in den Rhein. Stromabwärts in den Niederlanden nutzten die Klägerinnen, in Delfland und Schieland gelegene Gärtnereibetriebe, das "boezemwater"[474] zur Bewässerung ihrer Pflanzen. Die Zunahme des Chloridgehalts im Rheinwasser verursachte an den Gewächsen der Klägerin empfindliche Ertragsverluste[475]. Um den Schaden zu begrenzen, trafen die Kläger Schutzvorkehrungen, u.a. bauten sie Wasser-Pufferbecken[476]. Mit ihrer Klage verlangten die Kläger u.a. Schadensersatz wegen der für die Schutzvorkehrungen aufgewendeten Kosten sowie für die nicht mehr abwendbaren Ertragseinbußen.

Die Rechtbank Rotterdam hat der Klage durch ein Grundurteil stattgegeben und die MDPA verurteilt, den Klägern ihren gegenwärtigen und künftigen Schaden zu einem Teil in der Höhe zu ersetzen, der ihrem, der MDPA, Beitrag an der Verursachung des Gesamtschadens entsprach. Sie hat dieses Ergebnis im wesentlichen wie folgt begründet: Die MDPA hätten nach niederländischem Recht den Klägern gegenüber eine Sorgfaltspflicht verletzt und dafür gem. Art. 1401 und 1402 Burgerlijk Wetboek[477] einzustehen. Als Benutzern eines öffentlichen Gewässers stünden den Parteien

---

471 Rb. Rotterdam, Ned. Jur. 1984, Nr. 341; dt. Übersetzg. in RabelsZ 1985, 741 ff.

472 Rb. Rotterdam v. 16.12.83, Nr. 86.

473 Urteil des Conseil d'Etat vom 21.3.1986 - nicht veröffentlicht -.

474 Kanal, Wasserlauf oder Nebenarm im Rheinmündungsgebiet.

475 Rb. Rotterdam v. 16.12.83, Nr. 8.6.

476 Rb. Rotterdam v. 16.12.83, Nr. 10.1.

477 Burgerlijk Wetboek v. 1.10.1838; neueste Fassg. abgedr. in: Nederlandse Wetgeving, Teil B, Nederlandse Wetboeken en aanverwante wetten (Losebl. Slg. 1953 ff.: Std.: Feb 85; Bd. III, sub IV).

keine absoluten und ausschließlichen Rechte zu[478]. Die grundsätzliche Befugnis, das Wasser im Rahmen der internen Gesetze zu nutzen, sei durch die Befugnisse der Mitbenutzer eingeschränkt; auf ihre wechselseitigen Belange hätten die Benutzer gegenseitig Bedacht zu nehmen[479].

Ob die Benutzer dieser einander geschuldeten Sorgfalt gemäß handeln, hängt nach niederländischem Recht von einer Abwägung der betroffenen Interessen im Einzelfall ab[480]. Im konkreten Fall sah das Gericht die Befugnisse der MDPA als überschritten an. Die Klägerinnen seien auf die Nutzung des Rheinwassers zur Bewässerung ihrer Gewächse angewiesen; den MDPA hätten demgegenüber verschiedene, auch umweltfreundlichere Methoden zur Wahl gestanden; das unternehmerische Kostenminimierungsinteresse wiege nicht das Interesse am Bestand der Gärtnereibetriebe auf[481]. Hinzu komme, daß die Kalibergwerke als Oberlieger die Nutzungsmöglichkeiten der Kläger einseitig begrenzten, während umgekehrt sie selbst keiner vergleichbaren Einschränkung in der Ausübung ihrer Nutzungsmöglichkeit durch die Kläger ausgesetzt seien.

Die Salzeinleitungen der MDPA waren in Frankreich durch eine Verfügung des Präfekten des Département Haut-Rhin aus dem Jahre 1966, die seitdem mehrfach verlängert worden war, behördlich genehmigt[482]. Die Rechtbank sah sich deshalb vor die Frage gestellt, welche Bedeutung diese französischen Genehmigungen in den Niederlanden haben[483].

Wir haben allerdings im Abschnitt über das Recht der Emissionsstaaten gesehen, daß eine französische umweltrechtliche Genehmigung Schadensersatzansprüche nicht ausschließt. Auch im hier besprochenen Prozeß waren speziell Schadensersatzansprüche offensichtlich gerade nicht ausgeschlossen, da die französische Genehmigung Rechte Dritter nach dem ausdrücklich in sie aufgenommenen Vorbehalt nicht berührte[484]. Allein unter Berufung auf diesen Vorbehalt hätte die Rechtbank die Auseinandersetzung

---

478 Rb. Rotterdam v. 16.12.83, Nr. 8.3.

479 Rb. Rotterdam v. 16.12.83, Nr. 8.4.

480 Rb. Rotterdam v. 16.12.1983, Nr. 8.5.

481 Rb. Rotterdam v. 16.12.83, Nr. 8.6.

482 Vgl. dazu das Urteil des Trib. adm. Strasbourg 27.7.1983, Rev. jur. env. 1983 = ZaöRV 1984, 342 mit Anm. Beyerlin = UPR 1984, 174 m. Anm. Kilian/Pätzold ebd. 155-157.

483 Rb. Rotterdam v. 16.12.1983, Nr. 8.7.

484 Der Vorbehalt lautete: "Les droits des tiers sont et demeurent expressément réservès, notamment ceux les fermiers de pèche et autres usagers de l'eau, auxquels le déversement d'une solution concentrée des chlorides viendrait à causer un préjudice" (zitiert nach Vlas 245 N. 40).

mit der Bedeutung der französischen Einleitungserlaubnis für den vorliegenden Fall umgehen können, denn es versteht sich von selbst, daß eine Anerkennung einen solchen Vorbehalt mit umfassen würde. So einfach macht es sich die Rechtbank jedoch nicht. Sie erklärt zunächst einmal, wenn auch mit vorsichtigen Worten, die französischen Einleitungserlaubnisse für grundsätzlich beachtlich[485]. Das ist von großer Bedeutung. Warum sie die Einleitungserlaubnisse grundsätzlich für beachtlich hält, sagt sie nicht ausdrücklich. Indirekt gibt sie jedoch einen Hinweis: Der Zweck des Gesetzes, auf dem die Erlaubnisse beruhen, sei unter anderem auch der Schutz solcher Belange wie derer der Klägerinnen. Die vertiefende Auseinandersetzung mit der Bedeutung der französischen Einleitungsgenehmigungen umgeht die Rechtbank dann allerdings unter Hinweis auf die Entscheidung des Tribunal administratif Straßburg. Danach seien die Genehmigungen nichtig, weil die Wirkungen der Salzeinleitungen außerhalb Frankreichs im Genehmigungsverfahren nicht berücksichtigt worden waren. Das Urteil sei allerdings noch nicht rechtskräftig. Bezüglich der nicht angefochtenen früheren Genehmigungen sei ebenfalls nicht ersichtlich, daß Belange wie die der Klägerinnen berücksichtigt worden seien[486]. Nach einem abschließenden Hinweis auf den bereits erwähnten Vorbehalt der Rechte Dritter erklärt die Rechtbank die Genehmigungen im vorliegenden Schadensersatzverfahren im Ergebnis für unbeachtlich.

Die grundsätzliche Bereitschaft der Rechtbank Rotterdam, eine französische wasserrechtliche Genehmigung anzuerkennen, könnte hingegen in einem anderen Zusammenhang - bei Unterlassungsansprüchen - bedeutsam werden. Sie kann dazu führen, daß solche Ansprüche wegen grenzüberschreitender Gewässerverunreinigungen durch im Ausland genehmigte Aktivitäten vor einem niederländischen Forum unter bestimmten, vom Gericht offengelassenen Voraussetzungen nicht geltend gemacht werden können[487]. Damit bekennt sich die Rechtbank dazu, bei der Beurteilung deliktischer (Unterlassungs-)Ansprüche Rücksicht nehmen zu wollen auf wirtschaftsverwaltungspolitische Interessen des Nachbarstaates.

485 Rb- Rotterdam v. 16.12.1983, Nr. 8.7.

486 Üblich ist eine solche Überprüfung der Rechtmäßigkeit des ausländischen Verwaltungsaktes bei der Anerkennung nicht, an die Stelle einer révision au fond tritt die Anwendung der Vorschriften über die Bestandskraft; vgl. Vogel, Räumlicher Anwendungsbereich, 334; Lummert, Natur + Recht 1982, 244; König. 53.

487 Zu der internationalverwaltungsrechtlichen Frage, welche Voraussetzungen erfüllt sein müssen, damit ausländische Genehmigungen anerkannt werden können und wie die Anerkennung erfolgen kann, siehe Kohler, in: Moltke u.a., 83; Rest, UPR 1982, 365; König, 70-74 ; Rossbach Diss., 230; Lummert Natur + Recht 1982, 244; sowie unten § 5.

Die sich damit in Umrissen abzeichnende Haltung niederländischer Gerichte im internationalen Umweltrecht[488] geht von der Einbindung des eigenen Staates in die Staatengemeinschaft aus: Als Konsequenz des Territorialitätsprinzips ist zwar der Emissionsstaat primär befugt, über den Betrieb umweltbelastender Tätigkeiten auf seinem Staatsgebiet zu entscheiden, daraus folgt aber noch nicht, daß auch der Nachbarstaat zur Anerkennung dieser Entscheidung verpflichtet wäre[489]. Eine so weitgehende Pflicht ist durch dessen Recht auf eigene territoriale Integrität ausgeschlossen[490]. Mit einem solchen verabsolutierenden Verständnis von Souveränitäts- und Integritätsbegriffen läßt sich jedoch das Sachproblem der grenzüberschreitenden Auswirkungen von Umweltbelastungen nicht zufriedenstellend lösen[491]. Ein Ausgleich der kollidierenden Souveränitätsansprüche der Nachbarstaaten ist erforderlich und läßt sich z.B. erzielen, wenn der Emissionsstaat die Interessen im Ausland Betroffener bei der Planung grenzüberschreitender umweltbelastender Vorhaben in gleichberechtigter Weise berücksichtigt und der Entscheidungsstaat im Gegenzug die ausländische Genehmigung unter den besonderen Voraussetzungen seines internationalen Verwaltungsrechts anerkennt[492].

Das ist die Art, in der sich Frankreich und die Niederlande entgegenkommen. Es wäre zu wünschen, daß sich auch in der Bundesrepublik diese Haltung durchsetzt[493].

## § 5 Folgerungen für Lösungsansätze

### *I. Gleichwertigkeit der Genehmigungsvoraussetzungen*

Dem favor recognitionis würde es zwar am ehesten entsprechen, für die Anerkennung ausländischer Genehmigungen außer ihrer Wirksamkeit im

---

[488] Allgemein zur Haltung niederländischer Gerichte zum ausländischen öffentlichen Recht R. van Rooij, insbes. 142-146, 193-206, 212-223, 227-231, 235 ff.; Strikwerda, 1978.

[489] Kloepfer, Grenzüberschreitende Umweltbelastungen, in Rechtsfragen, 60; vgl. auch die allgemeine Ablehnung einer Rechtspflicht zur Anerkennung bei Schlochauer, 62; Vogel, Räumlicher Anwendungsbereich, 335.

[490] Zum Begriff Fröhler/Zehetner, 69 f.

[491] A. Kiss. The International Protection of the Environment, in: The Structure and Process of International Law (R.St.J. Macdonald/D.M.J. Johnston), 1069-1093; Kloepfer, in: Moltke u.a., 60; Wolfrum DVBl. 1984, 494; Ruppert, Fachtagung, UPR 1982, 293.

[492] Dafür M. Bothe UPR 1983, 3, 4 ff.; Wolfrum DVBl. 1984,499 und 501.

[493] Ähnlich Rehbinder, Bespr. von Oppermann/Kilian: RabelsZ 1983, 564.

Ursprungsstaat überhaupt keine Bedingungen aufzustellen[494]. Dabei blieben aber die verfassungsrechtlichen Grenzen außer acht, die vom Richter fordern, das ausländische Gesetz so anzuwenden, daß ein Mindestmaß an rechtsstaatlicher Verfahrensgestaltung gewahrt bleibt. Auch können die Sicherheitsnormen und Abwägungsmaßstäbe so stark divergieren, daß an der Grenze ein Sicherheitsgefälle entsteht[495]. Von den Autoren, die eine richterrechtliche Anerkennung als wünschenswert erachtet haben, wird deshalb im allgemeinen die Gleichwertigkeit der Genehmigungsvoraussetzungen verlangt[496]. Dabei ist man sich darin einig, daß die "Gleichwertigkeit" dem ausländischen Recht keine Identität abfordert[497]. Für eine praktikable Rechtsschöpfung ist vielmehr davon auszugehen, daß die verschiedenen Rechtsordnungen die Risiken, die von den einzelnen Umweltbelastungen ausgehen, unterschiedlich bewerten. Die Risikoschwelle, die in jedem Staat durch andere technisch-wissenschaftliche Fachverbände[498] ermittelt wird und die sich im Rahmen eines mehrstufigen Normsystems[499], etwa in Form von Immissionsrichtwerten[500], Emissionsrichtwerten[501] oder sonstigen, eine Wahrscheinlichkeit markierenden Grenzzahlen ($10^{-5}$, $10^{-6}$)[502] entweder in privaten technischen Normen[503] oder als "antezipierte Sachverständigengutachten"[504] anerkannten Verwaltungsvorschriften fortsetzt, sind oft willkürlich herausgegriffen[505]. Der Stand der Wissenschaft und Technik ist in jedem Land ein anderer. Angesichts dieser apriorischen Verschiedenheit der Rechtssysteme kann es für eine Anerkennung ausländischer Genehmigungen nicht auf die Identität, sondern sinnvollerweise nur darauf ankommen, ob sie von ihren Funktionen her - Gefahrenabwehr und Risikovorsorge - vergleichbaren inländischen Genehmigungen im wesentlichen entsprechen.

---

494 So Martiny für den Bereich gerichtlicher Entscheidungen, Rn 105.

495 Lummert, Natur + Recht 1982, 245; Schmölling, in: Moltke u.a., 37.

496 Lummert, vorige Note; Siehr, RabelsZ 1981, 387; Boisserée, NJW 1958, 1239 ff.

497 Rossbach, Diss., 239; Lummert, Natur + Recht 1982, 245.

498 Für den deutschen Bereich s. dazu eingehend Marburger, 111.

499 Marburger, 70 ff.; für Frankreich s. Despax/Coulet, 1982.

500 S. Teil 2 der TA Luft v. 28.4.1974 (GemBl. 426, 525), der, gestaffelt nach Art und Nutzung der Gebiete, Immissionsrichtwerte enthält, deren Überschreitung eine schädliche Umwelteinwirkung i.S.d. §§ 3 I, 5 Nr. 1 BImSchG bedeutet, Nr. 232.

501 S. o. (vorige Note).

502 Krit. Marburger, 141/Breuer, DVBl. 1978, 829 ff.

503 Z.B. die VDI-Richtlinien.

504 BVerwGE 55, 258; OVG Münster, GewA 1979, 68.

505 Marburger 141/Breuer, DVBl. 1978, 835.

Das ist gegeben, wenn das Gefahrenpotential der Anlage unter jedem Gesichtspunkt, der auch für eine deutsche Genehmigung von Bedeutung ist, in den Genehmigungsvoraussetzungen berücksichtigt wird. Eine obere Grenze sollten nur international anerkannte Sicherheitsstandards bilden[506]. Diese Lösung bietet auch eine praktikable Handhabung für die Fälle, in denen der Gesetzesvollzug von der Rechtslage im Ausland abweicht[507].

Wenn also beispielsweise der französische Atommeiler Cattenom mit 5.200 Megawatt mehr als die Hälfte dessen leistet, was alle zwölf deutschen Kernkraftwerke zusammen leisten[508], und deshalb auch seine radioaktive Strahlung die eines vergleichbaren deutschen Kernkraftwerks um ein Vielfaches übersteigt, muß nicht schon deshalb die französische Genehmigung vor einem mit Unterlassungsansprüchen befaßten deutschen Gericht unbeachtet bleiben. Die Zulassung einer höheren Strahlendosis in Frankreich hat ihre Ursache darin, daß der französische Staat das von jedermann hinzunehmende Restrisiko in eigener Verantwortung anders einschätzt. Außerdem ist sie die Folge einer wirtschaftspolitischen Entscheidung für die Kernkraft und gegen die Energiegewinnung durch Kohlekraftwerke, die in der Reinhaltung der Luft von weiteren Schwefeldioxyden (SO2) und Stickoxyden (NOx) ihren guten Grund haben kann und sich mit zivilrechtlichen Unterlassungsurteilen ohnehin nicht wirksam bekämpfen läßt. Erst wenn ein bestimmtes Gefahrenpotential überhaupt nicht in den Genehmigungsvoraussetzungen berücksichtigt worden ist oder wenn die international anerkannten Sicherheitsstandards nicht eingehalten werden, sind die Genehmigungsvoraussetzungen nicht gleichwertig, und eine Anerkennung scheidet aus.

## *II. Beteiligung im Verwaltungsverfahren und Rechtsschutz*

Art. 6 EGBGB schließt die Anwendung ausländischen Rechts aus, wenn das Ergebnis gegen die guten Sitten, gegen den Zweck eines deutschen Gesetzes oder gegen Grundrechte verstoßen würde. Dieser Grundsatz gilt nicht nur im Internationalen Privatrecht, sondern Art. 6 EGBGB ist Ausdruck eines allgemeinen Rechtsgedankens[509], der gleichermaßen im priva-

---

506 Dazu Kloepfer/Kohler, 17 f., 19 ff., 46 ff., Zieger, in: Siebtes Deutsches Atomrechts-Symposium, 225 ff.

507 Zum Problem ungenügenden Gesetzesvollzuges in Frankreich s. Woehrling, NVwZ 1985, 25; a.A. Despax/Coulet, 22, unter Berufung auf eine Studie des Interprofessional Technical Study Centre for Atmospheric Pollution (CITEPA).

508 Vgl. Stern, 1981, Nr. 51, S. 168 (Die giftige Grenze), 169.

509 Vogel, Räumlicher Anwendungsbereich, 210; Wengler, Allgemeine Rechtsgrundsätze des internationalen Privatrechts und ihre Kollisionen, ZöffR 1944, 473 ff., 476 f.; Martiny, Rn 963 ff.; König, 90 ff., Schwarz, 35 ff.

ten wie im öffentlichen Kollisionsrecht gilt[510]. Der ordre public ist Allgemeingut wohl aller Rechtsordnungen[511]. Die Toleranz eines Staates gegenüber fremdem Recht ist nicht unbegrenzt. Die kollisionsrechtliche Anknüpfung bedarf daher einer Kontrolle und Korrektur, wenn das Ergebnis der Rechtsanwendung zu den Grundgedanken der nationalen Regelung und der in ihnen liegenden Gerechtigkeitsvorstellungen in so eklatantem Widerspruch steht, daß sie vom Inland für untragbar gehalten wird[512]. Das gilt auch für den hier interessierenden Fall, daß eine hoheitliche Einzelfallregelung unabhängig von der lex causae anerkannt wird[513], denn die Anerkennung stellt der Sache nach nichts anderes als einen Unterfall der Anwendung ausländischer Eingriffsnormen via Sonderanknüpfung dar.

Der Ausschluß des Unterlassungsanspruchs und die Berücksichtigung nachbarlicher Belange im Genehmigungs- und Verwaltungsstreitverfahren bilden eine untrennbare Einheit[514]. Auch der ausländische Eingriff in inländische Privatrechtsverhältnisse ist mit der verfassungsrechtlichen Eigentumsgarantie nur vereinbar, wenn dabei die Grundprinzipien rechtsstaatlicher Verfahrensgestaltung gewahrt[515], insbesondere rechtliches Gehör gewährt[516] wurde. Für die Anerkennung einer ausländischen Genehmigung ist deshalb zu verlangen, daß das ihr vorausgegangene Verfahren einem Mindestmaß an Verfahrensgerechtigkeit entspricht.

Für die Kontrolle des ausländischen Verfahrens bieten sich zwei Möglichkeiten:

1. Die ausländische Rechtsordnung muß grenzüberschreitend betroffenen Nachbarn Gelegenheit zur Stellungnahme und Rechtsschutz geboten haben, und ihre Anforderungen müssen im konkreten Fall auch von der Behörde beachtet worden sein. Diese Lösung hat zur Folge, daß der über die Anerkennung entscheidende Richter nicht nur das ausländische Recht, sondern auch die Rechtmäßigkeit der Genehmigung vollständig nachprüft (révision

510 Münchener Kommentar/Kreuzer Art. 6 EGBGB, Rn.31ff.; Wuppermann, RIW 1973, 506; Wengler, ZVglRW 1941, 197 ff; Neumeyer, Rev. crit. dr. i. p. 1958, 53, 70 f.; Schulze 126; LG Hamburg vom 22.1.1973, RIW/AWD 1973, 163 ff. (dort entsprechende Anwendung des Art. 30 E BGB).

511 Martiny, Rn 963.

512 BGHZ 50, 370, 375; 54, 123, 130.

513 Münchener Kommentar/Kreuzer Art. 6 EGBGB Rn.33; Lummert, Natur + Recht 1982, 245 für umweltrechtliche Genehmigungen.

514 Wolfrum, DVBl. 1984, 501.

515 S.o. § 3, I. 3.

516 S. Martiny Rn 968, 102; Neumeyer 342.

au fond)[517]. Er wendet die ausländischen Verfahrensrechtssätze auf den von ihm festgestellten Sachverhalt an. Räumt das ausländische Gesetz inländischen Nachbarn zwar keine Beteiligungsrechte ein, aber einen Rechtsreflex in Form einer tatsächlichen Möglichkeit zur Teilnahme am Verfahren, so bleibt dieser Umstand unerheblich.

Eine révision au fond wird heute im Anerkennungsrecht mit Recht ganz allgemein abgelehnt[518]. Der Grund dafür dürfte nicht zuletzt im Zweck der Anerkennung liegen. Die Anerkennung entlastet nämlich die Rechtspflege von der zeitraubenden und unpraktikablen Prüfung, ob die Genehmigungsvoraussetzungen im Ausland auch wirklich eingehalten sind. Der Anerkennungsrichter ist keine Rechtsmittelinstanz des Emissionsstaates. Die Nachprüfung tatsächlicher Feststellungen im Ausland (Messungen o.ä.) ist wegen des völkerrechtlichen Territorialitätsprinzips ohne Zustimmung des Nachbarstaates nicht möglich.

2. Zu bevorzugen ist deshalb eine zweite Lösung über den verfahrensrechtlichen ordre public: Solange der ausländische Verwaltungsakt nicht angefochten oder aufgehoben worden ist, bleibt er im Inland verbindlich, unabhängig von der Nachbarrechtssituation im Ausland und von Abweichungen im Gesetzesvollzug. Die Kontrolle des Genehmigungsverfahrens findet dadurch statt, daß das Inland an den fremden Akt eigene verfahrensbezogene Anforderungen stellt. Der verfahrensrechtliche ordre public stellt für jeden Einzelfall sicher, daß keine Anerkennung erfolgt, ohne daß die Grundprinzipien rechtsstaatlicher Verfahrensgestaltung gewahrt worden sind. Auf diese Weise läßt sich ein jeweils auf den einzelnen Nachbarn und das konkrete Verfahren abgestimmter Ausgleich der Interessen erzielen, die Nachbarn und Betreiber der Nutzung ihrer Grundstücke entgegenbringen.

Der verfahrensrechtliche ordre public verlangt, daß den Nachbarn Gelegenheit gegeben wurde, das Genehmigungsverfahren durch rechtzeitig erhobene Einwendungen zu beeinflussen. Vor allem müssen sie über das Vorhaben unterrichtet worden sein. Dabei ist zu beachten, daß sich nach der neueren Rechtsprechung des Bundesverwaltungsgerichts grenzüberschreitend von einem Vorhaben betroffene Nachbarn nicht auf eine unzureichende Unterrichtung berufen können, soweit sie durch das Verhalten ihres eigenen Heimatstaats erschwert wurde[519]. Wird also die Bekanntmachung des ausländischen Vorhabens im Inland dadurch behindert, daß amtliche

517 Dazu Martiny Rn 319; Neumeyer 342; Vogel, Räumlicher Anwendungsbereich, 334.

518 Vogel, a.a.O., 334; Martiny, Rn 321; Neumeyer 342.

519 BVerwG JZ 1987, 351, 353. Diese Bemerkung ist zwar auf den umgekehrten Fall bezogen, daß sich ein Ausländer am inländischen Genehmigungsverfahren beteiligen will, kann aber genauso gut hier Geltung beanspruchen.

Stellen auf Ersuchen des Nachbarstaates die Publikation im amtlichen Veröffentlichungsblatt ablehnen und die Auslegung der Unterlagen im Bereich des Standorts der Anlage verweigern, muß sich der inländische Grenznachbar dies entgegenhalten lassen.

### *III. Materiellrechtlicher ordre public*

Das Landgericht Hamburg hat in seiner Entscheidung zum chilenischen Kupfer-Fall[520] eine chilenische Enteignung von Ausländern im Ausland am Maßstab des ordre public geprüft, seine Anwendung im Ergebnis allerdings abgelehnt, weil der Fall nicht eine hinreichende Inlandsbeziehung aufweise[521].

Die für die Anwendung des Prüfungsmaßstabs erforderliche Inlandsbeziehung ist sicherlich gegeben: Sie ist darin begründet, daß die ausländische Genehmigung Umweltbelastungen auf deutschem Staatsgebiet verursacht und dem deutschen Grenznachbarn das Recht entzogen wird, nach Bestandskraft der Genehmigung die Einstellung der genehmigten Tätigkeit zu verlangen.

Im Umweltrecht wird der ordre public allerdings äußerst selten zum Zuge kommen. Bedenkt man nämlich, daß die meisten ins Gewicht fallenden Wertungswidersprüche zwischen den Rechtsordnungen in der unterschiedlichen Bewertung des hinzunehmenden Risikos liegen, ist kaum ein Fall denkbar, der nicht schon durch die Anerkennungsbedingung abgefangen wird, daß die Genehmigungen von ihren wesentlichen Voraussetzungen her - im oben erörterten weiten Sinne[522] - gleichwertig sein müssen. Divergierende Sicherheitsstandards sind grundsätzlich kein Verstoß gegen grundlegende Ordnungsvorstellungen des deutschen Rechts. Denn einerseits ist die Minimierung von Schadstoffbelastungen und Umweltrisiken im einen Staat nicht Sache des Nachbarstaates. Soweit andererseits diese Umweltbelastungen international anerkannte Sicherheitsstandards[523] überschreiten, sind die Genehmigungsvoraussetzungen nicht gleichwertig, und für den ordre public bleibt kein Raum. Einen Verstoß gegen den ordre public wird man erst da annehmen müssen, wo internationale Sicherheitsstandards nicht

---

520 LG Hamburg, RIW/AWD 1973, 163 ff. = RabelsZ 1973, 578 ff.; dazu Meessen, AWD 1973, 177 ff.; Behrens, RabelsZ 1973, 394 ff.; Wuppermann, RIW/AWD 1973, 505 ff.

521 LG Hamburg AWD 1973, 165; krit. Wuppermann, AWD 1973, 508.

522 S.o. § 5, I.

523 Z.B. die EG-Richtlinie Nr. 84/360/EWG v. 28.6.1984 (ABl. L 188, 20) zur Bekämpfung der Luftverunreinigung durch Industrieanlagen.

existieren und das Vorhaben im Inland so erhebliche Schäden anrichtet, daß es die Grundsätze des völkerrechtlichen Nachbarrechts verletzt[524].

## *IV. Gültigkeit der Genehmigung im Emissionsstaat*

Aus den vorstehenden Erwägungen ergibt sich, daß die Gültigkeit der Genehmigung - nicht: Rechtmäßigkeit - nach dem Recht des Heimatstaates für die Anerkennung genügt. Diese Gültigkeit ist aber nicht nur ausreichend, sondern auch notwendig[525]. Eine Genehmigung, die verwaltungsgerichtlich aufgehoben oder mit so offenkundigen und schwerwiegenden Fehlern behaftet ist, daß sie schon nach dem Recht des Genehmigungsstaates nichtig ist, kann schon begrifflich nicht anerkannt werden. Denn Anerkennung bedeutet, den fremden Rechtsakt im Inland als verbindlich zu akzeptieren. Mehr Wirksamkeit als der Staat, in dem er seinen Ursprung hat, verleiht ihm auch der Nachbarstaat durch Anerkennung nicht[526].

## *V. Weitergehende Anforderungen*

### 1. Internationale Zuständigkeit

§ 328 I Nr. 1 ZPO setzt für die Anerkennung gerichtlicher Entscheidungen die internationale gerichtliche Zuständigkeit des Erststaates voraus. In Anlehnung hierzu könnte man erwägen, auch die Anerkennung behördlicher Genehmigungen an eine weitere Bedingung, nämlich die internationale Zuständigkeit der Behörden des Genehmigungsstaates zu knüpfen.

Die internationale Zuständigkeit beantwortet im internationalen Verwaltungsrecht die Frage, welche Behörden gegenüber verwaltungsrechtlichen Sachverhalten mit Auslandsbeziehung organisationsrechtlich zuständig sind. Das hängt davon ab, wie die Staaten sie in ihrer inneren Ordnung in den Grenzen des Völkerrechts konkret ausgestaltet haben[527].

Bereits diese Umschreibung zeigt aber, daß der Begriff der internationalen Zuständigkeit im internationalen Verwaltungsrecht nicht sehr ergiebig ist. Zunächst läßt sie offen, wessen autonome Ordnung für die interna-

---

524 S.o. S. 136.

525 Lummert, Natur + Recht 1982, 245.

526 So auch König, 53-55.

527 König, 48 f.; ähnlich für den Bereich gerichtlicher Entscheidungen Martiny, Rn 630 ("autonomes Recht")

tionale Zuständigkeit entscheidend sein soll: die des Anerkennungs-[528] oder die des Genehmigungsstaates[529]. Der Anerkennungsstaat macht sich regelmäßig über die Zuständigkeit der Behörden eines anderen Staates zur Genehmigung umweltbelastender Tätigkeiten mit Auswirkungen auf eigenem Staatsgebiet überhaupt keine Gedanken; eine konkrete rechtliche Ausgestaltung, wie über die gerichtliche Zuständigkeit, fehlt. Der Genehmigungsstaat wird sich aufgrund seiner inneren Ordnung immer für zuständig halten und wahrt dabei auch immer die Grenzen des Völkerrechts[530]. Da nämlich seine ungeteilte Souveränität es dem Emissionsstaat gestattet, über die Plazierung umweltbelastender Anlagen auf seinem Staatsgebiet allein zu entscheiden[531], muß er folgerichtig auch die Kompetenz haben, die Auswirkungen der umweltbelastenden Tätigkeit auf ausländischem Staatsgebiet zu regeln. Aus Sicht des Genehmigungsstaates wäre die internationale Zuständigkeit daher immer gegeben, einer besonderen Anerkennungsvoraussetzung entsprechend § 328 I Nr. 1 ZPO bedürfte es nicht.

Mit Recht hat deshalb Vogel darauf hingewiesen, daß aus dem Begriff der Internationalen Zuständigkeit für das Verwaltungsrecht nichts zu gewinnen ist[532]. Auch als zusätzliche Bedingung für die Anerkennung umweltrechtlicher Genehmigungen trägt die internationale Zuständigkeit zur Verschärfung des Anerkennungsrechts nichts bei. Auf sie kann daher verzichtet werden.

### 2. Reziprozität

Auch Reziprozität, wie sie von § 328 I Nr. 5 ZPO für die Anerkennung gerichtlicher Entscheidungen gefordert wird, ist für die Anerkennung umweltrechtlicher Genehmigungen nicht zu verlangen[533]. Zivilrechtliche Klagen auf Einstellung einer umweltbelastenden Tätigkeit in einem anderen als dem Gerichtsstaat sind bis heute eine aufsehenerregende Rarität geblieben. Bei dieser Sachlage erscheint es nicht sinnvoll abzuwarten, bis im jeweiligen Staat eine deutsche Genehmigung anerkannt wird, um sicherzustellen, daß

---

528 So im Anwendungsbereich des § 328 I Nr. 1 ZPO, vgl. Martiny Rn 630 ff.

529 So König, 48 f.

530 Näher dazu unten B, § 8.

531 Kloepfer, Grenzüberschreitender Umweltschutz, in: Moltke u.a., 60, sowie oben § 2 II.2.; Nassr-Esfahani/Wenckstern, RabelsZ 1985, 778.

532 Vogel, Räumlicher Anwendungsbereich, 320.

533 So aber Wengler, RabelsZ 1983, 215 ff., 250 f. (für Sonderanknüpfungen allgemein) krit. Schurig, 58; dagegen im Bereich der Verfahrensbeteiligung Blümel, Festschrift für Doehring, 100.

die Gegenseitigkeit verbürgt ist. § 328 I Nr. 5 ZPO verfolgt im übrigen von seinem Schwerpunkt her ein Ziel, das hier im umweltrechtlichen Bereich ohnehin nicht erreichbar ist. Die Vorschrift soll durch den Austausch von Vor- und Nachteilen die Staaten motivieren, Anerkennungs- und Vollstreckungsabkommen abzuschließen[534]. Die Zuerkennung von Unterlassungsansprüchen an Inländer ohne Rücksicht auf eine ausländische Genehmigung ist aber kein realer Nachteil, mit dem man einen Staat ernstlich dazu bewegen könnte, eine zwischenstaatliche Vereinbarung zu schließen.

Auch die Verbürgung der Gegenseitigkeit entfällt damit jedenfalls im Regelfall als Bedingung dafür, eine ausländische Genehmigung anzuerkennen.

Allenfalls ist daran zu denken, einer ausländischen Genehmigung die Anerkennung zu versagen, wenn der Genehmigungsstaat in vergleichbarer Situation nachweislich eine deutsche Genehmigung nicht anerkannt hat oder deutsche Genehmigungen grundsätzlich nicht anerkennt. In diesem Fall greifen die oben vorgebrachten Bedenken gegen das Erfordernis der Gegenseitigkeit nicht durch. Reziprozität kann also eine Rolle nur im Ausnahmefall als Schranke spielen, nicht als reguläre Voraussetzung für die Anerkennung.

### 3. Wirkungsäquivalenz im Vergleich mit deutschen Regelungen

Daß ausländische Genehmigungen über die oben angesprochene Gleichwertigkeit hinaus gleichartig sein müssen, nach Grad der hinzunehmenden Belastung oder Art des präkludierten Anspruchs, wurde bisher mit Recht von niemandem verlangt. Den Grad der hinzunehmenden Belastung bestimmt jeder Genehmigungsstaat selbst innerhalb der Grenzen, die durch das völkerrechtliche Nachbarrecht[535] gezogen sind. Ein dadurch bedingtes Sicherheitsgefälle an der Grenze ist zu tolerieren, weil die Anerkennung nicht nur unsere eigenen Interessen, sondern auch die des Nachbarstaates berücksichtigt. Dieser kann wirtschafts- und wettbewerbspolitische Gründe für seine geringeren Sicherheitsanforderungen haben, die wir ohne staatsvertragliche Vereinbarung ohnehin nicht durch unsere eigenen Standards ersetzen können[536], außerdem ein legitimes Interesse am gleichmäßigen Gesetzesvollzug innerhalb des gesamten Staatsgebiets.

---

534 Martiny, Rn 1206.

535 Dazu oben § 2 II. 3.

536 S. oben unter § 5 I.

Die Art des präkludierten Anspruchs läßt sich durch die - nachfolgend behandelte - Wirkungserstreckung oder Wirkungsverleihung angemessener und im Einzelfall sachgerechter regeln als dadurch, daß man die Anerkennung von vornherein ausschließt.

# § 6 Wirkungen der Anerkennung

Der Grad der Hinnahme eines ausländischen Verwaltungsakts ist abstufbar und hängt außer von den Anerkennungsvoraussetzungen davon ab, welche Wirkungen ihm der Anerkennungsstaat zugesteht. Für die Beurteilung der Wirkungen einer ausländischen Genehmigung im Inland - Ausschluß nur von Unterlassungs- oder auch von Schadensersatzansprüchen - bieten sich grundsätzlich zwei Alternativen an: entweder nach dem Recht des Anerkennungsstaates oder nach dem Recht des Genehmigungsstaates. Bei der ersten Alternative handelt es sich um Wirkungsverleihung, bei der zweiten um Wirkungserstreckung[537].

## *I. Wirkungsverleihung*

Soweit das deutsche Schrifttum die Anerkennung ausländischer Realkonzessionen überhaupt befürwortet, unterstellt es sie einheitlich den Wirkungen, die die inländische Rechtsordnung den Genehmigungen beimißt[538], ohne sich mit der Alternativität von Wirkungserstreckung und Wirkungsverleihung und den dahinter stehenden Ordnungsvorstellungen näher zu befassen. Es geht also unerkannt von der Wirkungsverleihungstheorie aus. Kennzeichnend dafür sind die ausschließlich am Gedanken internationalprivatrechtlicher Gerechtigkeit orientierten dogmatischen Ansätze und Begründungen.

Dogmatischer Ausgangspunkt ist für alle Autoren die von Rossbach vorgeschlagene "Sonderanknüpfung der Teilfrage" nach der rechtfertigenden bzw. haftungsausschließenden Wirkung der Genehmigung[539]. Hierbei handelt es sich nicht etwa um die oben erörterte Sonderanknüpfung im technischen Sinne[540], der staats- oder ordnungspolitische Erwägungen zugrunde-

---

537 S. Drobnig, ROW 1981, 181 ff, 190; Martiny Rn 362 ff.

538 Lummert, Natur + Recht 1982, 244; Rest, in: Rechtsfragen, 231 f.; ders., UPR 1982, 358 ff., 365. Ob auch das OLG Saarbrücken die Wirkungsverleihung anprüft - hierfür spricht die Formulierung "kann einer deutschen Genehmigung keinesfalls gleichgestellt werden", bleibt unklar; möglicherweise wollte es die Anerkennung schon tatbestandlich ausschließen.

539 Rossbach, Diss., 231 ff.

540 S.o. § 2 IV 4.

liegen, sondern gemeint ist folgendes: Während es für die Frage nach dem Bestand der Genehmigung beim Recht des Handlungsorts (der Gefahrenquelle) bleiben soll, sollen die rechtfertigenden bzw. anspruchspräkludierenden Wirkungen der Genehmigung nach dem Recht des Erfolgsorts zu beurteilen sein[541]. Dahinter steht die Vorstellung, das ausländische Recht stelle den Geschädigten "im Zweifel unerwartet schlechter"; bei Anknüpfung an das Recht des Genehmigungsstaates müsse sich der Störer eine "am Erfolgsort sowohl tatsächlich wie in ihren rechtlichen Wirkungen unbekannte" ausländische Bewilligung entgegenhalten lassen, woran "naturgemäß kein Interesse" bestehe[542]; auch lasse die wasserhaushaltsrechtliche Bewilligung ausländische Drittinteressen unberücksichtigt[543].

Die Theorie von der Wirkungsverleihung vertritt übrigens auch der österreichische OHG, der in seiner erwähnten Entscheidung vom 29.4.1981 - dort Schadensersatzklage einer österreichischen Fischereiberechtigten gegen den Betreiber eines deutschen Kraftwerks - der Klage stattgab und Schadensersatzansprüche zuerkannte[544], obwohl aufgrund einer deutschen wasserhaushaltsrechtlichen Bewilligung Schadensersatzansprüche an sich ausgeschlossen gewesen wären[545]. Ausschlaggebend war hierfür die - ebenfalls mit dem Schutz des Geschädigten begründete - Anknüpfung der Genehmigungswirkungen an das Recht des Erfolgsorts - hier Österreich -, das die Präklusion von Schadensersatzansprüchen durch eine wasserhaushaltsrechtliche Bewilligung im Unterschied zum deutschen Recht (§ 11 WHG) nicht vorsieht[546].

Es ist jedoch bereits erörtert worden, daß internationalprivatrechtliche Gerechtigkeitsvorstellungen allein im Anerkennungsrecht nicht ausschlaggebend sein können[547]. Die Anerkennung berücksichtigt nicht nur Privatinteressen, sondern auch ordnungspolitische Interessen sowohl des Anerkennungsstaates wie des Genehmigungsstaates[548]. Die Lehre von der Wirkungsverleihung erreicht zwar eine scheinbare Gleichstellung in- und ausländischer Genehmigungen, indem sie ausländische Genehmigungen den

541 Rossbach, Diss., 231-235; ebenso Lummert, Natur + Recht 1982, 244; Rest, UPR 1982, 365; ders. in: Rechtsfragen, 231 f.

542 Rossbach, Diss., 232.

543 Rossbach, Diss., 232.

544 ÖJZ 1981, 380 ff.

545 S.o. § 4 V.

546 Zu den Unterschieden s. auch oben § 4 V.

547 S.o. § 2 IV. 3.

548 S.o. § 2 IV. 3.

Wirkungen des Inlands anpaßt, sie vernachlässigt jedoch das Interesse beider Staaten am äußeren Entscheidungseinklang[549].

Im übrigen sind auch die von Rossbach im einzelnen gehegten Befürchtungen unbegründet. Die von ihm angenommene "unerwartete Schlechterstellung" des Geschädigten durch das ausländische Recht ist, was die Art des präkludierten Anspruchs angeht, nicht nachweisbar. Der Überblick über die rechtliche Situation auf dem Gebiet des umweltrechtlichen Nachbarrechts in mehreren Nachbarstaaten hat gezeigt, daß die ausländischen Rechtsordnungen, wie unsere, regelmäßig nur den Ausschluß von Unterlassungsansprüchen, nicht aber von Schadensersatzansprüchen vorsehen[550]. Was das Ausmaß der hinzunehmenden Umweltbelastung angeht, wird dieses in erforderlichem, aber ausreichendem Umfang durch die - durch verfassungsrechtliche Grenzen vorgegebenen[551] - Anerkennungsvoraussetzungen eingeschränkt, namentlich durch den ordre public[552]. Dasselbe gilt für Verfahrensmängel, die nach der oben wiedergegebenen Rechtslage in den Nachbarstaaten ohnehin auf Ausnahmefälle beschränkt sein werden. Hier greift der verfahrensrechtliche ordre public gegen die Anerkennung durch[553].

Insgesamt läßt sich die Zurückhaltung gegenüber der Anwendung ausländischen Rechts möglicherweise damit erklären, daß der deutsche Rechtsanwender in der Regel das in vieler Beziehung schwer zugängliche Recht des Auslands nicht kennt[554]. Insofern entspricht die Ansicht Rossbachs, an der Berufung des Störers auf eine tatsächlich wie rechtlich unbekannte Genehmigung bestehe hierzulande kein Interesse[555], wohl einer weitverbreiteten Meinung. Die mit der Wirkungsverleihung dem Anschein nach verbundene Bequemlichkeit ist jedoch nur vordergründig. Die schwierige Ermittlung ausländischen Rechts wird bereits im Stadium vor der Frage nach den Wirkungen der Anerkennung erforderlich, nämlich dort, wo es um ihre Voraussetzungen geht. Zumindest eine summarische Prüfung ausländischen Rechts bleibt bei der Prüfung der Gleichwertigkeit unausweichlich.

549 S. dazu im Internationalen Zivilverfahrensrecht Martiny, An. 367.

550 S.o. § 2 III. 2.

551 S.o. § 3.

552 S.o. § 5 IV.

553 S.o. § 5 II.

554 S.o. Drobnig, ROW 1981, 190, für den Bereich der Anerkennung von Verwaltungsakten der DDR.

555 Rossbach, Diss., 232.

## *II. Wirkungserstreckung*

Man könnte deshalb erwägen, die nach der Rechtsordnung des Genehmigungsstaates entstandenen Wirkungen auf das Inland zu erstrecken[556]; eine Methode, die im innerdeutschen Recht zum Beispiel seit 1971 für die Wirkung von Reifezeugnissen gewählt worden ist[557] und die im deutschen Internationalen Zivilverfahrensrecht seit jeher praktiziert wird[558].

Die Wirkungserstreckung fördert die internationale Entscheidungsharmonie, weil sie gewährleistet, daß Emissionen ein und derselben genehmigten Anlage vor ausländischen und deutschen Gerichten gleich behandelt werden. Außerdem vermeidet sie einen im Ausland unerwünschten Oktroi deutscher Wertvorstellungen auf einen ausländischen Hoheitsakt durch Zuschreibung rechtlicher Wirkungen, an die bei Ausgestaltung und Durchführung des Genehmigungsverfahrens überhaupt nicht gedacht worden war. Sie ist deshalb der Wirkungsverleihung vorzuziehen.

## *III. Grenzen*

Im Internationalen Zivilverfahrensrecht wird der Wirkungserstreckung häufig eine qualitative Grenze gezogen; die Wirkungen der ausländischen Entscheidung dürfen dem inländischen Recht nicht völlig wesensfremd sein[559].

Eine so gravierende Andersartigkeit einer umweltrechtlichen Genehmigung wäre nur denkbar, wenn sie außer dem Ausschluß von Unterlassungs- oder Schadensansprüchen auch andere, etwa dingliche Wirkungen auf Privatrechtsverhältnisse hätte. Das ist nach dem gegenwärtigen Stand des Umweltverwaltungsrechts in Europa nicht ersichtlich und für die Zukunft kaum vorstellbar. Die im Zivilverfahrensrecht entwickelten Grenzen der Wirkungserstreckung bleiben daher für die hier behandelte Problematik ohne praktische Bedeutung.

---

556 a.A. für das Internationale Verwaltungsrecht allgemein offenbar nur König, 19 f.

557 S. Drobnig, ROW 1981, 182 f., 190.

558 Martiny, Rn 362.

559 Baumbach/Lauterbach/Albers/Hartmann § 328 ZPO Anm. 1 A; Zöller/Geimer § 328 ZPO Anm. B II 1/Geimer, RIW 1976, 142; weitergehend Rosenberg/Schwab S. 953 (Beschränkung auch des Umfangs; dazu den § 6 I).

*B.*

# Extraterritoriale Anspruchspräklusion durch inländische Genehmigungen

## § 7 Grundlagen

### *I. Anwendbares Recht: Abgrenzung des Internationalen Verwaltungsrechts von der Fragestellung nach Internationalem Privatrecht*

Die Regelungswirkung inländischer Genehmigungen zu Lasten ausländischer Grenznachbarn ist zunächst nicht deshalb ausgeschlossen, weil die nach Internationalem Privatrecht für Unterlassungsansprüche maßgebliche lex rei sitae keine Verweisung auf unser Recht enthält. Zwar hatte der BGH im Salzburger Flughafen-Beschluß die Anerkennungsfrage vorschnell der lex causae zugeordnet und die Wirkung der ausländischen Bewilligung im Inland damit abgelehnt[1]. Das würde für den hier behandelten Fall - Klage eines Ausländers auf Einstellung des Betriebs einer im Inland belegenen, genehmigten Anlage - bedeuten, daß sich der ausländische Grenznachbar die deutsche Genehmigung nicht entgegenhalten zu lassen braucht. Ob eine deutsche Genehmigung ins Ausland hineinwirkt oder nicht, beurteilt sich indessen nicht nach dem Internationalen Privatrecht, sondern nach dem räumlichen Anwendungsbereich des ihr zugrundeliegenden Gesetzes, und ist eine Frage des Internationalen Verwaltungsrechts[2]. Das Internationale Verwaltungsrecht räumt nämlich wirtschaftsordnenden Vorschriften - hierzu gehören auch die Regelungen über die Anspruchspräklusion[3] - in dem von ihnen beanspruchten Umfang durch Sonderanknüpfung Anwendung auch auf Privatrechtsverhältnisse ein, die an sich einem anderen Recht unterste-

[1] BGH DVBl. 1979, 226 ff., 227.

[2] Statt vieler vgl. Soergel/Kegel vor Art. 7 EGBGB, Rn 288, Steindorff, WVR III, 582; Neumeyer, IV, 235 ff., 261 ff.; ausführlich m.w.N. s.o. § 2 IV.3.

[3] §§ 14 BImSchG; 11 LuftVG i.V.m. 14 BImSchG; zur Einordnung dieser Vorschriften als - auch - wirtschaftsordnende Normen s.o. § 2 IV.3,4.

hen, vorausgesetzt, sie weisen eine hinreichende Inlandsbeziehung auf[4] und genügen auch allen übrigen Grenzkriterien[5]. Zu prüfen bleibt also einmal, ob die deutschen Umweltverwaltungsgesetze hinsichtlich der Anspruchspräklusion auch auf ausländische Sachverhalte angewendet sein wollen oder ob sie territorial begrenzt sind, und ferner, ob das Völkerrecht oder das nationale Verfassungsrecht einer Exportwirkung der deutschen Genehmigung externe Grenzen[6] auferlegen.

## *II. Auslegung des nationalen Umweltverwaltungsrechts*

### 1. Anspruchspräklusion und Territorialitätsprinzip

Die Frage, ob deutsche Regelungen über die Anspruchspräklusion verbindliche Wirkung auch über die Staatsgrenzen hinaus beanspruchen, läßt sich, wenn man ein apriorisches Territorialitätsprinzip im weitesten Sinne als Auslegungsmaxime ablehnt[7], nur vom Tatbestand der jeweils maßgebenden einzelnen verwaltungsrechtlichen Norm her entscheiden[8]. Es kommt also zunächst darauf an, ob § 14 BImSchG und die auf ihn verweisenden Gesetze nur in das Eigentum inlandsansässiger Grenznachbarn eingreifen wollen, oder auch in solche Privatrechtsbeziehungen, die einen grenzüberschreitenden Bezug aufweisen und an sich nach dem Privatrecht eines anderen Staates zu beurteilen sind.

Wie die entsprechenden Regelungen in den meisten Nachbarstaaten[9], schweigen indessen die genannten Tatbestände zur Frage ihres räumlichen Anwendungsbereichs.

Der Wortlaut des § 14 BImSchG ("kann nicht die Einstellung des Betriebs einer Anlage verlangt werden, deren Genehmigung unanfechtbar ist") läßt keine Einschränkung erkennen; es deutet nichts darauf hin, daß diese Eingriffsnorm nur auf Gebietsansässige angewendet werden will.

---

4 Wengler, ZVglRW 1941, 168, 174 f.; Münchner-Kommentar/Sonnenberger, Einl. IPR Rn 11; Mann, R.d.C. 1964, 109 ff.; BVerfGE 63, 343 ff., 363.

5 Dazu Vogel, Räumlicher Anwendungsbereich, 342 ff.

6 S. Vogel, Räumlicher Anwendungsbereich, 317.

7 Dazu schon oben, § 2 III. 2-; s. ferner Vogel, Räumlicher Anwendungsbereich, 148 f.

8 Vogel, Räumlicher Anwendungsbereich, 317.

9 S.o. § 2 III. 4.

Gegen einen grenzüberschreitenden Bezug scheint die Systematik des Gesetzes zu sprechen. Mit der Maßgabe, daß die Genehmigung dem Dritten gegenüber unanfechtbar geworden sein müsse, knüpft der Gesetzgeber an ein Verfahren an, das nach seiner rechtlichen Ausgestaltung erkennbar auf reine Inlandsbeziehungen zugeschnitten ist: Das Vorhaben ist u.a. im amtlichen Veröffentlichungsblatt bekanntzumachen[10] und der Genehmigungsbescheid ist allen Personen, die Einwendungen erhoben haben, zuzustellen[11]. Die Bekanntmachung im amtlichen Veröffentlichungsblatt erreicht im allgemeinen nur die Personen, die auch im Bundesgebiet ihren Wohnsitz haben, und Zustellungen im Ausland durch inländische Behörden sind nach allgemeiner Meinung aufgrund des völkerrechtlichen Territorialitätsprinzips ausgeschlossen[12].

Dieses systematische Argument ist aber nicht von besonderem Gewicht. Bedenkt man nämlich, daß die Anspruchspräklusion ihrem Sinn und Zweck nach darauf abzielt, die genehmigte Anlage nach Eintritt der Bestandskraft in den Grenzen des § 17 BImSchG umfassend, auch gegen privatrechtliche Ansprüche, abzuschirmen, so kann der so gewährleistete Bestandsschutz kaum an der Staatsgrenze enden wollen. Vor diesem teleologischen Hintergrund kann man dem Zuschnitt des Verwaltungsverfahrens nicht mehr entnehmen als eine indizielle Aussage dahin, daß sich der Gesetzgeber des Problems für den Fall grenzüberschreitender Umweltbelastungen überhaupt nicht bewußt war. Die Systematik des Gesetzes bleibt unergiebig.

Dem Zweck des Gesetzes würde es an sich am ehesten entsprechen, die nicht gebietsansässigen Nachbarn am Verfahren vor Zulassung umweltbelastender Vorhaben teilhaben zu lassen - nur unter dieser Voraussetzung wird die Genehmigung auch ihnen gegenüber unanfechtbar - und sie dafür auch von der Verfolgung privatrechtlicher Abwehransprüche außerhalb der verwaltungsrechtlichen Klagefristen auszuschließen[13].

Die herrschende Meinung hält jedoch § 14 BImSchG und die ihm entsprechenden Regelungen auf den ausländischen Grenznachbarn für nicht anwendbar[14]. Hierfür beruft sie sich auf ein Territorialitätsprinzip als "stets zu beachtenden allgemeinen Rechtsgrundsatz"[15], das bei begünstigenden

---

[10] S. § 10 III 1 BImSchG; § 7 IV 3 AtG.

[11] S. § 10 VII BImSchG; § 7 IV 3 AtG.

[12] S. statt vieler Vogel, Räumlicher Anwendungsbereich, 346 f.

[13] So auch Wolfrum, DVBl. 1985, 501; Bothe, UPR 1983, 5 f.

[14] Weber, DVBl. 1980, 335; Oppermann/Kilian S. 110; VG Oldenburg, DVBl. 1985, 800 ff., 803 m. zust. Anm. Kilian; BVerwG UPR 1987, 114.

[15] Oppermann/Kilian 107.

Verwaltungsakten grundsätzlich nicht[16] und bei belastenden Maßnahmen erst recht keine Ausnahmen zulasse[17]; ferner darauf, daß einer Präklusion von Unterlassungsansprüchen keine Verfahrensbeteiligung gegenüberstehe[18].

Zum ersten Punkt ist indessen bereits hervorgehoben worden, daß es ein apriorisches Territorialitätsprinzip in dieser rigorosen Form, daß sich Verwaltungsrechtsnormen generell in ihrem Anwendungswillen selbst beschränken würden, nicht gibt[19]. Das gilt auch für belastende Maßnahmen wie die Anspruchspräklusion. Kein Staat hat ein Interesse daran, Unterlassungsansprüchen von Ausländern im Inland zur Durchsetzung zu verhelfen, wenn deren Belange im vorherigen Genehmigungsverfahren ausreichend berücksichtigt worden sind. Vorsichtsmaßregeln gegenüber den belastenden Wirkungen eines Verwaltungsakts kommen deshalb nicht schon bei der gesetzesimmanenten Auslegung des räumlichen Anwendungsbereichs, sondern erst bei der Anwendung verfassungs- und völkerrechtlicher Grenznormen zum Zuge. Im übrigen trifft es nicht zu, daß die deutsche Rechtsprechung vom Territorialitätsprinzip nur dort abweicht, wo es um begünstigende Verwaltungsakte geht. Das Bundesverfassungsgericht hat in seinem Beschluß zum deutsch-österreichischen Rechtshilfevertrag einen österreichischen Abgabenbescheid - einen belastenden Verwaltungsakt - als extraterritorial verbindlich anerkannt und im Erfordernis eines legitimen Anknüpfungspunkts einen ausreichenden Schutz des betroffenen Individuums gesehen, der das Fehlen einer demokratischen Beteiligung ausgleiche. Daß § 14 BImSchG für den Nachbarn belastende Wirkungen mit sich bringt, zwingt demnach nicht zu einer territorialen Auslegung.

### 2. Verfahrensbeteiligung und Territorialitätsprinzip

Eine extraterritoriale Auslegung der Vorschriften über die Anspruchspräklusion könnte sich aber verbieten, falls das Verwaltungsverfahrensrecht aus bestimmten Gründen territorial auszulegen wäre und Ausländer deshalb keine Möglichkeit hätten, auf die Verwaltungsentscheidung im Genehmigungsverfahren Einfluß zu nehmen.

---

[16] Oppermann/Kilian 102 ff.

[17] Oppermann/Kilian 107; VG Oldenburg, DVBl. 1985, 803.

[18] Kloepfer, Grenzüberschreitende Umweltbelastungen, in: Moltke u.a., 44; Prieur, La reconnaissance des autorisations etrangères, in: Rechtsfragen, 216.

[19] S.o. § 2 III 3.

Bis zur Entscheidung des BVerwG im Fall "Kernkraftwerk Emsland" überwog noch in Deutschland eine von Oppermann/Kilian[20] angeführte Auffassung, derzufolge das vermeintlich das Umweltrecht beherrschende Territorialitätsprinzip eine Einbeziehung ausländischer Grenznachbarn in den Schutzbereich deutscher Umweltverwaltungsgesetze - unbeschadet einer "freiwilligen" Gewährung von Gehör[21] - nicht zuließ. Ausschlaggebend waren dafür außer der neutralen Fassung der Gesetze[22] folgende Befürchtungen: Der Handlungsspielraum von Regierung und Parlament werde durch einseitig selbstverpflichtende Rechtsauslegungen unzulässig beschnitten[23]. Die deutsche Wertordnung werde der ausländischen Rechtsordnung in unerwünschter Form "aufgedrängt"[24]. Ein rechtsstaatlich ordnungsgemäßes Verfahren sei im Hinblick auf bestimmte Verfahrenshandlungen (Zustellungen, Ladungen, Augenscheinnahmen etc.) nur unter großen Schwierigkeiten durchführbar[25]. Die Einbeziehung ausländischer Grenznachbarn in den deutschen Grundrechtsschutz mißachte das Gegenseitigkeitsprinzip[26] und verletze inländische Grenznachbarn in ihrem Grundrecht aus Art. 3 GG, soweit die ausländische Rechtsordnung ihnen nicht einen gleichwertigen Schutz anbiete[27].

Dieser Auffassung, der sich auch das Verwaltungsgericht Oldenburg im Fall "Kernkraftwerk Emsland" angeschlossen hatte[28], hat das Bundesverwaltungsgericht als Revisionsinstanz in seinem Urteil vom 17.12.1986 zumindest für den Bereich der Kernenergie jetzt endgültig die Grundlage entzogen[29]. Danach fordert das Atomgesetz eine völkerrechtsfreundliche Auslegung; das ergebe sich aus seinem Zweck, Leben, Gesundheit und Sachgüter vor den Gefahren der Kernenergie zu schützen (§ 1 Nr. 2 AtG)

---

[20] Oppermann/Kilian 102 ff., 107; dazu oben § 2 III 3; VG Oldenburg, DVBl. 1985, 802 ff., zust. Kilian, ebda 804 f.

[21] Oppermann/Kilian 101.

[22] S.o. § 2 III 3; krit. auch Bothe, UPR 1983, 3, der das von Oppermann/Kilian angenommene Regel-Ausnahmeverhältnis als Kunstgriff abwertet; Rehbinder, RabelsZ 1983, 563.

[23] Oppermann/Kilian, 99; VG Oldenburg, DVBl. 1985, 802 ff., 803.

[24] Oppermann/Kilian, 99; krit. Rehbinder, RabelsZ 1983, 562.

[25] Oppermann/Kilian 100.

[26] Oppermann/Kilian, 100; zust. VG Oldenburg DVBl. 1985, 803; krit. Rehbinder, RabelsZ 1983, 562.

[27] Oppermann/Kilian 110.

[28] DVBl. 1985, 802 ff.

[29] BVerwG JZ 1987, 351 ff. m. Anm. Preu, ebda 354 f. = UPR 1987, 114 ff. m. Anm. Bothe, ebda 170 ff.

und die Erfüllung internationaler Verpflichtungen der Bundesrepublik Deutschland zu gewährleisten (§ 1 Nr. 4).

Bemerkenswert ist, daß das Bundesverwaltungsgericht aus der allgemeinen und neutralen Fassung des § 1 Nr. 2 AtG nicht, wie Oppermann/Kilian, auf eine territoriale Beschränkung des räumlichen Anwendungsbereichs schließt, sondern auf das Gegenteil: Die Überwachungsvorschriften der §§ 3 ff. AtG gewährleisteten einen Rechtsgüterschutz, der nicht auf die Belegenheit eines Rechts im Inland abstellte. Grenznahe Kernkraftwerke seien gerade deshalb genehmigungsfähig, weil sie die strengen Voraussetzungen des § 7 II AtG im Hinblick auf Rechtsgüter außerhalb der Bundesrepublik Deutschland erfüllen müßten und damit sicherstellten, daß die Anforderungen des zwischenstaatlichen Nachbarrechts eingehalten seien. Hiermit sei schwerlich vereinbar, den § 7 II AtG hinsichtlich seiner drittschützenden Wirkung so auszulegen, daß der Drittschutz nur im Inland wohnhaften Betroffenen zugute kommen solle[30]. Das Bundesverwaltungsgericht wendet sich sodann den von der Vorinstanz im Anschluß an Oppermann/Kilian erhobenen Bedenken gegen die Ausstrahlungswirkungen deutschen Verfahrensrechts zu: Das Argument, die Gewährung von Rechten an Gebietsfremde schränke den außenpolitischen Handlungsspielraum der Bundesrepublik Deutschland ein und hindere sie an der Durchsetzung des Gegenseitigkeitsprinzips, erweise sich angesichts der positivrechtlichen Regelung als nicht tragfähig. Es habe auch deshalb wenig Gewicht, weil - wie hier bereits bestätigt wurde[31] - die Niederlande im Rahmen ihrer Rechtsordnung deutschen Staatsbürgern die gleichen Möglichkeiten einräumten, sich gegen die Genehmigung von Kernkraftwerken zu wehren, wie inländischen Nachbarn. Der Zuschnitt der deutschen Verfahrensordnung auf ein inländisches Genehmigungsverfahren rechtfertige es im Hinblick auf den von § 7 AtG gewährleisteten Drittschutz auch von Ausländern nicht, diese von der Teilhabe im Genehmigungsverfahren auszuschließen. Der Senat erkenne zudem nicht, auf welche unüberwindbaren rechtlichen oder tatsächlichen Schwierigkeiten eine solche Beteiligung sollte stoßen können. Abschließend stellt das Bundesverwaltungsgericht, indem es einem weitverbreiteten Mißverständnis entgegentritt[32], noch einmal klar: Die Einräumung von Schutzansprüchen an ausländische Grenznachbarn ist keine Hoheitsausübung im Ausland und verstößt nicht gegen das Territorialitätsprinzip.

---

[30] BVerwG JZ 1987, 115

[31] S.o. § 2 III 4 c).

[32] S. Nassr-Esfahani/Wenckstern, RabelsZ 1985, 770 f.

### 3. Interdependenzen zwischen Verfahrensbeteiligung und Anspruchspräklusion

Die Entscheidung des Bundesverwaltungsgerichts ist allenthalben begrüßt worden[33]. Die Praxis der Länder hatte sich zuvor im Hinblick auf das Territorialitätsprinzip in der Frage der Beteiligung nichtgebietsansässiger Grenznachbarn in bedauerlicher Weise auseinanderentwickelt[34]. Sie kann sich nunmehr wieder im Sinne guter Nachbarschaft aneinander angleichen.

Das Emsland-Urteil bezieht sich zwar direkt nur auf den Bereich des Atomrechts. Man wird seine Feststellungen jedoch ohne weiteres dahin verallgemeinern dürfen, daß das Gebot der völkerrechtsfreundlichen Auslegung auch für territorial neutral gefaßte drittschützende Normen aus anderen Bereichen des Umweltrechts gilt, z. B. für das Immissionsschutzrecht (§§ 4ff. BImSchG), das Abfallbeseitigungsrecht (§§ 7f. AbfG) und das Luftverkehrsrecht (§§ 8ff. LuftVG)[35].

Das Bundesverwaltungsgericht ist allerdings nur den halben Weg gegangen. Während es für die Auslegung drittschutzgewährender Rechtsvorschriften vom Territorialitätsprinzip abgerückt ist, hält es an ihm in bezug auf die an die Genehmigung anknüpfende Duldungswirkung fest, denn "eine gem. § 7 AtG erteilte atomrechtliche Genehmigung gilt in der Tat nur innerhalb der Grenzen der Bundesrepublik Deutschland, entfaltet also keine darüber hinausgehenden Wirkungen in dem Sinn, daß sie in einem anderen Staat "verbindlich" mit der Folge ist, daß das Vorhaben dort als genehmigt anzusehen ist."[36]. Das Bundesverwaltungsgericht unterstreicht sodann, daß diese Geltungsbegrenzung nichts mit der Frage zu tun habe, ob ein Ausländer durch eine atomrechtliche Genehmigung hinsichtlich seiner im Ausland belegenen Rechtsgüter im Sinne von § 42 II VwGO in seinen subjektiven Rechten verletzt sein könne, und kommt abschließend noch einmal auf die mit der Genehmigung verbundenen Pflichten zurück: "Hingegen verpflichtet eine derartige Genehmigung den ausländischen Kläger nicht zur Duldung in dem Sinne, daß er nunmehr die mit der genehmigten Anlage verbundenen Gefahren und Immissionen hinnehmen müsse", wobei es anmerkt, insoweit zwischen Inländern und Ausländern nicht unterscheiden zu wollen[37].

---

[33] S. statt aller Bothe, UPR 1987, 170 ff.

[34] Bothe, UPR 1987, 170.

[35] S.z.B. Blümel, Festschrift für Doehring, 100f.; Weitbrecht, NJW 1987, 2133f.; Bothe, UPR 1987, 171.

[36] BVerwG UPR 1987, 114.

[37] BVerwG UPR 1987, 114.

Diese Betrachtungsweise ignoriert die Interdependenzen zwischen der Einräumung subjektiver Rechte und Befugnisse im Verfahren einerseits und den an die Genehmigung anknüpfenden zivilrechtlichen Duldungspflichten andererseits. Verfahrensbeteiligung und Anspruchspräklusion bilden eine untrennbare Einheit[38]. Die Genehmigung ist das Ergebnis einer Interessenabwägung, das durch zivilrechtliche Klagen einzelner nicht mehr in Frage gestellt werden soll. Der Anspruch wird entzogen, weil eine mit allen verfahrensrechtlichen Sicherungen ausgestattete Interessenabwägung bereits stattgefunden hat. Das ist für reine Inlandsbeziehungen anerkannt und sollte nicht in Zweifel gezogen werden, wenn ausländische Interessen ins Spiel kommen.

#### 4. Konsequenzen einer Disparität zwischen Verfahrensbeteiligung und Anspruchspräklusion

Eine Ablehnung der Präklusion von Unterlassungsansprüchen hätte auch völlig unerträgliche Konsequenzen. Ohne die Anspruchspräklusion wären zeitlich unbegrenzte Eingriffe von Ausländern in das Zusammenspiel von Umweltverwaltungsrecht und Privatrecht denkbar[39], die sich - bei der Vollstreckung - selbst über den ordre public nicht mehr abwehren ließen; denn dieser ist auf Inlandsentscheidungen nicht anwendbar. Die zeitlich unbegrenzte Möglichkeit ausländischer Grenznachbarn, den Betrieb grenznaher Anlagen zum Erliegen zu bringen und Investitionen nachträglich zu entwerten, verträgt sich weder mit Ordnungsinteressen des Inlands noch mit dem individuellen Interesse des Betreibers, auf die Bestandskraft der Genehmigung vertrauen zu dürfen. Die Verfahrensbeteiligung ausländischer Grenznachbarn ohne korrespondierende Anspruchspräklusion diskrimiert schließlich unter Verstoß gegen Art. 3 GG inländische Grenznachbarn[40]. Sie müssen sich nämlich bei zivilrechtlichen Unterlassungsklagen die Genehmigung entgegenhalten lassen und sind in diesem Sinne, was das Bundesverwaltungsgericht übergangen hat[41], sicherlich zur Duldung der mit der Anlage verbundenen Gefahren und Immissionen verpflichtet.

Das Bundesverwaltungsgericht hat diesen Schluß aus seiner territorialen Auslegung der Genehmigung selbst mit Recht nicht gezogen. Es hat sich jedoch dazu eines Kunstgriffs bedient, der aus internationalprivatrechtlichen Gründen ineffizient und unpraktikabel ist: Die Präklusion soll auf solche

---

38 Wolfrum, DVBl. 1984, 501.

39 Rehbinder, RabelsZ 1983, 564.

40 Kilian, DVBl. 1985, 804.

41 S.o. B § 7 II 2.

Ansprüche beschränkt sein, die der Ausländer nach deutschem Recht geltend macht; hingegen soll sie sich nicht auf Fälle erstrecken, in denen er "vor dem Gericht des Staates klagt, in dem sein Recht belegen ist"[42]. Übersehen wird, daß der Ausländer vor deutschem Forum nach der lex rei sitae Unterlassungsansprüche überhaupt nur nach dem Recht des Staates geltend machen kann, in dem sein Grundstück belegen ist; außerdem verwechselt das Gericht die internationale gerichtliche Zuständigkeit, die dem Ausländer in der Tat die Wahl zwischen den Gerichten des Handlungsorts und des Erfolgsorts läßt[43], mit der Frage nach dem anwendbaren Recht[44].

## *III. Ursachen des Interessenkonflikts*

### 1. Zusammenspiel zwischen Umweltverwaltungsrecht und Umweltprivatrecht

Die Ursache für den unbefriedigend gelösten Konflikt ist wohl hauptsächlich darin zu sehen, daß das Zusammenspiel zwischen Umweltverwaltungsrecht und Umweltprivatrecht im öffentlich-rechtlichen Schrifttum bisher nicht erkannt wurde und kein Streitfall den Zivilgerichten Anlaß gab, sich mit der Sonderanknüpfung für den Bereich des Umweltrechts auseinanderzusetzen.

### 2. Notwendigkeit extraterritorialer Wirkungserstreckung

Daß bei methodengerechter Gesetzesauslegung auch Ausländer nicht nur in den geschützten Personenkreis, sondern auch in die Anspruchspräklusion notwendig einzubeziehen sind, mithin die zur Wahrung von Ordnungsinteressen entwickelte Sonderanknüpfung zum Zuge kommen muß, folgt aus drei Gesichtspunkten:

#### *a) Wirtschaftsordnungsrechtliche Gesichtspunkte*

Genehmigungsvorbehalt und Anspruchspräklusion dienen nicht nur Individualinteressen. Die zunehmende Technisierung und Automatisierung bringen zwangsläufig immer mehr Gefahren mit sich. Deshalb wurde das Bundesimmissionsschutzgesetz geschaffen. Dessen Zweck ist es, die Allge-

---

[42] BVerwG UPR 1987, 114.

[43] Dazu oben § 1 II 1.

[44] Dazu oben § 2 IV 3.

meinheit und die Nachbarschaft im Bereich umweltbelastender Anlagen vor Gefahren, erheblichen Nachteilen und erheblichen Belästigungen zu schützen[45]. Ähnlich verhält es sich mit dem Atomgesetz: Es will gegen Gefahren schützen, die u.a. beim Freiwerden von Kernenergie auftreten (Art. 74 Nr. 11 a GG). Die Gefährlichkeit und teilweise nicht vollständige Beherrschbarkeit großtechnischer Anlagen erfordern eine besondere staatliche Überwachung. Kennzeichnend für das Recht der umweltbelastenden Anlagen ist deshalb das Verbot mit Erlaubnisvorbehalt[46], das der Behörde vor Aufnahme der gefährlichen Tätigkeit eine präventive Kontrolle darüber ermöglicht, ob die Gefahren für die Allgemeinheit und die Nachbarschaft wirklich abgewendet sind[47]. Insofern stellt der Genehmigungsvorbehalt eine Form der Wirtschaftsaufsicht dar[48], durch die der Staat das wirtschaftliche Verhalten von Privatpersonen daraufhin überwacht, ob es mit den Vorschriften des Umweltrechts im Einklang steht. Durch den Ausschluß privatrechtlicher Abwehransprüche greift der Staat andererseits nach Eintritt der Bestandskraft gestaltend in Privatrechtsbeziehungen ein. Diese Einwirkung auf das Wirtschaftsleben, die letztlich der Aufrechterhaltung der einmal im Genehmigungsverfahren geschaffenen Ordnung dient[49], kann man als Wirtschaftslenkung[50] bezeichnen.

Unter diesen Aspekten dient der Ausschluß privatrechtlicher Abwehransprüche durch eine umweltrechtliche Genehmigung staatlichen Ordnungsinteressen[51]. Dies spricht dafür, im Wege der Sonderanknüpfung die Regelung des § 14 BImSchG unabhängig davon anzuwenden, ob das Rechtsverhältnis zwischen dem Nachbarn und dem Betreiber der Anlage deutschem Recht unterliegt oder nicht[52].

---

45 §§ 1, 3 BImSchG.

46 § 4 BImSchG; § 7 AtG.

47 Dazu Jarass, Wirtschaftsverwaltungsrecht, 227; Stober, 420.

48 Dazu Stober, 226.

49 Vgl. die Kategorisierung verwaltungsrechtlicher Normen mit Ordnungsfunktion bei Vogel, Räumlicher Anwendungsbereich, 407.

50 Umfassend dazu Stober, 436 ff.; Jarass a.a.O. § 1, Rn 3.

51 Zu wirtschaftspolitischen Interessen s. Degenhart, 111; Kröncke, 3 f.; Löffler, 22 f.

52 Dazu s.o. § 1.

### *b) Fundamentale Verfassungsprinzipien: Vertrauensschutz und Eigentumsgarantie*

Für eine Auslegung des § 14 BImSchG als Eingriffsnorm, die in jedem Fall, auch bei Berührung ausländischer Interessen, zwingend zur Anwendung kommen will, sprechen darüber hinaus möglicherweise verfassungsrechtliche Ordnungsprinzipien, nämlich der rechtsstaatliche Grundsatz des Vertrauensschutzes und die Eigentumsgarantie.

Im öffentlichen Recht ist heute anerkannt, daß sich subjektive öffentliche Rechte in Gestalt von Genehmigungen, Erlaubnissen oder ähnlichen Akten, die als Grundlage wirtschaftlicher oder beruflicher Betätigung dienen, zu Eigentum verfestigen, wenn das genehmigte Vorhaben durch Einsatz von Kapital und Arbeit "ins Werk gesetzt" ist[53]. Der Betreiber einer umweltbelastenden Anlage muß darauf vertrauen dürfen, daß Investitionen, die er im Hinblick auf die Unanfechtbarkeit der Genehmigung getätigt hat, nicht nachträglich durch Schließungsverfügungen oder Abrißgebote gänzlich ihren Wert verlieren, es sei denn, die Voraussetzungen für einen Widerruf oder eine Rücknahme (§ 17 BImSchG) lägen vor. Der erhöhte Bestandsschutz für unanfechtbar genehmigte Anlagen[54] weist nun die Besonderheit auf, daß sie auch gegen Einstellungsansprüche Privater, nicht nur gegen hoheitliche Maßnahmen, abgeschirmt werden[55], anders und weitergehend als etwa im Baurecht[56]. Dieses Gesetzesziel würde verfehlt, könnten ausländische Grenznachbarn im Inland zu jedem beliebigen Zeitpunkt privatrechtlich Einstellung des Anlagenbetriebs verlangen. Vertrauensschutzgrundsatz und Eigentumsgarantie schließen solche, vom Gesetz nicht vorgesehene Eingriffe von Ausländern grundsätzlich aus. Auch dieser Gesichtspunkt legt es nahe, die - methodisch vom Gesetz her gestellte[57] - Frage nach seinem Anwendungsbereich dahin zu beantworten, daß § 14 BImSchG extraterritorial wirken will.

---

[53] BGHZ 15, 17, 20; Hoppe, DVBl. 1982, 105; Stober, Wirtschaftsverwaltungsrecht, I, 175.

[54] S. Feldhaus, BImSchG, § 17 II.

[55] Vgl. die amtliche Begründung, abgedr. bei Feldhaus, § 14, I 1 und Ule, § 17 I.

[56] Vgl. § 69 II 3 HmbBauO.

[57] S.o. § 9 I.

## *IV. Bisherige Lösungsansätze*

### 1. Methoden einseitiger Konfliktbewältigung

Die bisherigen Ansätze zur Bewältigung grenzüberschreitender Umweltprobleme im Verhältnis zwischen Privaten sind außer unter methodischen Gesichtspunkten im allgemeinen deshalb unbefriedigend, weil sie den üblichen Konflikt zwischen den Belangen des Betreibers und den Interessen der Nachbarschaft durch eine Art protektionistischer Handhabung des Territorialitätsprinzips nur einseitig und häufig zum Nachteil ausländischer Grenznachbarn lösen:

Die Meinung Oppermanns und Kilians berücksichtigt die Interessen der Grenznachbarn zu wenig, indem sie ihnen keine Verfahrensrechte und Klagebefugnisse zubilligt und ihnen damit u.U. die Möglichkeit nimmt, von dem Vorhaben überhaupt etwas zu erfahren.

Das Bundesverwaltungsgericht läßt die Interessen des Betreibers der Anlage außer acht, indem es die Anspruchspräklusion territorial auslegt und nur in denjenigen, für ausländische Nachbarn praktisch nicht bedeutsamen, Fällen zum Zuge kommen lassen will, in denen auf die gesamten Privatrechtsbeziehungen deutsches Recht anwendbar ist. Unerträgliche Ergebnisse dieser strikt territorialitätsbezogenen Rechtsanwendung hofft das Gericht über den ordre public bei der Vollstreckung abwehren zu können[58]; dieser ist indessen nur gegen Auslandsentscheidungen einsetzbar.

### 2. Quasipräklusion durch positiven ordre public

Gegenüber den beträchtlichen Unsicherheiten und Problemen, die eine territorialitätsbezogene Sicht des § 14 BImSchG mit sich bringen würde, sieht Rehbinder keinen Ausweg als den, Einstellungsansprüche von Ausländern mit einer "Quasipräklusion" über den ordre public abzuwehren[59].

Früher wurde der ordre public außer zur Abwehr ausländischer Eingriffsnormen in der Tat auch häufig dafür herangezogen, bestimmte inländische Sachnormen unabhängig vom Vertragsstatut stets durchzusetzen, wenn eine hinreichende Inlandsbeziehung bestand[60]. Noch das Reichsgericht wendete Art. 30 a.F. EGBGB in dieser positiven Funktion an und gelangte

---

[58] BVerWG UPR 1987, 115.

[59] Rehbinder, RabelsZ 1983, 564.

[60] Münchner-Kommentar/Kreuzer, Voraufl. Art. 30, Rn 5, 18; Münchner-Kommentar / Martiny, Voraufl. vor Art. 12, Rn 336; s. heute noch Erman/Arndt, Art. 30 EGBGB, Rn 4.

so aufgrund des deutschen Abzahlungsgesetzes zur Nichtigkeit einer Kette von Verträgen, die an sich dem niederländischen Statut unterstand[61]. Heute ist man von dieser Betrachtungsweise wieder abgerückt. Der ordre public hat nach h.M. die Aufgabe, die für unsere Rechtsgemeinschaft unverzichtbaren Grundlagen zu wahren und materiellrechtlich untragbare Ergebnisse des kollisionsrechtlich berufenen fremden Rechts abzuwehren[62]. Mit dieser Zielsetzung verträgt es sich nicht, deutsche Sachnormen ausnahmslos und ohne Rücksicht darauf anzuwenden, wie das Ergebnis der ausschließlichen Anwendung fremden Rechts ausfällt[63].

Der ordre public bietet demnach kein geeignetes Instrument zur Abwehr von Störungen der inneren Ordnung, die durch Unterlassungsklagen ausländischer Nachbarn im Inland verursacht werden können.

### 3. Loi d'application immédiate und Sonderanknüpfung

Nach der Lehre von der loi d'application immédiate behaupten sich inländische Sachnormen, wenn sie streng positiver, zwingender Natur sind, gegenüber dem eigentlichen Statut, indem sie "unabhängig vom IPR", also unmittelbar gelten[64]. Da § 14 BImSchG unanfechtbar genehmigten Anlagen erhöhten Bestandsschutz im Hinblick darauf sichern will, daß die Interessen Privater bereits im vorherigen Genehmigungsverfahren berücksichtigt worden sind, drängt es sich auf anzunehmen, daß er auch vom IPR unabhängige Geltung beansprucht, falls die vorherige Abwägung auch die Interessen von Ausländern einbezogen hat. Die Wirkungen von loi d'application immédiate und Sonderanknüpfung sind sich also gleich. Genaugenommen stellt die loi d'application immédiate nur einen Unterfall der Sonderanknüpfung dar mit dem Unterschied, daß erstere nur auf Normen der lex fori bezogen wird[65], während letztere auf ausländische und inländische Eingriffsnormen gleichermaßen Anwendung findet[66]. Gelegentlich wird die Sonderanknüpfung aber auch nur ausländischen Eingriffsnormen zugewiesen[67]. - Die Differenzierung ist ohne Bedeutung, da beide Methoden dasselbe erreichen.

---

[61] RG JW 1932, 593.

[62] Münchner-Kommentar/Kreuzer Art. 39, Rn 8.

[63] Münchner-Kommentar/Martiny, vor Art. 12, Rn 336; Münchner-Kommentar/Kreuzer, Art. 30, Rn 9; krit. auch Schurig, S. 65 ("alles dasselbe" (wie lois d'application immédiate)).

[64] Schurig, 56; Schwander 248.

[65] Schurig 57; Schwander 248.

[66] So bei Wengler, ZVglRW 1941, 172.

[67] So bei Schurig, 57, 66 ff.; ders., Kollisionsnorm und Sachrecht, 324 ff.

Für die Auslegung des § 14 BImSchG als Eingriffsnorm oder bloß territorial anwendbare Regelung ist auch von Interesse, daß der Gesetzgeber in Art. 34 des neuen IPR-Gesetzes ausdrücklich eine Entscheidung zugunsten der Anwendung eigener Eingriffsnormen getroffen hat. Die Vorschrift ist Art. 7 II des Europäischen IPR-Vertragsübereinkommens nachgebildet[68]. Während die Bundesrepublik in bezug auf die Sonderanknüpfung ausländischer Eingriffsnormen nach Art. 7 I von einem Vorbehalt Gebrauch gemacht und seine Inkorporation in die inländische Ordnung abgelehnt hat[69], hat sie die Regelung über die eigenen "lois d'application immédiate" übernommen.

Allerdings bezieht sich diese Bestimmung nur auf Vertragsbeziehungen. Auf Schuldverhältnisse, die, wie hier, dem Nachbarrecht unterliegen, findet sie direkt keine Anwendung.

Hieraus ist aber nicht zu folgern, daß der Gesetzgeber die Durchsetzung eigener Eingriffsnormen unabhängig von der lex causae in anderen als vertraglichen Rechtsbeziehungen ausschließen wollte. Die enge Formulierung ohne Rücksicht auf das auf den Vertrag anzuwendende Recht erklärt sich vielmehr damit, daß Eingriffsnormen, die auf vertragliche Beziehungen einwirken, (Abzahlungsgesetz, Ein- und Ausfuhrverbote, Preisstopps, Devisenkontrollbestimmungen) unter den Schuldverhältnissen die praktisch größte Rolle spielen. Nur diese Normen wurden auch bislang im internationalprivatrechtlichen Schrifttum im Zusammenhang mit der Sonderanknüpfung erörtert[70]. Art. 34 EGBGB will deshalb nicht die Sonderanknüpfung inländischer Eingriffsnormen auf vertragliche Rechtsbeziehungen beschränken. Ihm liegt vielmehr der allgemeine Rechtsgedanke zugrunde, daß sich inländische Eingriffsnormen im Inland gegenüber dem Schuldstatut prinzipiell behaupten sollen.

Damit ist der letzte denkbare Einwand gegen die Sonderanknüpfung entkräftet. Während der Zweck der Anspruchspräklusion auf eine extraterritoriale Anwendung drängt, ist für eine territoriale Auslegung nicht ein einziger einleuchtender Gesichtspunkt ersichtlich.

---

[68] Übereinkommen vom 19.6.1980 über das auf vertragliche Schuldverhältnisse anzuwendende Recht; Gesetz vom 27.7.1986 - BGBl. 1986 II, 809; BT-Drs. 10/503, 5632. Der Text des Übereinkommens ist ferner abgedruckt in RabelsZ 1982, 196 ff.

[69] Vgl. das Gesetz zur Neuregelung des Internationalen Privatrechts v. 25.7.1986, BGBl. I 1142.

[70] Vgl. hierzu aus der neueren Zeit Coester, ZVglRW 1983, 1 ff.; Jayme, IPrax 1983, 105 ff.; Wengler, RabelsZ 1983, 215 ff.; Coing, WM 1981, 810 ff.; Basedow, RabelsZ 1983, 215 ff.; Kreuzer, Parteiautonomie und fremdes Außenwirtschaftsrecht, 89 ff.; derselbe, Ausländisches Wirtschaftsrecht vor deutschen Gerichten (1986).

### 4. Schlußfolgerungen

Nach alledem sind die bisher im öffentlichen Recht gebotenen Lösungsansätze abzulehnen, weil sie auf eine einseitige und unbefriedigende Konfliktbewältigung hinauslaufen und sich vom Zweck der Anspruchspräklusion her verbieten. Es bleibt stattdessen bei der - schon für das Recht der ausländischen Staaten vorgeschlagenen - Sonderanknüpfung[71]. Sie hat sich nicht an protektionistischen Überlegungen zu orientieren, sondern allein an völkerrechtlichen und verfassungsrechtlichen Vorgaben.

# § 8 Extraterritoriale Präklusion und Völkerrecht

## *I. Territorialitätsprinzip*

### 1. Interventionsverbot

Zunächst ist festzustellen, daß das Territorialitätsprinzip in keiner der oben dargestellten Ausformungen[72] die Ausdehnung der Anspruchspräklusion auf Ausländer verbietet[73]. Das für ein Verbot allein in Frage kommende Interventionsverbot kann einer Sonderanknüpfung des § 14 BImSchG nicht entgegenstehen, denn mit Beachtung einer ausländischen Genehmigung durch ein deutsches Gericht ist keinerlei Zwangswirkung auf ausländischem Staatsgebiet verbunden. § 14 BImSchG ist ein anspruchsvernichtender Tatbestand, ähnlich wie Unmöglichkeit und Erfüllung. Niemand würde auf den Gedanken kommen, derartige Tatbestände ließen sich nicht einwenden, wenn Ausländer davon betroffen wären. Nimmt ein Ausländer deutsche Staatsorgane zur Durchsetzung seiner Rechte in Anspruch, so muß er die von ihnen anzuwendende Rechtsordnung so akzeptieren, wie sie ist[74]. Die Anwendung einer deutschen Eingriffsnorm auf deutschem Staatsgebiet ist keine Hoheitsausübung im Ausland.

Ebensowenig verstößt es gegen das Territorialitätsprinzip, wenn wir ausländischen Urteilen, die unsere Genehmigung ignorieren, die Vollstreckung deshalb verweigern, weil das Rechtsanwendungsergebnis in unerträglicher

---

[71] s.o. § 2 III 4.

[72] S.o. § 2 II 2.

[73] So aber Schmatz/Nöthlichs, § 10 BImSchG, Anm. 8.1.; Ress, Grenzüberschreitende Beteiligung - Bundesreupulik Deutschland -, in: Rechtsfragen, 90;; Oppermann/Kilian 110.

[74] Bothe, UPR 1983, 6.

Weise gegen unsere grundlegenden Ordnungsvorstellungen verstößt. Diese Handlung beschränkt sich ebenfalls auf das Inland und greift nicht auf fremdes Hoheitsgebiet über.

Insgesamt ist, was die Regelungskompetenz eines Staates angeht, auf die schon zitierten Äußerungen des StIGH im Lotus-Fall[75] und des Bundesverfassungsgerichts im Beschluß zum deutsch-österreichischen Rechtshilfevertrag[76] zu verweisen[77]. Danach läßt das Völkerrecht den Staaten in der Regelung von Angelegenheiten mit Auslandsbezug ein weites Ermessen; "restrictions upon the independence of States cannot be presumed." Für die Auferlegung belastender Wirkungen durch einen inländischen Hoheitsakt gegen einen im Ausland lebenden Ausländer genügen, soll er nicht eine völkerrechtswidrige Einmischung in den Hoheitsbereich eines fremden Staates ein, hinreichend sachgerechte Anknüpfungsmomente in dem Staat, der den Hoheitsakt erlassen hat. Diese Anknüpfungsmomente und ihre Sachnähe müssen von Völkerrechts wegen einem Mindestmaß an Einsichtigkeit genügen[78].

## 2. Territorialitätsprinzip als Anknüpfungspunkt

Das Territorialitätsprinzip läßt sich demnach für die hier interessierende Problematik extraterritorial wirkender Genehmigungen allenfalls insoweit verwerten, als es ein allenthalben anerkanntes Anknüpfungskriterium darstellt[79], das den Eingriff in das Eigentum ausländischer Grenznachbarn rechtfertigen kann. Voraussetzung dafür ist, daß der von § 14 BImSchG geregelte Tatbestand in einer räumlichen Beziehung zum Inland steht; es reicht also aus, wenn nur Teile des Tatbestandes im Inland verwirklicht werden[80].

Bezug zu deutschem Territorium weist die Anspruchspräklusion nach § 14 BImSchG tatbestandlich schon deshalb auf, weil es um Abwehransprüche gegen Immissionen geht, die ihren Ursprung im Inland haben; außerdem

---

[75] Urt. v. 7.9.1927, C.P.I.J., Ser. A Nr. 10, S. 18; dazu Verdross, § 1184.

[76] BVerfGE 63, 343ff.

[77] S.o. § 2 II 2 und § 3 I 2.

[78] BVerfGE 63, 343ff., 369.

[79] S. Meng, ZaöRV 1984, 691 f., 730, 744; Seidl-Hohenveldern, RIW/AWD 1971, 53 f.; zur Notwendigkeit eines legitimen Anknüpfungspunktes vgl. ferner Mann, R.d.C. 1964, I 49 ff. ("close, substantial, direct, weightly"); Brownlie, 309 f. ("substantial and bona fide connection"; Verdross, 564 ff. ("genuine link").

[80] So für das Strafrecht Meng, ZaöRV 1984, 691; für das Kartellrecht s. Mann, R.d.C. 1964 I S. 98 und Haight, Yale Law Journal 1953/54, 641 ff.

um eine umweltbelastende Anlage, die auf inländischem Hoheitsgebiet gelegen und genehmigt ist. Demgegenüber bleibt unerheblich, daß sich die Umweltbelastungen der Anlage grenzüberschreitend auswirken, denn für den räumlichen Bezug eines Tatbestandes zum Inland genügt es, wenn nur die Handlung im Inland erfolgte, auch wenn sich der Erfolg im Ausland verwirklicht hat[81].

Die Kompetenz eines Staates, für seine umweltbelastenden Anlagen einen über die Staatsgrenzen hinauswirkenden Bestandsschutz zu sichern, ist überdies nur die logisch und zwingende Folge davon, daß ihn das Territorialitätsprinzip ohnehin berechtigt, über die Plazierung dieser Anlagen auf seinem Hoheitsgebiet frei zu entscheiden[82].

Insgesamt gesehen, ist die Präklusion der Ansprüche von Ausländern in räumlicher Hinsicht so genuin mit dem Bestandsschutz für im Inland belegene, unanfechtbar genehmigte Anlagen verknüpft, daß das Territorialitätsprinzip hier einen legitimen Anknüpfungspunkt dafür repräsentiert, den Auslandssachverhalt zum Gegenstand von Drittwirkungen der Genehmigung zu machen[83].

## *II. Wirkungsprinzip*

Indem Unterlassungsansprüche ausländischer Grenznachbarn den Betrieb grenznaher Anlagen gänzlich zum Erliegen bringen können, wirken sie sich auf inländisches Staatsgebiet aus. Man könnte deshalb erwägen, ob nicht das von amerikanischen Gerichten entwickelte[84] und inzwischen auch im deutschen[85], österreichischen und europäischen Kartellrecht[86] anerkannte Wirkungsprinzip es rechtfertigt, einer deutschen Genehmigung für industrielle Anlagen extraterritoriale Wirkung beizulegen. Dieser Aspekt wurde im umweltrechtlichen Schrifttum bisher nicht erörtert[87].

---

[81] Meng, ZaöRV 1984, 691.

[82] S.o. § 4 V 2.

[83] Näher zur Legimität des Anknüpfungspunktes Meng, ZaöRV 1984, 740 ff. und die oben S. 167, Fn 8 zitierten Autoren.

[84] U.S. v. Aluminium Co. of America ("Alcoa-Fall"), 148 F. 2d 416 (2d Cir. 1945); Timberlane Lumber v. Bank of America, 549 F. 2 d 597 (9th Cir. 1976).

[85] Vgl. § 98 II GWB; s. ferner Meessen, 101, 120, 171; Rehbinder, Extraterritoriale Wirkungen, 47 ff.

[86] Lowe, 197; Meessen, EuR 1973, 18 ff.

[87] Vgl. Rehbinder, RabelsZ 1983, 563, der unter dem Aspekt des Auswirkungsprinzips nur einen Genehmigungsvorbehalt der von Immissionen betroffenen Nachbarstaaten erörtert.

Das Wirkungsprinzip war Gegenstand zahlreicher Kontroversen[88]. Der Streit beruhte im wesentlichen darauf, daß mehrere Staaten, die konkurrierende Zuständigkeiten für sich in Anspruch nahmen, widerstreitende Regelungen trafen[89], diese z. T. mit drakonischen Strafen sanktionierten und dadurch unerträgliche Pflichtenkollisionen für Individuen schufen[90]. Einige Staaten, insbesondere Großbritannien, haben deshalb auf die extensive Gesetzgebung vor allem der Vereinigten Staaten mit Abwehrgesetzen (blocking statutes) reagiert[91].

Dieser Protest zieht jedoch angesichts der weit verbreiteten Anerkennung des Wirkungsprinzips nicht mehr die Völkerrechtsqualität des Anknüpfungsmoments in Zweifel[92], sondern er hat nur zur Folge, daß das Wirkungsprinzip dem protestierenden Staat gegenüber nicht angewendet werden darf[93]. Für das Umweltrecht ist der Streit ohnehin ohne Belang. Da die bisherige, wenngleich dünne Praxis unserer Nachbarstaaten sich ausländischen Genehmigungen gegenüber im Prinzip offen gezeigt hat, sich zumindest eine generelle Leugnung grenzüberschreitenden Bestandsschutzes nicht nachweisen läßt, kam es bisher nie zu Regelungskonflikten. Das Problem der Abwägung divergierender Durchsetzungsinteressen, das bei widersprüchlichen Meinungen der Staaten über die Errichtung grenznaher industrieller Großanlagen auftreten könnte, stellt sich daher nicht.

Kontrovers ist im übrigen für das Wirkungsprinzip nur noch, wie die Auswirkungen auf inländischem Staatsgebiet beschaffen sein müssen, um den Anforderungen des Völkerrechts an die Sachnähe des Anknüpfungsmomentes zu genügen. Das wird in der Literatur unterschiedlich bewertet. Während Meessen "beträchtliche, unmittelbare und vorhersehbare Wirkungen"[94] verlangt, läßt Rehbinder Unmittelbarkeit und Wesentlichkeit, Meng ihre Notwendigkeit für die innere Sozial- und Wirtschaftsordnung genügen.

---

[88] Vgl. Reporter's notes und Comment im Restatement of the law 3rd, Foreign Relations Law of the United States § 402 c, S. 239, 243.

[89] Umfassend dazu Meng, ZaöRV 1984, 757 ff.

[90] Vgl. Verdross, 785.

[91] S. vor allem den britischen Protection of Trade Interests Act, 1980, abgedruckt bei Lowe, N. 40, S. 187 ff.; weitere Beispiele bei Meng, ZaöRV 1984, 758 f.

[92] Zur Völkerrechtsqualität s. Brownlie, 310 ff.; Meessen, EuR 1973, 18 ff,; Meng, ZaöRV 1985, 732, 736, 752.

[93] Meng, ZaöRV 1984, 736: Eine "persistent objection", d.h. ausdrückliche Ablehnung des Wirkungsprinzips durch einen Staat, schließt nur die Zulässigkeit seiner Anwendung gegenüber ebendiesem Staat aus.

[94] Meessen, Völkerrechtliche Grundsätze, 101 ff., 120, 171.

Das Restatement hat sich in seiner revidierten dritten Fassung dafür entschieden, es bei Wesentlichkeit bewenden zu lassen. § 402 I c) lautet:

> "Subject to § 403, a State has jurisdiction to prescribe law with respect to (...) conduct outside its territory that has or is intended to have substantial effect within its territory"[95].

Die in § 403 beispielhaft aufgezählten Grenzkriterien der reasonableness haben demgegenüber nur noch die Bedeutung einer Selbstbeschränkung im Sinne einer comity[96].

Unabhängig davon, welcher Auffassung man folgt, sind die Kriterien für eine Anknüpfung an das Wirkungsprinzip durch eine umweltrechtliche Genehmigung auf jeden Fall erfüllt: Unterlassungsansprüche ausländischer Grenznachbarn müßten sich, wenn die Genehmigung sie nicht ausschlösse, wesentlich und unmittelbar auf deutsches Territorium auswirken; denn sie legten eine unanfechtbar genehmigte Anlage lahm, höhlten den vom Gesetzgeber bezweckten erhöhten Bestandsschutz aus und brächten standort- und wirtschaftspolitische Entscheidungen zu Fall. Diese Auswirkungen wären auch vorhersehbar und beabsichtigt.

Damit genügt die Anknüpfung an das Wirkungsprinzip hier nach allen Auffassungen den Anforderungen, die das Völkerrecht an die Sachnähe des Anknüpfungskriteriums stellt.

Zusammengefaßt ergibt sich, daß sich der Eingriff in das Eigentum im Ausland lebender Ausländer durch eine deutsche Genehmigung für umweltbelastende Anlagen auf das Territorialitätsprinzip und auf das Wirkungsprinzip stützen läßt.

## *III. Kollidierende Souveränitätsansprüche der Nachbarstaaten*

Speziell im Bereich grenzüberschreitender Umweltbelastungen ist außerdem zu berücksichtigen, daß die territoriale Integrität eines Staates diesem gegenüber dem umweltnutzenden Staat nicht gestattet, die Präklusion privater Abwehransprüche zu untersagen. Ebensowenig wie die Souveränität des umweltnutzenden Staates den Nachbarstaat zwingt, die ausländische umweltrechtliche Genehmigung anzuerkennen, kann sie ihm nicht verbieten, dieser Genehmigung einen extraterritorialen Anwendungswillen beizulegen.

---

95 Restatement of the Law 3rd, Foreign Relations Law of the United States (The American Law Institute).

96 Verdross, 785.

Beschränkte territoriale Integrität bedeutet auf völkerrechtlicher Ebene lediglich, daß das staatliche Völkerrechtssubjekt, das sich mit völkerrechtlich zulässigen grenzüberschreitenden Umweltbeeinträchtigungen konfrontiert sieht, diese nicht als völkerrechtliches Delikt beanstanden und deshalb weder Unterlassung noch Schadensersatz verlangen kann[97]. Mit den Ansprüchen Privater, die sich gegen an sich mit dem völkerrechtlichen Nachbarrecht in Einklang stehende Immissionen aus dem Nachbarstaat richten, hat dies nichts zu tun; ebensowenig mit ihrem Ausschluß durch rechtsvernichtende Einwendungen.

## *IV. Ausgleich im Sinne des Prinzips der guten Nachbarschaft*

Wie oben erörtert, läßt sich das Problem grenzüberschreitender Umweltbelastungen mit einer Verabsolutierung von Souveränitäts- und Integritätsbegriffen nicht lösen. Vielmehr sind die kollidierenden Souveränitätsansprüche auszugleichen im Sinne des Prinzips der guten Nachbarschaft[98]. Dieses Prinzip bringt eine Reihe von zwischenstaatlichen Rücksichtsnahmepflichten mit sich. Zu fragen ist, ob ein Verstoß gegen diese Rücksichtnahmepflichten die Unwirksamkeit der Anspruchspräklusion nach sich zieht[99]. Das hängt davon ab, ob die Regeln des völkerrechtlichen Nachbarrechts unmittelbar für Individuen gelten.

Diese Ansicht hat die Rechtbank Rotterdam im erwähnten Rheinversalzungsprozeß[100] vertreten, dort zur Feststellung einer Sorgfaltspflichtsverletzung im Schadensersatzprozeß.

Die Rechtbank Rotterdam konstatiert eine Rechtsentwicklung, wonach der stromaufwärts gelegene Benutzer eines Gewässers bei seiner Nutzung auf die Belange des Unterliegers "grundsätzlich" Rücksicht zu nehmen hat[101]. Einem weiteren "Grundsatz" zufolge dürfe kein Staat umweltbelastende Tätigkeiten gestatten, die schwere und nachweisbare Schäden im Gebiet des Nachbarstaates hervorrufen können; diesen zweiten, im Trail-Smelter-Fall für den Bereich der grenzüberschreitenden Luftverschmutzung entwickelten Grundsatz überträgt das Gericht unter Berufung auf den Schiedsspruch in der Sache Lac Lanoux und das Urteil des Tribunal admi-

---

[97] Fröhler/Zehetner I, 78.

[98] S.o. § 2 II 3; s. ferner § 4 V 2.

[99] So Rest, UPR 1982, 365 ff.

[100] Urt. v. 16.12.1983, Ned.Jur. 1984 Nr. 341, 9.3.ff., dt. Übersetzung in RabelsZ 1985, 757 ff.; dazu oben § 4 V 2.

[101] Rb. Rotterdam 16.12.1983, Nr. 9.3.

nistratif Straßbourg vom 27.7.1983 auch auf den Bereich der Verunreinigung internationaler Flüsse[102]. Aufgrund dieser beiden "allgemeinen Rechtsgrundsätze" hält die Rechtbank die Salzeinleitungen durch die MDPA für sorgfaltswidrig.

### 1. Rechtsnatur des ungeschriebenen völkerrechtlichen Nachbarrechts

Existenz und Inhalt dieser Prinzipen sind oben behandelt worden und sollen deshalb hier, von ihrer Ausrichtung auf Individuen abgesehen (unten 4), nicht in Frage gestellt werden. Gestreift sei aber vorab die Frage, ob es sich bei ihnen wirklich um "allgemeine Rechtsgrundsätze" handelt, wie die Rechtbank annimmt, oder um "Völkergewohnheitsrecht".

"Allgemeine Rechtsgrundsätze" gemäß Art. 38 I lit. c) des IGH-Status sind im nationalen Recht der Völker verankerte Rechtssätze. Der Umstand, daß sie sich an wesentlichen Gerechtigkeitsvorstellungen oder an dem Gedanken der Billigkeit oder der Zweckmäßigkeit orientieren und deshalb einer Vielzahl von Rechtsordnungen zugrunde liegen, rechtfertigt es, sie auch auf die völkerrechtliche Ebene hinaufzuheben und auf die Beziehungen zwischen den Staaten anzuwenden[103]. Da sie jedoch gewöhnlich allgemeiner als das Vertrags- und Gewohnheitsrecht gefaßt sind, sind sie in der Regel gegenüber diesem subsidiär. Hintergrund für ihre Aufnahme in das Statut des IGH als dritte Rechtsquelle war auch die Überlegung, daß das Völkervertragsrecht und das Völkergewohnheitsrecht wegen ihrer lückenhaften, oft nur auf einzelne Sachbereiche beschränkten Ausgestaltung dem Richter nicht in allen Fällen ausreichende Maßstäbe an die Hand liefern[104]. Um die Entscheidung nicht offenlassen zu müssen, was einer Rechtsverweigerung gleichkäme, sollte ihnen der Rückgriff auf allgemeine Rechtsgrundsätze offenstehen[105].

Die Rechtbank zieht ihre völkerrechtlichen Erkenntnisse allerdings nicht aus einem Vergleich der nationalen Rechtsordnungen. Das war insofern auch nicht notwendig, als die von ihr herangezogene Spruchpraxis internationaler und nationaler Gerichte zum völkerrechtlichen Gewässer- und

---

[102] Rb. Rotterdam 16.12.1983, Nr. 9.4.

[103] Vgl. Bleckmann 135-149; Seidl-Hohenveldern Rz. 349-351.

[104] Oppenheim/Lauterpacht 30 f.; H. Lauterpacht, Private Law Sources and Analogies of International Law, 68 f.

[105] Oppenheim/Lauterpacht, 31.

Nachbarrecht[106], die Prinzipien der Stockholmer Deklaration[107], die Helsinki Rules[108] sowie die außerdem zitierte Meinung von Oppenheim und Lauterpacht[109] erweisen, daß die Anwendung der genannten Regeln einer bereits auf völkerrechtlicher Ebene originär angesiedelten Rechtsüberzeugung der Völkerrechtsgemeinschaft entspricht. Es handelt sich bei ihnen also nicht um "allgemeine Rechtsgrundsätze", sondern um "Völkergewohnheitsrecht" im Sinne von Art. 38 I lit. b) IGH-Statut.

## 2. Unmittelbare Wirkung völkerrechtlichen Nachbarrechts für Individuen?

Daß ein Gericht umweltschützenden Vorschriften des Völkergewohnheitsrechts unmittelbare Wirkung für Individuen zuspricht[110], dürfte in der Geschichte grenzüberschreitender Umweltbeeinträchtigungen einmalig sein.

Im Trail-Smelter-Schiedsspruch war es um die Haftung des Staates Kanada für eigenes Unrecht gegangen, nämlich in Gestalt der Zulassung eines Betriebes, dessen Rauch- und Schwefeldioxydemissionen im amerikanischen Bundesstaat Washington erhebliche Schäden hervorriefen[111]. Gegenstand des Verfahrens vor dem Tribunal administratif Straßburg war die Aufhebung staatlicher Verwaltungsakte, die es der MDPA gestatteten, ihre Salzableitungen in den Rhein fortzusetzen[112]. Auch das Schiedsurteil in der Sache Lac Lanoux untersuchte für den Bereich der Wassernutzung nur, in welchem Umfang ein Staat bei der Planung umweltbelastender Vorhaben den von den Auswirkungen des Vorhabens voraussichtlich betroffenen Nachbarstaat in die Planung einbeziehen muß[113]. In allen drei Fällen stand das Verhalten eines Staates in Rede; anders im Verfahren vor der Recht-

[106] StIGH v. 10.9.1929 ("Oder"), C.P.J.Sér.A. Nr. 23, S. 27; StIGH v. 16.11.1957, R.I.A.A. 12, 281-317 (insbes. 315 ff.); Trib. Administratif Strasbourg 27.7.1983, ZaöRV 1984, 342 = UPR 1984, 174 ff.

[107] v. 16.6.1972, UN-Doc.A/Conf 48/14 = International Protection of the Environment Treaties and Related Documents, hrg. von Rüster/Simma I, 1975, 118 ff.; dazu oben § 2 II 3.

[108] I.L.A. Rep. 1966, 484 ff.

[109] Oppenheim/Lauterpacht, 474 f.

[110] Rb. Rotterdam 8.1.1979, Nr. 15. Jene Entscheidung erfolgte unter dem Vorsitz von Erades, der an der späteren Entscheidung vom 16.12.1983 nicht mehr mitgewirkt hat, da er sich bereits im Ruhestand befand.

[111] Siehe die Entscheidung des amerikanisch-kanadischen Schiedsgerichts vom 11.3.1941, A.J.I.L. 1941, 684; dazu J.E.Read, The Trail Smelter Dispute: Can. YB.Int. L. 1963 213-229.

[112] ZaöRV 1984, 342 m.Anm. Beyerlin a.a.O., 336 f.; Anm. Kilian/Pätzold, UPR 1984, 155 ff.

[113] Siehe die Entscheidung des Schiedsgerichts im französisch-spanischen Lac-Lanoux-Fall vom 16.11.1957, Am.J.Int.L. 53 (1959), dazu Wildhaber, Schw. Jb. f.Int.R. 1975, 109.

bank Rotterdam. Wenn Private sich gegen den Betreiber einer umweltbelastenden Tätigkeit unmittelbar mit Schadensersatz- oder Unterlassungsansprüchen zur Wehr setzten, wurde bisher, soweit ersichtlich, nur auf zivilrechtliche Grundlagen abgehoben. Das Völkerrecht, namentlich das Territorialitätsprinzip, wurde allenfalls für die Frage bemüht, ob der Richter die ausländische Genehmigung beachten dürfe[114]. Die unmittelbar anspruchs- und pflichtenbegründende Wirkung völkerrechtlicher Normen für Individuen ist hingegen nicht in Betracht gezogen worden. Das klassische Völkerrecht hatte nur die Rechtsbeziehungen zwischen Staaten und internationalen Organisationen unter Ausschluß der Individuen geregelt, und auch im Völkerrecht der Gegenwart besteht diese Mediatisierung des Menschen grundsätzlich weiter[115]. Im Außenverhältnis regeln die Staaten in aller Regel nur ihre gegenseitigen Rechtsbeziehungen, mag auch jedes Recht letztlich dem Menschen zu dienen bestimmt sein[116]. Die von dem niederländischen Gericht als Belege für die unmittelbare Wirkung des Völkerrechts für Individuen angeführte[117] Auffassung Lauterpachts[118] wurde deshalb auch von ihm selbst - mit Recht - später aufgegeben[119]. Allerdings wird man sich heute, vor allem mit Blick auf die weltweite Entwicklung der Menschenrechte, der Erkenntnis neuer individualistischer Tendenzen im Völkerrecht nicht mehr ganz verschließen können. Ausnahmsweise können Einzelmenschen unmittelbar völkerrechtlich berechtigt und verpflichtet werden, wenn die Staaten sie erkennbar zum Völkerrechtsverkehr zugelassen haben. Das wird zumindest dann anzunehmen sein, wenn den Individuen die Möglichkeit eröffnet ist, das internationale Recht stricto sensu in eigenem Namen vor einer internationalen Instanz durchzusetzen[120].

Die Grundsätze völkerrechtlichen Nachbarrechts dienten ursprünglich dazu, die äußersten Grenzen für die Zulassung umweltbelastender Tätigkeiten mit Auswirkungen im Nachbarstaat festzulegen und damit die kolli-

---

[114] Vgl. oben § 2 II 2.

[115] Berber, 169 ff.; Seidl-Hohenveldern R. 632; Oppenheim/Lauterpacht 640; Verdross, §§ 47, 423; speziell für das Umweltrecht siehe Kimminich, 252; Rest, 154.

[116] Wildhaber, Sovereignty and International Law, in: The Structure and Process of International Law, 438.

[117] Zwischenurteil vom 8.1.1979, Nr 15.

[118] Lauterpacht, 72 f.

[119] Oppenheim/Lauterpacht, 639.

[120] G. Schwarzenberger, The Conceptual Apparatus of International Law, in: The Structure and Process of International Law, 705; Oppenheim/Lauterpacht, 638; Verdross §§ 424-428; Berber, 173; Broms, 414-419

dierenden Souveränitätsansprüche schonend auszugleichen[121]. Von ihrer Fassung her wurden sie deshalb auch stets auf Staaten bezogen. Das schließt allerdings nicht aus, daß sich in der Praxis der Staaten neuerdings die Rechtsüberzeugung abzeichnet, diesen Schutz auch in Richtung auf Individuen zu erweitern. Auch die Entscheidung eines einzelnen Gerichts wie der Rechtbank Rotterdam kann die Praxis für die Bildung neuen Völkergewohnheitsrechts repräsentieren, wenn die übrigen Staaten keinen Protest bekunden, obwohl von ihnen aufgrund eigener Betroffenheit eine Stellungnahme zu erwarten ist[122]. Zu einem Protest hatte Frankreich allerdings keine Veranlassung, weil die französischen Einleitungsgenehmigungen ohnehin Schadensersatzansprüche Dritter unberührt lassen. Von einem stillschweigenden Konsens Frankreichs kann daher nicht ausgegangen werden.

Es ist aber fraglich, ob die Erweiterung des Adressatenkreises des völkerrechtlichen Nachbarrechts einem praktischen Bedürfnis entspricht. Schadensersatzansprüche finden bereits im Zivilrecht der nationalen Rechtsordnungen eine ausreichende Regelung. Allenfalls Unterlassungsansprüche, die nach nationalem Recht grundsätzlich ausgeschlossen sind, werfen das völkerrechtliche Problem auf, ob und wann die Genehmigung auch über die Staatsgrenze hinaus wirken darf; insoweit besteht eine völkervertraglich weitgehend offengelassene Regelungslücke. Ob sich freilich ausgerechnet die Grundsätze der guten Nachbarschaft zur Ausfüllung dieser Regelungslücke eignen, erscheint zweifelhaft. Denn zum einen richten sich die Normen des völkerrechtlichen Nachbarrechts schon tatbestandlich nur an Staaten, nicht an Individuen[123], zum anderen eignet sich ihre generalklauselartige und programmatische Fassung nicht zur unmittelbaren Anwendung durch den Richter[124]. Ein praktisches Bedürfnis für ihre Anwendung auf Individualrechtsbeziehungen besteht ohnehin nicht, da sie infolge ihrer Beschränkung auf ein Verbotsminimum[125] keinen sonderlich effektiven Schutz für Individuen bieten würden.

Insgesamt ist die Anwendung der Grundsätze des völkerrechtlichen Nachbarrechts auf Individuen demnach abzulehnen.

---

121 Wolfrum 494 f.; Weber, DVBl. 1980, 330; Rest, UPR 1982, 358 f.

122 Vgl. Bleckmann 112 f.

123 Vgl. ausführliche Darstellung dieser Grundsätze oben, § 2 II 3; s. ferner Wildhaber, Schw Jb. für Int.R. 1975, 100 ff.; Oppermann/Kilian 91-94.

124 Zu diesem Erfordernis für die Geltung völkerrechtlicher Regeln im nationalen Recht s. rechtsvergleichend Nassr-Esfahani/Wenckstern, RabelsZ 1985, 782.

125 Wolfrum, DVBl. 1984, 495.

Der Verstoß eines Staates gegen diese Grundsätze zieht keine zivilrechtlichen Sanktionen im Verhältnis zwischen Anlagenbetreiber und Nachbarn nach sich, insbesondere ist die Genehmigung nicht wegen Verletzung völkerrechtlicher Prinzipien nichtig.

## *V. Völkerrechtlicher Mindeststandard*

Möglicherweise ist aber eine extraterritoriale Anspruchspräklusion im Hinblick auf den völkergewohnheitsrechtlich anerkannten Mindeststandard der Behandlung von Ausländern unzulässig und, falls Individuen daraus unmittelbar berechtigt und nicht nur als Destinatäre reflexhaft geschützt sein sollten[126], nichtig. Unter dem Mindeststandard versteht man einen Katalog bestimmter Pflichten, welche die Staaten im Umgang mit ihren gegenseitigen Angehörigen im Mindestmaß zu respektieren haben[127].

### 1. Räumlicher Anwendungsbereich - Geltung auch gegenüber Betroffenen außerhalb des Staatsgebiets?

Die Anwendung des völkerrechtlichen Mindeststandards auf das Verhältnis zwischen Staat und ausländischen Nachbarn ist zunächst nicht deshalb ausgeschlossen, weil sich der Nachbar aus der Sicht des Staates nicht im Inland aufhält. Betroffenheit auf ausländischem Staatsgebiet ist kein Grund, die dort belegenen Interessen des Ausländers vollständig zu ignorieren.

Fröhler/Zehetner haben dem entgegengehalten, das völkerrechtliche Fremdenrecht, zu dem auch der Mindeststandard gehört, stelle herkömmlich nicht auf den grenzüberschreitenden Rechtsschutz ab, sondern auf Einreise und Aufenthalt der Fremden im Staatsgebiet.[128]

Dem ist nur insoweit beizupflichten, als das Gros der fremdenrechtlichen Pflichten in der Praxis erst nach der Einreise zum Zuge kommt, weil sich hier der Kontakt zwischen Staat und Ausländer verdichtet hat und weil der Staat naturgemäß in diesem Stadium am ehesten über Interessen des Ausländers verfügen kann. Die Praxis kennt aber auch Fallgruppen, in denen die Konstellation des Ausländers auf fremdem Staatsgebiet nicht gegeben

---

126 So Oppermann/Kilian, 11.

127 dazu Berber I, § 61; Verdross § 1216 ff.; Seidl/Hohenveldern, Rn 1596 ff.; krit. Garcia-Amador, Yearbook I.L.C. 1956 II 201 ff; für das Umweltrecht s. Oppermann/Kilian, 10 ff. und Weber, DVBl. 1980, 336.

128 Fröhler/Zehetner Bd. II, 27.

ist[129]. So ist insbesondere der Schutz ausländischen Vermögens durch den völkerrechtlichen Mindeststandard nicht davon abhängig, daß sich der Ausländer im Inland niedergelassen hat[130]. Auch ein im nachbarschützenden Umkreis einer umweltbelastenden Anlage wohnhafter Nachbar ist darum nicht weniger schutzwürdig, weil er im Ausland wohnt. Davon geht auch die OECD aus, wenn sie in ihrem "Rapport sur l'Egalité d'Accès" vom 17.2.1976[131] anstelle eines "Minimumstandards" Inländerbehandlung postuliert.

### 2. Fallgruppen und Einzelrechte

Gegen die Anwendung völkerrechtlichen Mindeststandards auf grenzüberschreitende Immissionen haben Oppermann/Kilian eingewandt, die geschlossene Herausbildung einer Fallgruppe "Grenznachbarn" sei bisher nicht ersichtlich. Die Herausbildung einer gesonderten Fallgruppe ist allerdings auch nicht nötig, falls die Präklusion der Abwehransprüche von Ausländern schon eine der bisher aus dem internationalen Mindeststandard herausgearbeiteten Normen verletzt[132].

Zu denken ist an die Pflicht zur Achtung wohlerworbener Privatrechte, hier des Eigentums, und an die Pflicht zum Schutz gegen Angriffe auf Leben und Freiheit.

### 3. Inländerbehandlung im Bundesgebiet und Konsequenzen

Nun setzt allerdings § 14 BImSchG für die Präklusion schon tatbestandlich voraus, daß die Genehmigung unanfechtbar ist. Unanfechtbar wird sie nur demjenigen gegenüber, der im Verfahren und verwaltungsgerichtlichen Rechtsschutz die Möglichkeit hatte, auf die Entscheidung Einfluß zu nehmen, unabhängig davon, ob er im Ausland oder im Inland wohnt. Da die Anspruchspräklusion auch dem Ausländer gegenüber nur so weit reicht wie gegenüber dem deutschen Nachbarn, ist durch § 14 BImSchG Inländerbehandlung gewährleistet. Das Bundesverwaltungsgericht hat diese Entwicklung gefördert, indem es den Kreis der vom Atomgesetz geschützten Interessen unabhängig davon zog, wo territoriale Grenzen verliefen, wobei die Argumentation aus dem umfassenden Schutzzweck des Gesetzes und

---

129 Vgl. Oppermann/Kilian, 10.

130 S. Berber I, § 61.

131 Vgl. Weber, DVBl. 1980, 334.

132 Aufzählung bei Verdross, § 1213.

seinem unbeschränkten Wortlaut auch Geltung für andere Umweltverwaltungsgesetze beansprucht[133].

Der völkerrechtliche Mindeststandard kann deshalb hier nur dann verletzt sein, falls er über die Maßstäbe hinausreicht, die das deutsche Umweltverwaltungsrecht setzt[134].

Das ist bisher noch von niemandem behauptet worden. Im Gegenteil verbreitet sich in letzter Zeit aufgrund von Erfahrungen mit einzelnen Projekten der Eindruck, daß in einigen Nachbarstaaten z.B. die Errichtung von Kernkraftwerken "schneller" vonstatten geht als in der Bundesrepublik[135]. Auch was den Immissionsschutz angeht, schneidet die Bundesrepublik in ausgewählten Bereichen im Vergleich zu den Nachbarstaaten verhältnismäßig gut ab. So emittierte z.B. Frankreich als Emissionsland in den Jahren 1978-80 in die Bundesrepublik 108.000 Tonnen Schwefel, die Bundesrepublik als Emissionsland nach Frankreich aber nur 98.000 Tonnen[136]. Durch die Großfeuerungsanlagen-Verordnung wird dieser Export bis zum Jahr 1993 noch um mehr als die Hälfte sinken[137].

Eine Verletzung des völkerrechtlichen Mindeststandards durch den Oktroi zur Duldung deutscher Emissionen scheidet demnach aus.

### 4. Konsequenzen im Fall unterbliebener Verfahrensbeteiligung

Der Klarstellung halber sei angemerkt, daß das Bundesverwaltungsgericht durch seine auslandsoffene Haltung in bezug auf den Kreis der vom Atomgesetz geschützten Interessen, die sich auch auf andere drittschützende Normen aus dem Umweltrecht übertragen läßt[138], die Problematik des Mindeststandards weitgehend entschärft hat. Ohne eine Einbeziehung von Ausländern in den Schutzzweck des Atomgesetzes, mithin ohne grenzüberschreitende Verfahrensbeteiligung und Rechtsschutz, verstieße eine Präklusion gegen das Gebot zur Achtung fremden Privateigentums, das Gebot

133 BVerwG UPR 1987, 114 ff.; dazu oben § 7 II 3.

134 vgl. Verdross/Simma § 1213; Seidl-Hohenveldern Rn 1597; Berber I § 61.

135 So Bothe, UPR 1983, 7; gemeint ist wahrscheinlich der Bau des Atommeilers Cattenom, dazu der Stern 1985, Nr. 51, 168; s. auch Woehrling, NVwZ 1985,25: Die Justiziabilität von einigen Genehmigungsarten ist in Frankreich stark eingeschränkt.

136 S. Schmölling, in: Moltke u.a., 35.

137 Vgl. Schmölling a.a.O. 37, wonach die beabsichtigte Reduzierung nationaler Emissionen um die Hälfte im eigenen Land nur eine Verringerung um ein Viertel zur Folge haben wird.

138 Blümel, Festschrift für Doehring, 100f.

effektiven Rechtsschutzes und das Gebot der Gewährung eines Mindeststandards an Verfahrensgerechtigkeit[139]. Die abweichende Auffassung Oppermanns/Kilians[140] erklärt sich wahrscheinlich damit, daß sie ihr Augenmerk isoliert auf die Verfahrensbeteiligung richteten und die Präklusion dabei in den Hintergrund rückten. Bei dieser Perspektive mußte in der Tat die grenzüberschreitende Verfahrensbeteiligung ausschließlich als ein Akt der Gewährung erscheinen, als ein freiwilliges Angebot, dessen Versagung unmöglich dem völkerrechtlich gebotenen Mindeststandard zuwiderlaufen konnte.

Richtigerweise ist im Hinblick auf die Einheit von Verfahrensbeteiligung und Anspruchspräklusion eine Gesamtschau vorzunehmen. Die Frage ist so zu stellen, ob eine Präklusion ohne Verfahrensbeteiligung - in Betracht käme dafür allein die von Rehbinder vorgeschlagene notbehelfsmäßige "Quasipräklusion" über den ordre public - gegen den Mindeststandard verstieße. Durch die auslandsoffene Rechtsprechung des Bundesverwaltungsgerichts zum Kernkraftwerk Emsland ist diese Problematik nunmehr obsolet geworden. Es bleibt bei der Feststellung, daß der Mindeststandard durch eine Präklusion von Abwehransprüchen wegen der vorherigen Möglichkeit des Ausländers, die Entscheidung zu beeinflussen, nicht verletzt sein kann.

#### 5. Einfluß auf zivilrechtliche Verhältnisse

Da nach alledem der völkerrechtliche Mindeststandard gewahrt ist, bedarf es keinen Eingehens auf die Frage, welche zivilrechtlichen Sanktionen ein Verstoß dagegen nach sich zieht.

#### 6. Ergebnis

Zusammenfassend ist zu unterstreichen, daß die extraterritoriale Anspruchspräklusion duch die Anknüpfung an das Territorialitätsprinzip und das Wirkungsprinzip gerechtfertigt ist und daß ihr auch sonst aus dem Völkerrecht keine Hindernisse entgegenstehen.

---

139 Zu den verfahrensrechtlichen Anforderungen an die Verfahrensbeteiligung s.u. § 9 I 2b).

140 Oppermann/Kilian, 10 ff.

# § 9 Extraterritoriale Präklusion und Verfassungsrecht

## *I. Allgemeiner Gleichheitsgrundsatz*

Nach Art. 3 I GG ist der Gesetzgeber gehalten, wesentlich Gleiches nicht willkürlich ungleich zu behandeln; es fragt sich, ob die von Oppermann/Kilian u.a. postulierte, strikt territoriale Auslegung des § 14 BImSchG[141] auch unter diesem Gesichtspunkt einer verfassungskonformen Gesetzesinterpretation entspricht.

### 1. Privilegierung im Ausland lebender Ausländer

Wirkt sich die Vorschrift gegenüber Abwehransprüchen im Ausland lebender Ausländer nicht anspruchsvernichtend aus, so werden diese in doppelter Hinsicht gegenüber vergleichbaren, d.h. im selben nachbarschützenden Umkreis der Anlage[142] wohnhaften Nachbarn privilegiert: Zum einen gegenüber im Bundesgebiet lebenden in- und ausländischen Personen, aber auch gegenüber einem im Ausland lebenden Deutschen, weil dieser sich aufgrund des aktiven Personalitätsprinzips vor einem deutschem Forum die Wirkung der inländischen Genehmigung entgegenhalten lassen muß. Diese Privilegierung im Ausland lebender Ausländer ist diskriminierend und verletzt Art. 3 GG, falls sich nicht ein vernünftiger, aus der Natur der Sache sich ergebender oder sonstwie einleuchtender Grund für die Differenzierung finden läßt[143].

### 2. Sachlicher Grund

#### *a) Mangelnder Verfahrens- und Rechtsschutz*

Mangelnde Beteiligung von ausländischen Grenznachbarn am Verwaltungsverfahren und Rechtsschutzverweigerung können gegen die extraterritoriale Anwendung des § 14 BImSchG nicht mehr eingewendet werden, seit das Bundesverwaltungsgericht in seiner Entscheidung zum Kernkraftwerk Emsland im Ausland lebende Grenznachbarn in den Schutzbereich

[141] Oppermann/Kilian 110; Schmatz/Nöthlichs § 10 BImSchG Anm. 8.1.; Ress, Grenzüberschreitende Beteiligung, in: Rechtsfragen, 90; Küppers, ZRP 1976, 262 f.; Weber, DVBl. 1980, 335.

[142] Dazu Weber, DVBl. 1980, 332 (für das atomrechtliche Verfahren).

[143] BVerfGE 51, 23 (Fremdrentenfall); std. Rspr.

deutschen Umweltverwaltungsrechts einbezogen und ihnen die Klagebefugnis zuerkannt hat[144].

*b) Ineffektiver Verfahrens- und Rechtsschutz*

Die Struktur des geltenden Umweltverwaltungsrechts könnte es aber mit sich bringen, daß der Verfahrens- und Rechtsschutz für ausländische Nachbarn verhältnismäßig ineffizient bleibt (keine Veröffentlichung in amtlichen Publikationsorganen, keine Zustellungen auf ausländischem Staatsgebiet). Wenn diese von Oppermann/Kilian gehegte Befürchtung[145] es auch nicht zuläßt, Ausländer im Ausland von vornherein ganz vom deutschen Umweltverfahren auszuschließen[146], bleibt doch zu überlegen, ob sie nicht eine Privilegierung in bezug auf die verfahrensabschließende Verwaltungsentscheidung rechtfertigt.

Die Effizienz des Verfahrens- und Rechtsschutzes für Ausländer kann aber nur dann unter dem Zuschnitt des deutschen Umweltverwaltungsrechts auf neue Inlandsbeziehungen leiden, wenn sich für die im Ausland schwer durchführbaren Verfahrenshandlungen nicht ein einziges, in etwa gleichwertiges Surrogat finden läßt. Der Klärung bedarf somit, welche Surrogate in den jeweiligen Verfahrensstadien in Betracht kommen.

(1) Nach § 10 III BImSchG müssen die Behörden das Vorhaben in ihrem amtlichen Veröffentlichungsblatt und in den örtlichen Tageszeitungen, die im Standortbereich der Anlage verbreitet sind, öffentlich bekanntmachen[147]. Die Veröffentlichung in ausländischen öffentlichen Tageszeitungen hängt nicht von der Zustimmung des betroffenen Staates ab und ist deshalb unproblematisch. Die Veröffentlichung in einem ausländischen Amtsblatt ist zwar nicht möglich, aber auch nicht nötig, wenn die Bundesrepublik ausländischen Nachbarn jedenfalls zu deutschen Amtsblättern freien Zugang gewährt.

(2) Die Anträge und sonstigen Unterlagen sind nach § 10 III BImSchG grundsätzlich bei der Genehmigungsbehörde auszulegen[148]. Eine Auslegung bei einer ausländischen Gemeinde ist außerhalb von zwischenstaatlichen Einrichtungen nur im Wege grenzüberschreitender Amtshilfe möglich,

---

[144] BVerwG JZ 1987, 351 ff. = UPR 1987, 114 ff.; (dazu oben B § 7 II 2).

[145] Oppermann/Kilian, 121 ff.

[146] BVerwG JZ 1987, 351 ff.

[147] So auch in anderen Verfahren, vgl. §§ 7 IV 3 AtG, 4 I, 5 I Nr. 2, 6 I AtVfV; §§ 10 III, IV LuftVG; §§ 73 III S. 1, IV S. 1, V S. 1 u. 2 VwVfG.

[148] Vgl. auch § 6 I AtVfV; § 10 III LuftVG; § 73 VI S. 2, 4 VwVfG.

indem der auswärtige Staat durch Vermittlung des Auswärtigen Amtes um Zustimmung zur Vornahme der beabsichtigten Amtshandlung ersucht wird[149]. In der Regel dürfte es jedoch genügen, die Antragsunterlagen nach § 29 III VwVfG bei einer diplomatischen oder berufskonsularischen Vertretung der Bundesrepublik im Ausland auszulegen. Hierauf ist gem. § 10 IV 1 in den ausländischen Tageszeitungen hinzuweisen, so daß der Ausländer rechtzeitig von der Möglichkeit zur Einsichtnahme Kenntnis nehmen kann.

(3) Nach Ablauf der zweimonatigen Einwendungsfrist hat die Genehmigungsbehörde die rechtzeitig erhobenen Einwendungen mit dem Antragsteller und den Einwendern zu erörtern. Ausländische Nachbarn, die rechtzeitig Einwendungen erhoben haben, fallen nicht unter die in § 10 III BImSchG vorgesehene Präklusion mit der Folge, daß sie gegen den späteren Genehmigungsbescheid verwaltungsgerichtlich vorgehen können. Auch der ihnen gebotene Rechtsschutz steht daher von seiner Effektivität her dem Inländern gebotenen Rechtsschutz in nichts nach.

(4) Der Genehmigungsbescheid ist schriftlich zu begründen und dem Antragsteller und den Einwendern zuzustellen[150]. Bei mehr als 300 Zustellungen können diese durch öffentliche Bekanntmachung - Veröffentlichung in in- und ausländischen Tageszeitungen und im Bundesanzeiger - ersetzt werden.

Für Einzelzustellungen an ausländische Nachbarn bieten sich drei Wege an: Das Ersuchen der konsularischen Vertretung aufgrund § 16 Konsulargesetzes; das Ersuchen der ausländischen Gemeinde gem. § 14 VwZG im Wege der Amtshilfe, wenn die Bundesrepublik mit dem betroffenen Nachbarstaat keine diplomatischen Beziehungen unterhält, sonst das Ersuchen der in diesem Staate befindlichen diplomatischen oder konsularischen Vertretung[151]; die Bestellung eines inländischen Zustellungsbevollmächtigten gem. § 16 Ziff. 3 VwVfG, was allerdings voraussetzt, daß der ausländische Nachbar einer Aufforderung der Behörde, einen Vertreter zu bestellen, innerhalb der ihm gesetzten Frist nicht nachgekommen ist[152]. Die Zustellung ist also weder unmöglich noch beschneidet sie Rechte des ausländischen Nachbarn in einem Umfang, der es als sachgerecht erscheinen lassen würde, sie generell hinsichtlich der Präklusion privater Ansprüche gegenüber vergleichbaren deutschen Nachbarn besser zu stellen.

---

149 Weber, DVBl. 1980, 333.

150 § 10 VII BImSchG; § 15 III AtVfV; § 74 IV VwVfG.

151 Vgl. Ziff. 18 der AVV zum VwZG, abgedruckt bei Engelhardt, S. 152

152 Vgl. Kopp, VwVfG, § 16, 2.

Die öffentliche Bekanntmachung der Entscheidung ist nach denselben Maßstäben zu beurteilen wie die vorherige Bekanntmachung des Vorhabens[153] und unterliegt keinen rechtlichen Bedenken.

Insgesamt läßt sich die These, daß die Effizienz des Verfahrens und Rechtsschutzes durch eine Auslandsberührung beeinträchtigt werde, nicht bestätigen. Nur wenn eine unzureichende Unterrichtung über das Vorhaben gerade durch das Verhalten des Nachbarstaates erschwert wird, soll sich nach der Ansicht des Bundesverwaltungsgerichts der betroffene Grenznachbar dieses entgegenhalten lassen müssen[154]. Der Ausländer wird in diesem Fall darauf verwiesen, sich im Innenverhältnis an seinem Heimatstaat schadlos zu halten. Solch ein Fall wird jedoch kaum einmal eintreten, nicht nur, weil unser Verfahrensrecht genügend Ausweichmöglichkeiten zur Vornahme von Verfahrenshandlungen ohne Mitwirkung des fremden Staates vorsieht, sondern auch und vor allem, weil die Bereitschaft zur Kooperation im umweltrechtlichen Verfahren bei unseren Nachbarstaaten nach den bisherigen Erfahrungen nicht fehlt[155].

### *c) Oktroi auf die fremde Wertordnung*

In der extraterritorialen Anspruchspräklusion könnte aber ein unerwünschter Oktroi auf die fremde Wertordnung liegen und eine Beschränkung des § 14 BImSchG auf die Ansprüche Gebietsansässiger könnte unter diesem Aspekt sachlich begründet sein.

Soweit ersichtlich, wurde das vorstehende Postulat vor der Entscheidung des Bundesverwaltungsgerichts zum Kernkraftwerk Emsland nur herangezogen, um die "transterritoriale Ausstrahlung" des Grundrechtsschutzes zu verneinen und Ausländern materielle Schutzansprüche nach dem Umweltverwaltungsrecht abzusprechen. Diese Auffassung war schon deshalb nicht ganz nachvollziehbar, weil die Einräumung von Schutzansprüchen gegen sich selbst und das Angebot verfahrensrechtlicher Befugnisse durch einen Staat dem Heimatstaat der begünstigten Individuen nur willkommen sein kann.

Problematischer ist das - kollisionsrechtliche - Postulat, dem Ausland nicht die eigene Wertordnung aufzudrängen, wenn es um belastende Hoheitsakte geht. Insoweit gilt aber nichts anderes als für das ebenso umstrittene Territorialitätsprinzip: Wenn der Ausländer den Schutz der

---

153 S.o. § 8 I 2 b) (1).

154 BVerwG UPR 1987, 115.

155 S.o. § 4 V.

deutschen Rechtsordnung in Anspruch nimmt, muß er sie akzeptieren, wie sie ist, mit allen anspruchsbegründenden und anspruchsvernichtenden Elementen[156].

Auch die an sich berechtigte Forderung, einen Oktroi auf die ausländische Rechtsordnung zu vermeiden, ist demnach hier nicht berührt und scheidet als vernünftiger Grund, der eine Privilegierung von Ausländern gegenüber Inländern rechtfertigen könnte, aus.

*d) Prinzip der offenen Staatlichkeit und Völkerrechtsfreundlichkeit*

Das Grundgesetz hat sich in seinen Artt. 24-26 vom Bild eines geschlossenen, sich gegenüber der Staatenwelt abschottenden Staates abgewandt und sich stattdessen bekannt zu dem Gedanken einer internationalen Zusammenarbeit und zu einer Mitverantwortung der Bundesrepublik Deutschland für eine friedlich internationale Ordnung[157]: Der Bund kann durch Gesetz Hoheitsrechte auf zwischenstaatliche Einrichtungen übertragen, sich in ein System gegenseitiger kollektiver Sicherheit einordnen und Vereinbarungen über eine internationale Schiedsgerichtsbarkeit beitreten. Die allgemeinen Regeln des Völkerrechts hat das Grundgesetz in das Bundesrecht rezipiert und mit Vorrang gegenüber einfachen Bundesgesetzen ausgestattet[158]. Vorbereitungshandlungen zur Führung eines Angriffskrieges sind verfassungswidrig.

Von dem Bild eines offenen, in die Staatengemeinschaft eingegliederten Staates geht auch die Bundesrepublik in ihrer internationalen Vertragspraxis aus. Ihr Beitritt zu GATT[159], OECD[160] und Europarat[161] und ihre Mitwirkung an den Verträgen der EWG[162] und der EURATOM[163] belegen, daß die Bundesregierung mit allem Nachdruck auf internationalen

[156] Bothe, UPR 1983, 6.

[157] S.o. §2 IV 1.

[158] S. im Unterschied dazu Art. 55 der französischen und Art. 94 der niederländischen Verfassung, die dem Völkergewohnheitsrecht im Gegensatz zum Völkervertragsrecht keinen Vorrang beimessen; s. Nassr-Esfahani/Wenckstern, RabelsZ 1985, 782 m.w.N.

[159] BGBl. 1951 II, 173,

[160] BGBl. 1961 II, 1150.

[161] BGBl. 1950, 263.

[162] BGBl. 1957 II, 766.

[163] BGBl. 1957 II, 1014.

Konferenzen für die politische und wirtschaftliche Zusammenarbeit mit den Nachbarstaaten eintritt[164].

Aus dieser Staatenpraxis und der Entscheidung des Grundgesetzes für eine offene Staatlichkeit hat Vogel die schon erwähnte feldtheoretische Auslegungsregel abgeleitet dahingehend, daß im Zweifel einer "kosmopolitischen" gegenüber einer streng nationalen Gesetzesauslegung der Vorzug zu geben sei; mit anderen Worten: Soweit nicht der Wortlaut des Gesetzes oder andere Auslegungskriterien eindeutig eine andere Interpretation vorgäben[165], sei die Auslegung zu wählen, die dem Bekenntnis des Grundgesetzes zu einer internationalen Zusammenarbeit und zum internationalen Austausch am besten entspreche[166].

Im Zusammenhang mit der Anerkennungsproblematik hat sich diese Maxime als nicht sehr fruchtbar erwiesen, da dort eine geschriebene Kollisionsregel des einfachen Rechts, die erst der Auslegung fähig wäre, nicht existiert[167]. Hier haben wir es dagegen mit einer Gesetzesbestimmung zu tun, die nur über ihren Anwendungsbereich schweigt. Der Grundsatz der offenen Staatlichkeit kann demnach für die Auslegung des § 14 BImSchG durchaus bedeutsam sein; im Hinblick auf den Charakter der Vorschrift als Eingriffsnorm stellt sich jedoch die Frage, ob eine extraterritoriale Auslegung dem Gedanken der internationalen Zusammenarbeit wirklich entspricht.

Insoweit hat Vogel aus dem Grundsatz der offenen Staatlichkeit je nach der Zweckbestimmung der Norm unterschiedliche Folgerungen gezogen: Während etwa im Bereich der Gefahrenabwehr der Grundsatz der internationalen Zusammenarbeit fordern soll, daß sich der Schutz der Normen auch auf im Ausland belegene Rechtsgüter erstreckt[168], soll er im Bereich der ordnenden und gestaltenden, über den bloßen Rechtsgüterschutz hinausgehenden Verwaltung dazu führen, daß eine Erstreckung der Normen auf im Ausland verwirklichte Sachverhalte - auch im Sinne der Rücksichtnahme auf den Ordnungs- und Gestaltungswillen fremder Staaten - im Prinzip unterbleibt[169].

---

[164] Vogel, Räumlicher Anwendungsbereich, 411 f.

[165] Vogel, a.a.O., 417.

[166] Vogel, a.a.O., 415.

[167] S.o. § 2 IV 1.

[168] Vogel, a.a.O., 418 f.

[169] Vogel, a.a.O., 241.

§ 14 BImSchG greift durch den Ausschluß privatrechtlicher Abwehransprüche in das Eigentum der Nachbarn ein. Die von Vogel getroffene Unterscheidung würde deshalb hier zu der Folgerung führen müssen, daß die Vorschrift gerade nicht extraterritorial auszulegen ist, anders gesprochen: daß die kosmopolitische Auslegung des § 14 BImSchG gerade darin besteht, ihn territorial zu verstehen.

Das Ergebnis steht mit dem Zweck der Norm - umfassender Bestandsschutz für unanfechtbar genehmigte Anlagen - und anderen Verfassungsprinzipien - Eigentumsgarantie, Vertrauensschutz zugunsten des Betreibers[170] - in so unauflöslichem Widerspruch, daß das Auslegungstopos der offenen Staatlichkeit hier keinen Vorrang beanspruchen kann. Ihm wird genügend dadurch Rechnung getragen, daß keine Präklusion ohne vorherige, der Rücksichtnahme auf fremde Staaten gewiß dienliche grenzüberschreitende Verfahrensbeteiligung stattfindet. Man muß sich auch von der Vorstellung freimachen, die Nachbarstaaten wüßten nicht um die grenzüberschreitende Natur von Umweltbelastungen und hieran anknüpfende Rechtsregeln des Emissionsstaates seien ihm fremd. Die Entscheidungen des österreichischen OHG im Fischereirechtsfall[171] und der Rechtbank Rotterdam im Rheinversalzungsprozeß[172] belegen, daß die ausländischen Staaten umweltverwaltungspolitische Entscheidungen ihrer Nachbarn, wenn sie durch Einhaltung von Rücksichtnahmepflichten im Verfahren geprägt sind, im Prinzip durchaus tolerieren.

Nach alledem führt das Bekenntnis des Grundgesetzes zur offenen Staatlichkeit nicht zu der Folgerung, daß eine Anspruchspräklusion nach § 14 BImSchG und den Vorschriften, die auf ihn verweisen, an der Staatsgrenze enden muß.

### 3. Ergebnis

Mithin ist für eine Privilegierung im Ausland lebender Ausländer gegenüber im Inland lebenden Nachbarn bzw. im Ausland lebenden Deutschen in bezug auf die Anspruchspräklusion nicht ein einziger einleuchtender Grund ersichtlich.

Art 3 GG gebietet es unter dem Gesichtspunkt der Gleichbehandlung daher, die Anspruchspräklusion auf inlandsansässige Nachbarn bzw. im

[170] Dazu oben § 7 III 2 a).

[171] S.o.§ 4 V 1.

[172] S.o.§ 4 V 2.

Ausland lebende Deutsche und im Ausland wohnhafte Nachbarn gleichermaßen zu erstrecken.

## *II. Grundrechte des Betreibers, Rechtsstaatprinzip*

Auf die Grundrechte des Betreibers aus Artt. 14, 12 GG und auf den rechtsstaatlich gebotenen Vertrauensschutz wurde bereits hingewiesen[173]. Auch diese Prinzipien fordern eine Erstreckung der Anspruchspräklusion auf im Ausland belegene Interessen.

## *III. Grundrechte im Ausland ansässiger Ausländer*

Man könnte allerdings erwägen, ob nicht die extraterritoriale Anspruchspräklusion die ausländischen Grenznachbarn in ihren Grundrechten aus Artt. 14 I, 2 II GG verletzt. Voraussetzung ist, daß Ausländern im Ausland solche Grundrechte überhaupt zustehen.

Ob Ausländer, die im Ausland leben, Träger von Grundrechten sein können und in welchem Umfang, ist erheblich umstritten[174]. Das Grundgesetz trifft darüber keine direkten Vorgaben. Das Bundesverfassungsgericht hat im Spanierfall darauf abgehoben, "ob eine innerstaatliche Rechtshandlung deutscher Staatsorgane in bezug auf einen konkreten Sachverhalt, der eine mehr oder weniger starke Inlandsbeziehung aufweist, zu einer Grundrechtsverletzung führt[175]". Aus der spezifischen Konstellation in jenem Fall haben einige den Schluß gezogen, bei Ausländern sei ein hinreichender Inlandsbezug nur gegeben, wenn sie ihren Wohnsitz im Inland hätten[176]. Im Fremdrentenfall hat das Bundesverfassungsgericht dann allerdings den Schutz des Art. 3 I GG auch im Ausland lebenden Ausländerinnen zuerkannt und § 94 I 1 AVG a.F. für verfassungswidrig erklärt, soweit er ihre Renten ruhen ließ, ohne ihnen zum Ausgleich einen Anspruch auf angemessene Beitragserstattung zuzugestehen[177]. Auf die Verfassungsrechtsprechung wird sich die These von der strikt territorialen Geltung der Grundrechte für Ausländer demnach nicht mehr stützen lassen.

---

[173] S..o. § 7 III 2 a).

[174] Schröder, 137 ff.; Heintzen, DVBl. 1988, 621 ff.; Oppermann/Kilian, 96 ff.; Bothe, UPR 1983, 4 ff.; Weber, DVBl. 1980, 335.

[175] BVerfGE 31, 58 ff., 75.

[176] S. z.B. Sturm, FamRZ 1972, 16 ff.; krit. Schröder, 140.

[177] BVerfGE 51, 1ff.

Man wird den Gegnern einer kosmopolitischen Grundrechtskonzeption zunächst sicher darin recht geben müssen, daß der Grundrechtsschutz Ausländern nicht generell zustehen kann, unabhängig davon, wie genuin der Sachverhalt mit dem Inland verknüpft ist[178]. Für Leistungsrechte ergibt sich das zwangsläufig schon daraus, daß die Mittel des Staates nur begrenzt zur Verfügung stehen. Freiheitsrechte schützen nur vor Eingriffen der deutschen Hoheitsgewalt, nicht gegen die des ausländischen Staates. Im übrigen kann sich eine ausdehnende Auslegung des räumlichen Anwendungsbereichs vom Zweck des Grundrechts her verbieten und ihr können verfassungsimmanente Schranken gezogen sein. Aus dem eng gefaßten Asylgrundrecht etwa ergibt sich, daß die allgemeine Handlungsfreiheit dem Ausländer kein Recht auf Einreise gewähren kann.

Die Frage, ob die Artt. 14 I und 2 II GG auch im Ausland ansässige Grenznachbarn vor der Entziehung privater Abwehransprüche schützen, hat viel von ihrer praktischen Bedeutung verloren, seit die Rechtsprechung Ausländern in bezug auf den Nachbarschutz im Verwaltungsverfahren Inländerbehandlung gewährt[179]. Vor diesem Hintergrund kann eine Anspruchspräklusion die Frage einer Grundrechtsverletzung gegenüber Ausländern nur dann aufwerfen, wenn sie schon Grundrechte von Inländern verletzt.

Das ist bei dem Ausschluß privatrechtlicher Abwehransprüche durch unanfechtbare Genehmigungen, einer Inhaltsbestimmung des Eigentums[180], nur unter dem Gesichtspunkt denkbar, daß die Verhältnismäßigkeit nicht gewahrt bleibt. Diese Frage läßt sich im Hinblick auf die Vielzahl von Genehmigungen für verschiedene Anlagen generell ohnehin nicht beantworten. Es bedarf für jeden Einzelfall einer Prüfung, welche Normen bei der Genehmigungserteilung maßgeblich waren und ob sie die Interessen Privater ausreichend berücksichtigen.

Sollte allerdings tatsächlich einmal die Anspruchspräklusion im Einzelfall verfassungswidrig sein, sprechen die besseren Gründe dafür, den Schutz der Grundrechte auch auf auslandsansässige Grenznachbarn zu beziehen: Art 1 III GG knüpft die Grundrechtsbindung an die Ausübung deutscher Staatsgewalt, ohne danach zu differenzieren, ob deren Wirkungen im In- oder Ausland eintreten. Artt. 14, 2 II sind Menschenrechte, nicht Bürgerrechte. Der Eingriff geht hier von der deutschen Staatsgewalt aus, folglich ist es nur sachgerecht, wenn sie sich selbst wie auch gegenüber Inländern von innen

---

[178] So auch Schröder, 141.

[179] BVerwG UPR 1987, 114 ff.

[180] BVerfGE 72, 76 f.

her begrenzt. Mit einem Oktroi auf die Wertordnung anderer Staaten hat dies nichts zu tun. Zum einen regeln Grundrechte nur das Verhältnis zwischen ausländischen Individuen und deutschen Hoheitsträgern, nicht den Heimatstaaten, zum anderen bleibt es den Heimatstaaten unbenommen, den ihren Angehörigen durch die deutsche Hoheitsgewalt gewährten Schutz durch zusätzliche Vorkehrungen zu erweitern, sei es ein relativ restriktives Anerkennungsrecht, sei es durch Aufnahme diplomatischer Verhandlungen mit der Bundesregierung zur Senkung der Immissionswerte.

Zusammengefaßt ergibt sich, daß Ausländer im Ausland im Prinzip auch den Schutz der Menschenrechte aus Art. 14 I, 2 II GG genießen, dieser steht jedoch einer extraterritorialen Präklusion privatrechtlicher Abwehransprüche nicht entgegen.

## *IV. Schlußfolgerungen*

Insgesamt sind verfassungsrechtliche Bedenken gegen eine extraterritoriale Auslegung des § 14 BImSchG nicht ersichtlich.

## C.

# Schlußbetrachtung

Aus den vorangegangenen Kapiteln ergibt sich, daß kein Rechtssatz existiert, wonach eine ausländische Genehmigung grundsätzlich nicht anerkannt werden dürfte. Ebensowenig besteht ein Prinzip, wonach die privatrechtsgestaltende Wirkung inländischer Genehmigungen auf reine Inlandssachverhalte beschränkt werden müßte. Eine Anerkennung unter der Voraussetzung ausreichender Verfahrensbeteiligung und angemessenen Rechtsschutzes ist oft der einzige Weg, den Konflikt zwischen Bestandsschutzinteressen des Anlagenbetreibers und Immissionsschutzinteressen des Nachbarn zufriedenstellend zu lösen. Die extraterritoriale Wirkung inländischer Genehmigungen ist unter denselben Voraussetzungen die conditio sine qua non für die Wahrung von Grundrechten des inländischen Betreibers und inländischer Nachbarn. Insgesamt erlauben die vorangegangenen Erwägungen die nachfolgende Zusammenfassung:

## § 10 Zusammenfassung

Gegenstand der vorstehenden Untersuchung ist die Frage, ob aus der Sicht eines deutschen Forums Genehmigungen für umweltbelastende Anlagen auf privatrechtliche Ansprüche der Nachbarn, die von grenzüberschreitenden Auswirkungen des Anlagenbetriebes betroffen sind, in gleicher Weise einwirken können wie auf Ansprüche der Nachbarn im Immissionsstaat, mit anderen Worten: ob wir ausländische Genehmigungen zu Lasten von Inländern anerkennen können und ob unsere eigene Anspruchspräklusion für unanfechtbar genehmigte Anlagen über die Staatsgrenzen hinaus wirkt.

Anlaß dazu ist, daß die Regelungen über das Verwaltungsverfahren und die sich an die Genehmigung anschließende Anspruchspräklusion in der Bundesrepublik Deutschland dem öffentlichen Recht zugehören, die Geltung nationalen öffentlichen Rechts aber nach verbreiteter Ansicht an der Staatsgrenze aufhört. Ausgehend davon meint die deutsche Praxis, ausländischen Genehmigungen außerhalb von Staatsverträgen die Anerkennung unter allen Umständen versagen zu müssen, und auch die deutsche Genehmigung soll nach herkömmlicher Auffassung nur im Inland ansässige Nachbarn zur Duldung verpflichten können in dem Sinne, daß sie die mit dem Anlagenbetrieb verbundenen Immissionen hinzunehmen haben.

Eine territoriale Auslegung der nationalen Präklusionsvorschriften hätte aber völlig unbefriedigende Konsequenzen. Lehnt man eine extraterritoriale Anspruchspräklusion unter Hinweis auf die fehlende Wirksamkeit der Genehmigung im Ausland ab, wären Ausländern vor den - zuständigen - Zivilgerichten des Emissionsstaates schwerwiegende Eingriffe in das Zusammenspiel zwischen Umweltverwaltungs- und Umweltprivatrecht möglich; ein Ergebnis, das von den Anhängern des Territorialitätsgedankens um so weniger gewollt sein kann, als diesem oftmals protektionistische Erwägungen zugrunde liegen. Diese Erkenntnis zwingt zu einer näheren Auseinandersetzung mit dem Inhalt des Territorialitätsprinzips und mit der Frage, welchen Aussagewert bestimmte Normen auf der Ebene des Völkerrechts, Verfassungsrechts, Internationalen Verwaltungsrechts und Internationalen Privatrechts für die hier behandelte spezifische kollisionsrechtliche Problematik eigentlich haben.

Für die Anerkennung ausländischer Genehmigungen hat das völkerrechtliche Territorialitätsprinzip überhaupt keinen Aussagewert, denn durch die Anerkennung übt ein Staat keine durch das Territorialitätsprinzip allein verbotene Hoheitsgewalt auf fremdem Staatsgebiet ohne Zustimmung des anderen Staates aus. Er wendet nur eine fremdstaatliche Einzelfallregelung kraft inländischer Hoheitsgewalt auf eigenem Staatsgebiet an. Die Anerkennung steht auch weder im Widerspruch zu Souveränitätsinteressen und Gebietshoheit des Emissionsstaates noch zu den entsprechenden Interessen und Rechten des Anerkennungsstaates.

Anders sieht es mit der Anspruchspräklusion zu Lasten im Ausland ansässiger Grenznachbarn aus. Nach dem Territorialitätsprinzip können wir zunächst einen anderen Staat nicht zwingen, unsere Genehmigungen anzuerkennen in dem Sinne, daß seine nach Internationalem Zivilverfahrensrecht zuständigen Gerichte sie als für sich verbindlich akzeptieren. Um dieses Durchsetzungsstadium geht es allerdings auch bei der extraterritorialen Anspruchspräklusion nicht, wir verhindern aufgrund unserer Regelungszuständigkeit kraft hinreichender Inlandsbeziehung lediglich, daß ausländische Grenznachbarn trotz vorheriger Verfahrensbeteiligung und gewährtem Rechtsschutz unsere umweltverwaltungsrechtlichen und - politischen Entscheidungen vor den - auch zuständigen - deutschen Gerichten ohne Bindung an Einwendungs- und Klagefristen torpedieren. Die hinreichende Inlandsbeziehung und damit die Regelungszuständigkeit ergibt sich aus der territorialen Betroffenheit der in ihrem Bestand geschützten Anlage. Insofern ist das Territorialitätsprinzip bedeutsam als legitimer Anknüpfungspunkt; daneben tritt als zusätzliche Legitimation das Auswirkungsprinzip, da

Ansprüche im Ausland wohnhafter Nachbarn auf Einstellung im Inland gelegener, genehmigter Anlagen unmittelbar Auswirkungen auf deutsches Territorium haben.

Ansonsten trägt das Völkerrecht zur Frage nach dem grenzüberschreitenden Bestandsschutz, mit Ausnahme des speziellen Salzburger-Flughafen-Vertrages, nichts bei.

Das völkergewohnheitsrechtliche Nachbarrecht ist schon thematisch nicht auf den Bestandsschutz ausgerichtet; außerdem richtet es sich in seiner Geltung ausschließlich an Staaten, nicht an Individuen. Es ist anzumerken, daß diese Grundsätze im Hinblick auf ihre relative Großzügigkeit gegenüber Umweltbelastungen und ihre Verschwommenheit für eine individualistische statt rein etatistische Konzeption ohnehin nicht viel taugen.

Die anglo-amerikanische act-of-state-doctrine gibt für die Anerkennungsfrage ebenfalls nichts her, da sich bislang in der Staatengemeinschaft keine Überzeugung durchgesetzt hat, daß die Zurückhaltung bei der Kontrolle fremder Hoheitsakte rechtlich geboten ist. Sie ist eine Art freiwilliger Toleranzkundgebung, eine unter dem Gesichtspunkt der comity of nations ausgeübte Form des "judicial self-restraint", mit dem Ziel, die freundschaftlichen Beziehungen zu ausländischen Staaten zu erhalten.

Rechte aus dem völkerrechtlichen Mindeststandard können nur durch die Auferlegung grenzüberschreitender Duldungspflichten durch uns, nicht durch die Anerkennung ausländischer Duldungspflichten verletzt sein; eine solche Verletzung scheidet aber aus, seit Ausländer im Verwaltungsverfahren und Verwaltungsstreitverfahren wie Inländer behandelt werden.

Der Anerkennung steht nicht das Verwaltungsrecht der Emissionsstaaten entgegen in dem Sinne, daß sie ihren Genehmigungen von vornherein nur territoriale Wirkung beimessen würden. Ein "apriorisches" Territorialitätsprinzip zur Auslegung von über ihren räumlichen Anwendungsbereich schweigenden Normen und Einzelfallregelungen mit Drittwirkung gibt es nicht. Die Emissionsstaaten messen ihren umweltrechtlichen Realkonzessionen durchaus extraterritoriale Wirkungen bei. Das ergibt sich zunächst daraus, daß sie ausländischen Grenznachbarn schon im vorherigen Genehmigungsverfahren durchweg Einwendungsmöglichkeiten und Rechtsschutz einräumen. Die allein davon abweichende Zurückweisung der Klagen deutscher Grenznachbarn durch den österreichischen VerwGH im Jahre 1969 beruhte in erster Linie nicht darauf, daß die Kläger Ausländer waren, sondern darauf, daß ihr Grundstückseigentum nicht direkt und unmittelbar für Landung und Abflug in Anspruch genommen worden war, sie mithin objektive Voraussetzungen für den Rechtsschutz nicht erfüllten. Die neuere österreichische Gesetzgebung hat dem allgemeinen Protest gegen das erstere Argument Rechnung getragen und bezieht nunmehr jedenfalls für den Bereich gewerblich genutzter Anlagen ausdrücklich auch Ausländer in den Schutz des Verwaltungsverfahrens mit ein. Im übrigen sind die Emissionsstaaten an einer bloß territorialen Auslegung ihrer Präklusionsvorschriften nicht im mindesten interessiert. Das ergibt sich aus dem Sinn und Zweck des erhöhten Bestandsschutzes für unanfechtbar genehmigte Anlagen, der ja allenthalben nur gewährleistet ist, wenn er über die Staatsgrenzen hinauswirkt.

Das Verfassungsrecht der Bundesrepublik Deutschland enthält keine Grundlage dafür, ausländische Genehmigungen im Inland anzuerkennen oder umgekehrt inländische Genehmigungen in ihren Drittwirkungen auch auf auslandsansässige Grenznachbarn zu erstrecken. Insbesondere gibt der in Artt. 24-26 GG statuierte Grundsatz der offenen Staatlichkeit und Völkerrechtsfreundlichkeit nichts für ein autonomes Anerkennungsrecht her, da auslegungsfähige und - bedürftige Gesetzesnormen in diesem Bereich bisher nicht existieren. Eine extraterritoriale Anspruchspräklusion würde er an sich ausschließen, da die Rücksichtnahme auf den Ordnungswillen fremder Staaten im Prinzip verbietet, Privatrechtsverhältnisse auf fremdem Staatsgebiet neu zu gestalten. Der Grundsatz der offenen Staatlichkeit kommt indessen erst zum Zuge, wenn sich der Anwendungsbereich der Verwaltungsrechtsnorm - hier § 14 BImSchG - nicht schon durch herkömmliche Auslegungsmethoden eindeutig anders bestimmen läßt. Hier führen die teleologische Auslegung des § 14 BImSchG, wirtschaftsordnungsrechtliche Gesichtspunkte und der aus der Verfassung gebotene Vertrauens- und Grundrechtsschutz zugunsten des Betreibers zu dem Ergebnis, daß der Bestandsschutz für unanfechtbar genehmigte Anlagen gegenüber Privaten, falls diese am Verfahren beteiligt waren und die Genehmigung im Verwaltungsstreitverfahren hatten beanstanden können, auch über die Staatsgrenze hinaus wirken muß.

Die Grundlage für ein Anerkennungsrecht bzw. für die Ausdehnung der deutschen Präklusion ins Ausland ergibt sich auch nicht aus dem Internationalen Privatrecht. Die abweichende Auffassung des BGH, der die Anerkennungsfrage vorschnell der nach Internationalem Privatrecht maßgeblichen lex rei sitae zugeschlagen hat, ist nicht zu teilen. Das Internationale Privatrecht regelt nur von seiner typischen Fragestellung vom Sachverhalt her, welche Anknüpfung dem Menschen und seinem persönlichen Willen am besten gerecht wird. Dagegen geht es bei den hier in Rede stehenden öffentlich-rechtlichen Genehmigungen und ihren Rechtsgrundlagen um zwingende, auch von ordnungspolitischen Vorstellungen getragene Rechtsvorschriften, die es gebieten, statt nach dem Sachverhalt - z.B. Beeinträchtigung eines Grundstücks - nach dem Anwendungswillen des Gesetzes zu fragen. Zu erwägen ist also sowohl für § 14 BImSchG als auch für die entsprechenden ausländischen Rechtsvorschriften eine Sonderanknüpfung, die deshalb dem Internationalen Verwaltungsrecht zugeordnet werden kann, weil es überwiegend um öffentlich-rechtliche Normen geht und weil sich im Inland jede kollisionsrechtliche Lösung für grenzüberschreitende Inlandprobleme an der Verfassung orientieren muß.

Einen Grundsatz der Nichtanwendung ausländischen öffentlichen Rechts gibt es in unserem nationalen Internationalen Verwaltungsrecht nicht. Der BGH ist in seiner Rechtsprechung zum internationalen Enteignungs-, Devisen- und Konkursrecht selbst vom Territorialitätsprinzip abgerückt. Er hat die Sonderanknüpfung damit begründet, daß die einschlägigen ausländischen Normen jedenfalls auch die Interessen Privater regelten: ein Argument, das sich unproblematisch auch auf umweltrechtliche Realkonzessionen übertragen läßt, da auch sie neben wirtschafts- und umweltpolitischen Belangen den Interessenkonflikt zwischen Anlagenbetreibern und Nachbarn regeln.

Protektionistische Erwägungen mit dem Ziel, die inländischen Grenznachbarn von den Wirkungen ausländischer Genehmigungen - und nicht nur im Fall unzureichender Verfahrensbeteiligung - generell auszunehmen, erscheinen angesichts der zweifelhaften Durchsetzbarkeit deutscher Unterlassungsurteile im Ausland ohnehin als verfehlt. Es wäre auch halbherzig und inkonsequent, ausländische Grenznachbarn in die deutsche Präklusion von Abwehransprüchen einzubeziehen, während für den deutschen Richter die ausländische Genehmigung unter allen Umständen unbeachtlich zu bleiben hätte. Für die Anerkennung sprechen demgegenüber folgende Gesichtspunkte: Sie fördert den äußeren Entscheidungseinklang. Sie führt im Unterschied zur Territorialitätstheorie nicht zu der befremdlichen Konsequenz, daß womöglich vergleichbare Umweltbelastungen als Auslandsemissionen untersagt werden könnten, als Inlandsemissionen aber geduldet werden müssen. Sie ermöglicht ein differenziertes Vorgehen je nachdem, ob die Interessen grenzüberschreitend betroffener Individuen bei der Planung des Vorhabens berücksichtigt worden sind oder nicht und ist insoweit praktikabler als Methoden einseitiger Konfliktbewältigung, die ausländische Genehmigungen gänzlich ignorieren. Schließlich fördert sie die Anerkennungs- und Kooperationsbereitschaft in den Nachbarstaaten und regt Bestrebungen zur Harmonisierung des Umweltverwaltungsrecht an.

Verfassungsrechtliche Grenzen ergeben sich für die Anerkennung aus Art. 14 I GG und Art. 2 I GG. Die danach gebotene Verhältnismäßigkeit des - durch den deutschen Rechtsanwender ausgeübten - Eingriffs ist nur gewahrt, wenn die inlandsansässigen Nachbarn die Möglichkeit hatten, im Verfahren auf die behördliche Entscheidung Einfluß zu nehmen. Das ist z.B. in Frankreich, Luxemburg, Österreich und der Schweiz der Fall, so daß die Anerkennung von Genehmigungen aus diesen Ländern - mit Ausnahme der Schweiz, die eine Anspruchspräklusion nicht kennt - keine Schwierigkeiten bereiten dürfte.

Hingegen verlangt Art. 3 GG nicht, daß die anerkannten Genehmigungen unter denselben Voraussetzungen wie deutsche ergehen. Auch Demokratieprinzip und der Grundsatz der Gewaltenteilung stehen der Anerkennung nicht entgegen. Bei der Anlegung verfassungsrechtlicher Maßstäbe ist zu beachten, daß das Grundgesetz in seiner Präambel und Artt. 24-26 von der Einbindung des von ihm verfaßten Staates in die Staatengemeinschaft ausgeht. Verfassungsrechtliche Anforderungen gelten daher in Fällen mit Auslandsberührung ohnehin nur gelockert.

An diesen gelockerten verfassungsrechtlichen Anforderungen, ansonsten an Gesichtspunkten der Sachgerechtigkeit, hat sich die Anerkennung zu orientieren. Zunächst ist ausländischen Genehmigungen keine Gleichwertigkeit abzufordern in dem Sinne, daß sie mit deutschem Recht identische Voraussetzungen aufweisen müßten. Stattdessen genügt es, wenn sich die Genehmigungsvoraussetzungen in ihren wesentlichen Funktionen entsprechen, sie also je nach der Art der Anlage dasselbe Gefahrenpotential berücksichtigen. Im übrigen müssen die Genehmigungen im Emissionsstaat gültig sein und dem deutschen materiellrechtlichen wie verfahrensrechtlichen ordre public entsprechen. Die Anerkennung an weitere Voraussetzungen zu knüpfen, erscheint nicht als sinnvoll. Insbesondere eine revision au fond, Reziprozität und Äquivalenz der deutschen und ausländischen Genehmigungswirkungen sind als Anerkennungskriterien abzulehnen. Für die Beurteilung der Wirkungen einer ausländischen Genehmigung bieten sich zwei Möglichkeiten an: Wirkungserstreckung oder Wirkungsverleihung. Die Wirkungserstreckung ist gegenüber der Wirkungsverleihung zu bevorzugen, weil sie dem Ziel der Anerkennung - das ist die internationale Entscheidungsharmonie - am besten entspricht.

Ein extraterritoriales Verständnis des § 14 BImSchG ist nicht nur eine Frage der Sachgerechtigkeit, sondern durch Grundrechtspositionen des Betreibers bestandskräftig genehmigter Anlagen und das Vertrauensschutzprinzip zwingend gefordert, seit Einräumung von Schutzansprüchen an im Ausland lebende Grenznachbarn durch das Bundesverwaltungsgericht auch durch den Gleichheitsgrundsatz. Wirkt sich die Vorschrift im Verhältnis zu ausländischen Grenznachbarn nicht anspruchsvernichtend aus, werden diese in doppelter Hinsicht gegenüber vergleichbaren Nachbarn im selben Umkreis der Anlage privilegiert: einmal gegenüber allen im Bundesgebiet lebenden, in- und ausländischen Betroffenen, zum anderen gegenüber im Ausland lebenden Personen mit deutscher Staatsangehörigkeit, weil diesen gegenüber § 14 BImSchG jedenfalls aufgrund des Personalitätsprinzips wirkt. Für eine derartige Bevorzugung ist nicht ein einziger einleuchtender Grund ersichtlich, soweit ausländische Grenznachbarn im Verfahren und in bezug auf den Rechtsschutz Inländern gleichgestellt werden.

Ob andererseits aus der Verfassung auch Bedenken gegen die Auferlegung von Duldungspflichten jenseits der Staatsgrenze erhoben werden können, hängt davon ab, ob Ausländer, die nicht im Inland leben, Träger von Grundrechten sein können. Diese - streitige - Frage hat viel von ihrer praktischen Bedeutung verloren, seit Ausländer im Genehmigungsverfahren Inländerbehandlung genießen: Jetzt ist sie nur noch unter der Voraussetzung erheblich, daß die Anspruchspräklusion auch Inländern gegenüber verfassungswidrig ist. Das ist etwa denkbar, wenn die im Genehmigungsverfahren zusammenwirkenden Vorschriften den Verhältnismäßigkeitsgrundsatz verletzen, und läßt sich nicht generell beantworten. Sollte aber im Einzelfall wirklich der Verhältnismäßigkeitsgrundsatz verletzt sein, sprechen die besseren Gründe hier dafür, den Schutz der deutschen Grundrechte auch auf Ausländer zu erstrecken; denn Artt. 14 I. 2 II GG sind Menschenrechte, nicht Grundrechte, und Art. 1 III GG schützt vor Eingriffen durch die deutsche Hoheitsgewalt und unabhängig davon, ob ihre Wirkungen im Inland, oder, wie hier, auf fremdem Territorium eintreten.

# Literatur


*Autexier*, Christian: Participation à la procédure administrative noncontentieuse française des personnes concernées en cas de pollution transfrontière, in: Ress (Hrsg.), Grenzüberschreitende Verfahrensbeteiligung im Umweltrecht der Mitgliedstaaten der Europäischen Gemeinschaften, Köln-Berlin-Bonn-München 1985, S.131ff.

- Participation à la procédure administrative noncontentieuse luxembourgeoise des personnes concernées en cas de pollution transfrontalière, in: Ress (Hrsg.), Grenzüberschreitende Verfahrensbeteiligung im Umweltrecht der Mitgliedstaaten der Europäischen Gemeinschaften, Köln-Berlin-Bonn-München 1985, S.289ff.

*Bankes*, N. D./*Saunders*, G. O.: Acid Rain: Multilateral and Bilateral Approaches to Transboundary Pollution under International Law, U. N. B. Law Journal 1982

*Basedow*, Jürgen: Das amerikanische Pipeline-Embargo vor Gericht (Anm. zu der Entscheidung der Arrondissementsrechtbank Den Haag vom 17.9.1982), RabelsZ 1983, 141ff.

*Baumbach*, Adolf/*Lauterbach*, Wolfgang/*Albers*, Jan/*Hartmann*, Peter: Zivilprozeßordnung, Kommentar, 46.Aufl., München 1988

*Behrens*, Fritz: Rechtsgrundlagen der Umweltpolitik der Europäischen Gemeinschaften (Beiträge zur Umweltgestaltung A/55), Berlin 1976

*Behrens*, Peter: Rechtsfragen im chilenischen Kupferstreit, RabelsZ 1973, 394ff.

*Beitzke*, Günther: Extraterritoriale Wirkung von Hoheitsakten, in: Wörterbuch des Völkerrechts (Strupp/Schlochauer), Bd.I, Berlin 1960, 504ff.

*Berber*, Friedrich: Lehrbuch des Völkerrechts, Bd.I: Allgemeines Friedensrecht, 2.Aufl., München 1975

*Bernhardt*, Rudolf: Customary International Law, in: Encyclopedia of Public International Law, Max-Planck-Institute for Comparative Public Law and International Law (Hrsg.), Bd. VII, North-Holland-Amsterdam-New York-Oxford 1984, f.358ff.

*Beyerlin*, Ulrich: Die Beteiligung ausländischer Grenznachbarn an umweltrechtlichen Verwaltungsverfahren und Möglichkeiten zu ihrer vertraglichen Regelung auf "euregionaler" Ebene, Natur + Recht, 1985, 173ff.

- Grenzüberschreitender Umweltschutz und allgemeines Völkerrecht, in: Staat und Völkerrechtsordnung, Festschrift für Karl Doehring, Berlin-Heidelberg-New York-London-Paris-Tokyo-Hongkong 1989, 37ff.

- Klagebefugnis von Ausländern gegen grenzüberschreitende Umweltbelastungen, Anm. zu Trib. adm. Strasbourg, 27.7.1983, ZaöRV 1984, 336ff.

*Bleckmann*, Albert: Grundprobleme und Methoden des Völkerrechts, Freiburg/München 1982

*Blümel*, Willi: Gesetzliche Regelung der Einwendungs- und Klagebefugnis ausländischer Grenznachbarn?, in: Staat und Völkerrechtsordnung, Festschrift für Karl Doehring, Berlin-Heidelberg-New York-London-Paris-Tokyo-Hongkong 1989, 89ff.

*Boisserée*, K.: Anm. zu OLG Saarbrücken v. 22.10.1957, NJW 1958, 752ff., ebda. 1239ff.

*Bothe*, Michael: Anm. zu BVerwG v. 17.12.1986, UPR 1987, 114ff., ebda. 170ff.

- Grenzüberschreitender Verwaltungsrechtsschutz gegen umweltbelastende Anlagen, UPR 1983, 1ff.

*Bothe*, Michael/*Prieur*, Michel/*Ress*, Georg (Hrsg.): Rechtsfragen grenzüberschreitender Umweltbelastungen - Les problèmes juridiques posés pas les pollutions transfrontières -, Fachtagung Saarbrücken vom 13.-15. Mai 1982, Berlin 1984

*Breuer*, Rüdiger: Gefahrenabwehr und Risikovorsorge im Atomrecht, DVBl. 1978, 829ff.

*Broms*, Bengt: Subjects-Entitlement in the International Legal System, in: Structure and Process of International Law, hrsg. v. R. St. J. Macdonald/D. M. J. Johnston, 1983, 383ff.

*Brownlie*, Jan: Principles of Public International Law, 3.Aufl., Oxford 1979

*Bucher*, A.: Zivilrechtliche Schadensersatz- und Unterlassungsklagen. - Gerichtliche Zuständigkeit und Verfahrensfragen - Schweiz, in: Rechtsfragen grenzüberschreitender Umweltbelastungen, (hrsg. v. Bothe/Prieur/ Ress), Fachtagung Saarbrücken 13.-15. Mai 1982, Berlin 1984, 175ff.

*v. Caemmerer*, Ernst: Vorschläge und Gutachten zur Reform des deutschen Internationalen Privatrechts (Materialien zum ausländischen und Internationalen Privatrecht), Tübingen 1983

*Caputo*, James A.: Equal Right of Access in Matters of Transboundary Pollution: Its Prospects in Industrial and Developing Countries, Cal W. L. J. 1984, 192ff.

*Coester*, Michael: Die Berücksichtigung fremden zwingenden Rechts neben dem Vertragsstatut, ZVglRW 1983, 1ff.

*Coing*, Helmut: Zur Anwendung zwingender ausländischer Verträge - Art.7 des Übereinkommens über das auf das vertragliche Schuldverhältnis anzuwendende Recht, WM 1981, 810ff.

*Dahm*, Georg/*Delbrück*, Jost/*Wolfrum*, Rüdiger: Völkerrecht, Band I/1, 2.Aufl., Berlin - New York 1989 (zit.: Dahm)

*Degenhart*, Christoph: Kernenergierecht. Schwerpunkte - Entscheidungsstrukturen - Entwicklungslinien (Habil.-Schrift), Köln-Berlin-Bonn-München 1981

*Despax*, Michel: Droit de l'environnement, Paris 1980

*Despax*, Michel/*Coulet*, William: The Law and Practice Relating to Pollution Control in France, 2.Aufl., London 1982

*Diez*, Emanuel: Probleme des Internationalen Nachbarrechts, Schw. Jb.f.Int.R. 1979, 9ff.

*Drobnig*, Ulrich: Die Anerkennung von Verwaltungsakten in der DDR, Recht in Ost und West 1981, 181ff.

*Engelhardt*, Hans: Verwaltungsvollstreckungsgesetz/Verwaltungszustellungsgesetz, 2. Aufl., München 1988

*Erichsen*, Hans-Uwe/*Martens*, Wolfgang: Allgemeines Verwaltungsrecht, 8. Aufl., Berlin-New York 1988

*Feil*, Erich: ABGB. Ein Handkommentar für die Praxis, Bd.III, Sachenrecht (§§ 285-530), Eisenstadt 1977

*Feldhaus*, Gerhard: Bundesimmissionsschutzrecht, Bd.1, Kommentar, Losebl., bearbeitet von Gerhard Feldhaus und Willi Vallendar, 2. Aufl., Wiesbaden, 36. Lieferung 1990

*Fischer*, Robert: Die Weiterbildung des Rechts durch die Rechtsprechung, Karlsruhe 1971

*Folz*, Hans-Ernst: Die Geltungskraft fremder Hoheitsäußerungen. Eine Untersuchung über die anglo-amerikanische Act of State Doctrine, Baden-Baden 1975

*Frankenstein*, Ernst: Internationales Privatrecht (Grenzrecht), Bd.I, Berlin-Grunewald 1926

*Fröhler*, Ludwig/*Zehetner*, Franz: Rechtsschutzprobleme bei grenzüberschreitenden Umweltbeeinträchtigungen, Bd.I, Bestandsaufnahme grenzüberschreitender Umweltbeeinträchtigungen, Völkerrechtliche Rechtsschutzmöglichkeiten, Bd.II, Verwaltungsrechtliche Rechtsschutzmöglichkeiten gegen grenzüberschreitende Umweltbeeinträchtigungen, Linz 1979

*Fromont*, Michel: Rechtsschutz im französischen Umweltrecht, UPR 1983, 186ff.

*Garcia-Amador*, F.V.: State Desponsibility, Doc. A/CN.4/96, in Yearbook of the International Law Commission, Vol.,II, 1956, 173ff.

*Geck*, Wilhelm Karl: Anerkennung fremder Hoheitsakte, in: Wörterbuch des Völkerrechts (Strupp Schlochauer), Bd.I, Berlin 1960, 55ff.

*Geimer*, Reinhold: Anerkennung gerichtlicher Entscheidungen nach dem EWG-Übereinkommen vom 27.9.1968, RIW/AWD 1976, 139ff.

- Internationales Zivilprozeßrecht, Köln 1987

*Gieseke*, Paul/*Wiedemann*, Werner/*Czychowski*, Manfred: Wasserhaushaltsgesetz, 4.Aufl. 1985

*Goldie*, L. F. E.: Transfrontier Pollution - From Concepts of Liability to Administrative Conciliation, Syr. J. Int L. & Com., 1985, 185ff.

*Grabitz*, Eberhardt: Kommentar zum EWG-Vertrag, 3. Aufl., München 1989

Groen, H. A.: Overheidsvergunning en onrechtmatige daad, Serie Recht en Praktijk 26, Deventer 1977

*Gündling*, Lothar: Verantwortlichkeit der Staaten für grenzüberschreitende Umweltbeeinträchtigungen, ZaöR 1985, 265ff.

*Habscheid*, Walter: Territoriale Grenzen der staatlichen Rechtsetzung, in: Berichte der DGVR Bd.11, 1973, 47ff.

*Hager*, Günther: Zur Berücksichtigung öffentlich-rechtlicher Genehmigungen bei Streitigkeiten wegen grenzüberschreitender Immissionen,RabelsZ 1989, 293ff.

*Haight*, George Winthrop: International Law and Extraterritorial Application of the Antitrust Laws, Yale L.J. 1953/1954, 639ff.

*Halberstam*, Malvina: Sabbatino Resurrected: The Act of State Doctrine in the Reviewed Restatement of U. S. Foreign Relations Law, American Journal of International Law 1985, 68ff.

*Heintzen*, Markus: Das grundrechtliche Eingriffskriterium bei Sachverhalten mit Auslandsberührung, DVBl. 1988, 621ff.

*Heiz*, Rudolf: Das fremde öffentliche Recht im internationalen Kollisionsrecht. Der Einfluß der Public Policy auf ausländisches Straf-, Steuer-, Devisen-, Konfiskations- und Enteignungrecht, Diss. Zürich 1959

*Hirsch*, Joachim: Richterrecht und Gesetzesrecht, JR 1966, 334ff.

*Hoffmann*, Gerhard: Internationales Verwaltungsrecht, in: v. Münch (Hrsg.), Besonderes Verwaltungsrecht, 8.Aufl., Berlin 1988

*Hoppe*, Werner: Bergbauberechtigungen als verfassungskräftige Eigentumsposition und ihr Schutz gegenüber Plaung, DVBl.1982, 105 ff.

*Huet*, A.: Zivilrechtliche Schadensersatz- und Unterlassungsklagen - Anwendbares Recht - Frankreich -, in: Rechtsfragen grenzüberschreitender Umweltbelastungen (hrsg. v. Bothe/Prieur/Ress), Fachtagung Saarbrücken v. 13.-15. Mai 1982, Berlin 1984, S.193ff.

*Hueting*, R., u.a.: Rhine pollution/La Pollution du Rhin (1978), bespr. v. J. Basedow, RabelsZ 1980, 585ff.

*Janni*, Robert W.: International and Private Actions in Transboundary Pollution, Can. YB. Int. L. 11 (1973), 258ff.

*Janis*, M. W.: Individuals as Subjects of International Law, Cornell Int.L.J., 1984, 61ff.

*Jarass*, Hans D.: Bundesimmissionsschutzgesetz, Kommentar, München 1983

- Wirtschaftsverwaltungsrecht und Wirtschaftsverfassungsrecht, 2.Aufl., Frankfurt a. M., 1984

*Jayme*, Erik: Rechtswahlklausel und zwingendes ausländisches Recht beim Franchise-Vertrag, IPRax 1983, 105ff.

*Jessurun d' Oliveira*, H. U.: La pollution du Rhin et le droit international privè, in: R. Hueting/C. van der Veen/A. Kiss/H. U. Jessurun d' Oliveira, Rhine Pollution/La pollution du Rhin, 1978, 81ff., bespr. von Jürgen Basedow, RabelsZ 1980, 585ff.

*Jones*, David Lloyd: Act of Foreign State in English Law: The Foreign Ghost Goes East, Virginia Journal of International Law 1982, 433ff.

*Kegel*, Gerhard: Internationales Privatrecht, 6.Aufl., München 1987

*Kegel*, Gerhard/*Seidl-Hohenveldern*, Ignaz: Zum Territorialitätsprinzip im internationalen öffentlichen Recht, in: Konflikt und Ordnung, Festschrift für Murad Ferid zum 70. Geburtstag, 1978, S.233ff.

*Kimminich*, Otto: Völkerrechtliche Haftung für das Handeln Privater im Bereich des internationalen Umweltschutzes, AVR 1984, 241-281

*Kilian*, Michael: "Technische Entwicklung und parlamentarische Souveränität", 25. Tagung der Wissenschaftlichen Mitarbeiter der Fachrichtung "Öffentliches Recht", DVBl. 1985, 516ff.

*Kilian*, Michael/*Pätzold*, Ralf: Anmerkung zum Urteil des VG Straßburg vom 27.7.1983, UPR 1984, 155ff.

*Kiss*, Alexandre-Charles: The International Protection of the Environment, in: The Structure and Process of International Law - Essays in Legal Philosophy, Doctrine and Theory, hrsg. v. R. St. J. Macdonald/D.M.J. Johnston 1983, 1069ff.

- La Pollution Du Rhin - Suite (et Fin), Annuaire francais de droit international 29 (1983), 773ff.

- Droit International de l' Environnement, Rev. jur. env. 1984, 42ff.

*Kloepfer*, Michael: Aspekte der internationalen Harmonisierung des Umweltrechts, UPR 1984, 281ff.

- Grenzüberschreitende Umweltbelastungen als Rechtsproblem, in: Grenzüberschreitender Umweltschutz in Europa (v. Moltke/Schmölling/Kloepfer/Kohler), Heidelberg 1984, 41ff. = DVBl. 1984, 245ff.

*Kloepfer*, Michael/*Kohler*, Christian: Kernkraftwerk und Staatsgrenze, Berlin 1981

*Knebel*, Jürgen/*Kloepfer*, Michael: Umweltchemikalienrecht: Rechtsvergleichende Analyse von Schlüsselbegriffen (Berichte des Umweltbundesamtes 81/7), Berlin 1981

*König*, Klaus: Die Anerkennung ausländischer Verwaltungsakte, Köln 1965

*Kohler*, Christian: Unterlassungs- und Schadensersatzklagen wegen granzüberschreitender Umweltbeeinträchtigungen im internationalen Privat- und Verfahrensrecht, in: Moltke/Schmölling/Kloepfer/Kohler, Grenzüberschreitender Umweltschutz in Europa, Heidelberg 1984, S.69ff.

*Kopp*, Ferdinand: Verwaltungsverfahrensgesetz: VwVfG, 4. Aufl., München 1986

*Koziol*, Helmut/*Weber*, Rudolf: Grundriß des bürgerlichen Rechts, 8. Aufl., Mainz 1987-88

*Krämer*, Ludwig: Einheitliche Europäische Akte und Umweltschutz, in: Überlegungen zu einigen Bestimmungen im Gemeinschaftsrecht, in: Rengeling (Hrsg.), Europäisches Umweltrecht und europäische Umweltpolitik, 1988, 137ff.

*Krakau*, Knud: Die Harmon-Doktrin. Eine These der Vereinigten Staaten zum Flußrecht, Hamburg 1966

*Kreuzer*, Karl: Parteiautonomie und fremdes Außenwirtschaftsrecht, in: Zum Deutschen und Internationalen Schuldrecht, 1983, 89ff.

- Ausländisches Wirtschaftsrecht vor deutschen Gerichten. Zum Einfluß fremdstaatlicher Eingriffsnormen auf private Rechtsgeschäfte, Heidelberg 1986

*Kriech*, Markus: Grenzüberschreitender Umweltschutz im schweizerischen Recht, Diss. Zürich 1986

*Kröncke*, Dirk: Die Genehmigung von Kernkraftwerken, Diss. Bonn, Köln-Berlin-Bonn-München 1982

*Kropholler*, Jan: Europäisches Zivilprozeßrecht, Kommentar zum EuGVÜ, 2. Aufl., Heidelberg 1987

*Küppers*, Karsten: Grenzüberschreitende Immissionen und internationales Nachbarrecht, ZRP 1976, 260ff.

- Anm. zu BGH Vorlagebeschl. v. 10.3.1978 (Flughafen Salzburg), DVBl. 1979, 226ff., ebda. 228

*Lauterpacht*, Hersch: Private Law Sources and Analogies of International Law, New York-Toronto-Bombay-Calcutta-Madras 1927

*Lindemann*, Hans-Heinrich: Rechtsfragen grenzüberschreitender Umweltbeeinträchtigungen (Bericht zur Fachtagung vom 13.-15. Mai 1982 in Saarbrücken), Natur + Recht 1982, 255f.

*Lipstein*, Kurt: Principles of the conflict of laws, national and international, Den Haag 1981

*Löffler*, Klaus: Parlamentsvorbehalt im Kernenergierecht. Eine Untersuchung zur parlamentarischen Verantwortung für neue Technologien, Baden-Baden 1985

*Lowe*, A.: Extraterritorial Jurisdiction. An ann. coll. of legal materials, Cambridge 1983

*Lummert*, Rüdiger: Zur Frage des anwendbaren Rechts bei zivilrechtlichen Schadensersatz- und Unterlassungsklagen wegen grenzüberschreitender Umweltbeeinträchtigungen, Natur + Recht 1982, 241ff.

- Rechte des Bürgers zur Verhütung von Umweltschäden, Berichte 3/80 des Umweltbundesamtes, Berlin 1980

- Zivilrechtliche Schadensersatz- und Unterlassungsklagen - Anwendbares Recht, in: Rechtsfragen grenzüberschreitender Umwelteinträchtigungen (hrsg. v. Bothe/Prieur/Ress), Fachtagung Saarbrücken vom 13.-15. Mai 1982, Berlin 1984, S.183ff.

*Macalister-Smith*, Peter: Comity, in: Encyclopedia of Public International Law, Bd.VII, North-Holland-Amsterdam-New York-Oxford 1984, S.41ff.

*Macdonald*, R. St. J./*Johnson*, D. M. J. (Hrsg.): The Structure and Process of International Law - Essays in Legal Philosophy, Doctrine and Theory, Den Haag 1983

*Mann*, F. A.: Anm. zur Entscheidung des englischen Court of Appeal in Sachen Buck and others v. Attorney General, (1965) 2 W. L. R. 1033, in: I. C. L. Q. 1965, 985ff.

- The Doctrine of Jurisdiction in International Law, R. d. C. (Académie de Droit International) 1964, 1ff.

- The Doctrine International Jurisdiction Revisited after twenty Years R. d. C. 1984 (Académie de Droit International) Bd.III, 9-116

- Öffentlich-rechtliche Ansprüche im Internationalen Rechtsverkehr, in: Beiträge zum Internationalen Privatrecht, 1976, 201ff.

- The Sacrosanctity of Foreign Act of State Doctrine, Law Quart. Rev. 1943, 42ff.

*Marburger*, Peter: Die Regeln der Technik im Recht, Köln-Berlin-Bonn-München 1979

*Martiny*, Dieter: Handbuch des Internationalen Zivilverfahrensrechts, Bd.III/1, Anerkennung ausländischer Entscheidung nach autonomem Recht, Tübingen 1984

*Maunz*, Theodor/*Dürig*, Günther/*Herzog*, Roman/*Scholz*, Rupert: Grundgesetz, Kommentar, Losebl., Bd.II (Artt. 12a-37) München 1987

*Maunz*, Theodor/*Schmidt-Bleibtreu*, Bruno/*Klein*, Franz/*Ulsamer*, Gerhard: Bundesverfassungsgerichtsgesetz, Kommentar, Losebl., München, 28. Lieferung 1989

*Mazeaud*, Henri et *Tunc*, Léon André: Traité theoretique de la responsabilité civile, Tome III, Paris 1932

*Meessen*, Karl Matthias: Der räumliche Anwendungsbereich des EWG-Kartellrechts und das Allgemeine Völkerrecht, EuR 1973, 18ff.

- Völkerrechtliche Grundsätze des internationalen Kartellrechts, Baden-Baden 1975

*Meng*, Werner: Völkerrechtliche Zulässigkeit und Grenzen wirtschaftsverwaltungsrechtlicher Hoheitsakte mit Auslandswirkung, ZaöRV 1984, 675ff.

*Menzel*, Eberhard/*Ipsen*, Knut (Jrg.): Völkerrecht, 2.Aufl, München 1979

v. *Moltke*, Heinrich/*Schmölling*, Jürgen/*Kloepfer*, Michael/*Kohler*, Christian: Grenzüberschreitender Umweltschutz in Europa, Rechtsfragen und Rechtstatsachen, Heidelberg 1984

v. *Münch*, Ingo (Hrsg.): Besonderes Verwaltungsrecht, 8. Aufl., Berlin 1988

- Grundgesetz-Kommentar, Bd. I, 3. Aufl. München 1985; Bd. II, 2. Aufl. München 1983.

*Münchener Kommentar zum Bürgerlichen Gesetzbuch*: Bd.I, Allgemeiner Teil (§§ 1-240), 2.Aufl., München 1984, Bd.VII, Einführungsgesetz zum Bürgerlichen Gesetzbuch, Internationales Privatrecht, 2. Aufl., München 1990, (zit. Münchener Kommentar + Barbeiter)

*Nassr-Esfahani*, Soussan/*Wenckstern*, Manfred: Der Rheinversalzungsprozeß. Grenzüberschreitender Umweltschutz zwischen Zivilrecht, Öffentlichem Recht und Völkerrecht, Anm. zu zwei Entscheidungen der Rechtbank Rotterdam, Rabels Z 1985, 763ff.

*Neuhaus*, Paul Heinrich: Die Grundbegriffe des Internationalen Privatrechts, 2.Aufl., Tübingen 1976

*Neuhold*, Hanspeter/*Hummer*, Waldemar/*Schreuer*, Christoph: Österreichisches Handbuch des Völkerrechts, Bd.II, Materialienteil, Wien 1983

*Neumeyer*, Karl: Autonomie de la volonté et dispositions imperatives en droit international privé des obligations, Rev. crit. dr. i. p. 1958, 53ff.

- Internationales Verwaltungsrecht, Bd. IV, Allgemeiner Teil, Zürich-Leipzig 1936

*Oppenheim*, Lassa/*Lauterpacht*, Hersch: International Law I: Peace, A Treatise, 8.Aufl. 1962

*Oppermann*, Thomas/*Kilian*, Michael: Gleichstellung ausländischer Grenznachbarn im deutschen Umweltverfahren? Berichte des Umweltbundesamtes 8/81, Berlin 1981

*Ossenbühl*, Fritz: Die Quellen des Verwaltungsrechts, in: H.-U. Erichsen/W. Martens (Hrsg.), Allgemeines Verwaltungsrecht, 8. Aufl., Berlin-New York 1988, S. 63ff.

*Ostheim*, Rolf: Anm. zum Urt. des OGH v. 25.1.1972, JBl. 1973, 575f., ebda. 576ff.

*Palandt*: Bürgerliches Gesetzbuch. Bearbeitet von Bassenge u. a., 49.Aufl., München 1990

*Pallermaerts*, M.: Judicial Recourse against Foreign Air Polluters, A Care Study of Acid Rain in Europe, Harv. Env. L. R. 1985 143ff.

*Preu*, Peter: Anm. zu BVerwG JZ 1987, 351ff = UPR 1987, 114ff.- Kernkraftwerk Emsland -, JZ 1987, 354f.

*Prieur*, Michel: Rapport du groupe de travail "La reconnaissance des autorisations étrangères", in: Rechtfragen grenzüberschreitender Umweltbelastungen (hrg. v. Bothe/Prieur/Ress), Fachtagung Saarbrücken vom 13.-15. Mai 1982, Berlin 1984, S.213ff.

*Raape*, Leo/*Sturm*, Fritz: Internationales Privatrecht, Bd.I, Allgemeine Lehren, 6.Aufl. München 1977

*Randelzhofer*, Albrecht/*Simma*, Bruno: Das Kernkraftwerk an der Staatsgrenze, Festschrift für Friedrich Berber zum 75. Geburtstag, München 1973, 389ff.

*Rauschning*, Dietrich: Allgemeine Völkerrechtsregeln zum Schutz gegen grenzüberschreitende Umweltbeeinträchtigungen, in: Staatsrecht-Völkerrecht-Europarecht, Festschrift für Hans-Jürgen Schlochauer zum 75. Geburtstag, Berlin/New York 1981, 557ff.

*Redeker*, Konrad: Legitimation und Grenzen richterlicher Rechtsetzung, NJW 1972, 409ff.

*Rehbinder*, Eckard: Umweltrecht, Rechtsvergleichendes Generalreferat, RabelsZ 40 (1976), 363-408

- Buchbesprechung zu T. Oppermann/M. Kilian, Gleichstellung ausländischer Grenznachbarn im deutschen Umweltverfahren? (1981) und zu M. Kloepfer/Ch. Kohler, Kernkraftwerk und Staatsgrenze (1981), RabelsZ 1983, 560ff.
- Extraterritoriale Wirkungen des deutschen Kartellrechts, Baden-Baden 1965
- Zivilrechtliche Schadensersatz- und Unterlassungsklagen - Anwendbares Recht (Diskussionsbericht), in: Rechtsfragen grenzüberschreitender Umweltbelastungen (hrg. v. Bothe/Prieur/Ress), Fachtagung Saarbrücken vom 13.-15. Mai 1982, Berlin 1984, S.219ff.

*Rengeling*, Hans Werner: Umweltgefährdende Anlagen im EWG-Recht, in: Einigkeit und Recht und Freiheit, Festschrift für Karl Carstens, Bd.1, 1984

*Ress*, Georg: Grenzüberschreitende Beteiligung im Verwaltungsverfahren - Bundesrepublik Deutschland -, in; Rechtsfragen grenzüberschreitender Umweltbelastungen (hrg. v. Bothe/Prieur/Ress), Fachtagung Saarbrücken vom 13.-15. Mai 1982, Berlin 1984, S.85ff.

- Grenzüberschreitende Verfahrensbeteiligung im Umweltrecht der Mitgliedsstaaten der Europäischen Gemeinschaften, Köln-Berlin-Bonn-München 1985

*Rest*, Alfred: Anm. zum Urteil der Rb. Rotterdam v. 16.12.1983, UPR 1984, 148ff.

- Internationaler Umweltschutz und Haftung - Verantwortlichkeit von Staat und Einzelperson bei grenzüberschreitenden Umweltbeeinträchtigungen (Beiträge zur Umweltgestaltung, A S6), Berlin 1978
- Transfrontier Pollution - Plaintiff Can Choose His Court, Env. Pol. L. R. 1977, 41ff.
- Völkerrechtlicher und zivilrechtlicher Schadensersatz im internationalen Umweltrecht, UPR 1982, 358ff.

*Restatement of the Law Third*: The American Institute (Hrsg.), Foreign Relations Law of the United States, Vol. I, §§1-488, Washington D.C. 1986

*Rissberger*, Steven: On the Brink of an Ecological Calamity: Acid Rain, Transboundary Air Pollution and Environmental Law in West Germany, Syr. J. Int'l L & Com. Vol 12 (1985), 325ff.

*v. Rooij*, R.: De pontie van publiekrechtelijke regels op het terrein van het ipr, 1976

*Rosenberg*, Leo/*Schwab*, Karl-Heinz: Zivilprozeß, 14.Aufl., München 1986

*Rossbach*, Armin: Die internationalprivatrechtliche Ankünpfung des privaten Rechtsschutzes bei grenzüberschreitender Gewässerverunreinigung, Diss. Bonn 1979

- Die international-privatrechtlichen Probleme der grenzüberschreitenden Rheinverschmutzung, NJW 1988, 5,90ff.

*Rudolf*, Walter/*Habscheid*, Walter J.: Territoriale Grenzen der staatlichen Rechtsetzung, in: Berichte der Deutschen Gesellschaft für Völkerrecht, Heft 11 (1973)

*Ruppert*, Rudolf: Bericht zur Fachtagung "Rechtsfragen grenzüberschreitender Umweltbeeinträchtigungen", 13.-15. Mai 1982 in Saarbrücken, UPR 1982, 293ff.

*de Saillan*, Charles: Acid Rain, Canada, and the United States: Enforcing the International Pollution Provision of the Clean Air Act, Boston Univ. Int. L Journal 1982, 152ff.

*Schlochauer*, Hans-Jürgen: Die extraterritoriale Wirkung von Hoheitsakten nach dem öffentlichen Recht der Bundesrepublik Deutschland und nach internationalem Recht, Frankfurt a. M., 1962

*Schlosser*, Peter: Der EuGH und das Europäische Gerichtsstands- und Vollstreckungsübereinkommen, NJW 1977, 457ff.

*Schmatz*, Hans/*Nöthlichs*, Matthias: Immissionsschutz, Kommentar zum Bundes-Immissionsschutzgesetz Losebl.,11. Lieferung 1987

*Schmölling*, Jürgen: Bestandsaufnahme und aktuelle Situation der grenzüberschreitenden Umweltverschmutzung, in: Grenzüberschreitender Umweltschutz in Europa (v. Moltke/Schmölling/Kloepfer/Kohler), Heidelberg 1984, S.27ff.

*Schneider*, Hans-Peter: Richterrecht, Gesetzesrecht und Verfassungsrecht, Bemerkungen zum Beruf der Rechtsprechung im demokratischen Gemeinwesen, Frankfurt a. M., 1969

*Schreuer*, Christoph: Zur verwaltungs- und völkerrechtlichen Problematik des Salzburger Flughafenfalles, ÖJZ 1971, 542ff.

*Schröder*, Meinhard: Non-Intervention, Principle of, in: Encyclopedia of Public International Law, Max Planck Institut For Comparative Public Law and International Law (Hrsg.), Bd.7, North Holland-Amsterdam-New York-Oxford 1984, S.358ff.

- Zur Wirkkraft der Grundrechte bei Sachverhalten mit grenzüberschreitenden Elementen, in: Staatsrecht-Völkerrecht-Europarecht, Festschrift für Hans-Jürgen Schlochauer zum 75. Geburtstag, Berlin-New York 1981, 137ff.

*Schulze*, Johannes: Das öffentliche Recht im Internationalen Privatrecht(Arbeiten zur Rechtsvergleichung, Bd.57), Frankfurt a. M. 1972

*Schurig*, Klaus: Kollisionsnorm und Sachrecht. Zu Struktur, Standort und Methode des internationalen Privatrechts, 1981

- Lois d' application immédiate und Sonderanknüpfung zwingenden Rechts, in: Wolfgang Holl/Ulrich Klinke (Hrsg.), Internationales Privatrecht-Internationales Wirtschaftsrecht, 1983 (zit.: Schurig)

*Schwarz*, Hannah: Die Anerkennung ausländischer Staatsakte, Berlin-Grunewald 1935

*Schwarzenberger*, G.: The Conceptual Apparatus of International Law, in: The Structure and Process of International Law (Macdonald/Johnston), 685ff.

*Schwander*, Ivo: Loi d' application immediate, Sonderanknüpfung, IPR Sachnormen und andere Ausnahmen von der gewöhnlichen Anknüpfung im internationalen Privatrecht, Zürich 1975

*Schwenk*, Walter: Handbuch des Luftverkehrsrechts, Köln-Berlin-Bonn-München 1981

*Schwung*, Siegfried: Die Rechtsfolgen aus der Anwendung der ordre-public-Klausel im internationalen Privatrecht, Diss. Mainz 1983

*Seidl-Hohenveldern*, Ignaz: A propos des nuisances dues aux aéroports limitrophes; le cas de Salzbourg et le traité austro-allemand du 19 décembre 1967, Annuaire français de droit international 1973, 890ff.

- Die Regelung internationaler Umweltprobleme im Falle des Salzburger Flughafens, in: Beiträge zum Luft- und Weltraumrecht. Festschrift zu Ehren von Alex Meyer anläßlich seines Ausscheidens als Direktor des von ihm gegründeten Institus für Luftrecht und Weltraumrechtsfragen der Universität zu Köln. Hrg. v. Manfred Bodenschatz/Karl-Heinz Böckstiegel/Peter Weides, Köln, Berlin, Bonn, München 1975, S.205ff.

- Völkerrecht, 6.Aufl., Köln, Berlin, Bonn, München 1987

- Völkerrechtliche Grenzen bei der Anwendung des Kartellrechts, RIW/AWD 1971, 53ff.

*Siehr*, Kurt: Grenzüberschreitender Umweltschutz, RabelsZ 1981, 377ff.

*Soergel*: Kommentar zum Bürgerlichen Gesetzbuch, Bd. 8 (Einführungsgesetz), 11. Aufl., Stuttgart-Berlin-Köln-Mainz 1983

*Sohn*, Louis B.: The Stockholm Declaration on the Human Environment, Havard J. Int. L. 1973, 423ff.

*Stein*, Torsten: Die Beteiligung von Einzelpersonen, die von grenzüberschreitenden Umweltverschmutzungen betroffen sind können, an innerstaatlichen Verwaltungsverfahren in den Niederlanden, in: Ress (Hrsg.), Grenzüberschreitende Verfahrensbeteiligung im Umweltrecht der Mitgliedsstaaten der Europäischen Gemeinschaften, Köln-Berlin-Bonn-München 1985, 307ff.

*Stein-Jonas*: Kommentar zur Zivilprozeßordnung, 20.Aufl., Tübingen 1984

*Steindorff*, Ernst: Internationales Verwaltungsrecht, in: Wörterbuch des Völkerrechts, Bd.III, 1962, 581ff.

*Stober*, Rolf: Wirtschaftsverwaltungsrecht 6. Aufl., Stuttgart-Berlin-Köln-Mainz 1989

*Stoll*, Hans: Der Schutz der Sachenrechte nach Internationalem Privatrecht, RabelsZ, 1973, 357ff.

*Strikwerda*, Luc: Semipubliekrecht in het conflictenrecht. Verkenningen op een kruispunt van Methoden, Alphen a. d. R. 1978

*Sturm*, Fritz: Immissionen und Grenzdelikte, in: Ernst von Caemmerer, Vorschläge und Gutachten zur Reform des deutschen Internationalen Privatrechts (Materialien zum ausländische und Internationalen Privatrecht), 1983, 338ff.

*Thalmann*, Hans: Grundprinzipien des modernen zwischenstaatlichen Nachbarrechts, Diss. Zürich 1951

*Thomas*, Heinz/*Putzo*, Hans: Zivilprozeßordnung. Mit Gerichtsverfassungsgesetz und Einführungsgesetzen, 15. Aufl., München 1987

*Thieme*, Werner: Deutsches Hochschulrecht, 2. Aufl., Köln-Berlin-Bonn-München 1986

*Toschumat*, Christian: Umweltschutzkompetenzen der EWG und Beteiligung der Bundesländer bei der Vorbereitung von Ratsentscheidungen über Umweltschutzmaßnahmen, Rechtsgutachten, erstattet für den Bundesminister des Innern, Bonn 1976

*Le Tourneau*, Philip: La responsabilité civile, 2.Aufl., Paris 1976

*Ule*, Carl Herrmann/*Laubinger*, Hans Werner: Bundesimmissionsschutzgesetz, Kommentar, Losebl., Neuwied-Darmstadt, Stand 1988

*Verdross*, Alfred: Nichtige und strafbare Staatsakte im Völkerrecht, JBl. 1949, 57ff.

*Verdross*, Alfred/*Simma*, Bruno: Universelles Völkerrecht, 3.Aufl. München 1984 (zit.: Verdross)

*Verdross*, Alfred/*Simma*, Bruno/*Geiger*, Rudolf: Territoriale Souveränität und Gebietshoheit, ÖZöffR 1980, 223ff.

*Vlas*, P.: Het Proces tegen de Franze Kalimijnen, W. P. N. R. 1979, 241ff.

*Vogel*, Klaus: Der räumliche Anwendungsbereich der Verwaltungsrechtsnorm (Habilitations-Schrift), Frankfurt a. M. 1965

- Die Verfassungsentscheidung des Grundgesetzes für eine internationale Zusammenarbeit, Tübingen 1964

*Weber*, Albrecht.: Beteiligung und Rechtsschutz ausländischer Nachbarn im atomrechtlichen Genehmigungsverfahren, DVBl. 1980, 330ff.

*Weitbrecht*, Andreas: Zur Rechtsstellung ausländischer Grenznachbarn im deutschen Umweltrecht ,NJW 1987, 2132ff.

- Anm. zu BVerfGE 72, 66 = NJW 86, 2188, in: NVwZ 1986, 597 - Flughafen Salzburg -

*Wengler*, Wilhelm: Allgemeine Rechtsgrundsätze des internationalen Privatrechts und ihre Kollisionen, ZöffR 1944, 473ff.

- Die Gestaltung des internationalen Privatrechts der Schuldverträge unter allgemeinen Leitprinzipien, RabelsZ 1983, 215ff.

- Die Anknüpfung des zwingenden Schuldrechts im internationalen Privatrecht. Eine rechtsvergleichende Studie. ZVglRW 54 (1941), 168ff.

- Sonderanknüpfung, positiver und negativer ordre public, JZ 1979, 175ff.

*Wetstone*, Gregory/*Rosencranz*, Armin: Transboundary Air Pollution between Canada and the United States, Pacific Basin Law Journal 1983, 197ff.

*Wiesenwasser*, E.: Anm. zu BGH Vorbeschl. vom 10.3.1978 (Flughafen Salzburg), ZLR 1979, 277ff.

*Wildhaber*, Luzius: Die Öldestillerieanlage Sennwald und das Völkerrecht der grenzüberschreitenden Luftverschmutzung, Schw. Jb. f. Int. R 1975, 97ff.

- Sovereignty and International Law, in: The Structure and Process of International Law (MacDonald/Johnston), 425ff.

*Wieczorek*, Bernhard: Zivilprozeßordnung und Nebengesetze, 2.Aufl., Bd.I, Berlin 1975ff.

*Woehrling*, Jean-Marie: Die französische Verwaltungsgerichtsbarkeit im Vergleich mit der deutschen, NVwZ 1985, 21ff.

- Grenzüberschreitende Beteiligung im Verwaltungsverfahren, - Frankreich - in: Rechtsprobleme grenzüberschreitender Umweltbelastungen /hrsg. v. Bothe/Prieur/Ress), Fachtagung Saarbrücken 13.-15. Mai 1982, Berlin 1984, S.101ff.

- Grenzüberschreitende Klagebefugnisse im verwaltungsgerichtlichen Verfahren - Frankreich -, in: Rechtsprobleme grenzüberschreitender Umweltbelastungen (Hrsg. v. Bothe/Prieur/Ress), Fachtagung Saarbrücken v. 13.-15. Mai 1982, Berlin 1984, S.129ff.

*Wolfrum*, Rüdiger: Die grenzüberschreitende Luftverschmutzung im Schnittpunkt von nationalem Recht und Völkerrecht, DVBl. 1984, 493ff.

*Wuppermann*, Michael: Internationale Enteignung im Brennpunkt nationaler richterlicher Nachprüfung, RIW 1973, 505ff.

*Zöller*, Richard: Zivilprozeßordnung, 15.Aufl., Köln 1987

*Zuleeg*, Manfred: Vorbehaltene Kompetenzen der Mitgliedstaaten der Europäischen Gemeinschaft auf dem Gebiete des Umweltrechts, NVwZ 1987, 280ff.

FSC
www.fsc.org
MIX
Papier | Fördert gute Waldnutzung
FSC® C083411

Kolibri 360 GmbH
Ferdinand-Jühlke-Straße 7
99095 Erfurt, Deutschland
produktsicherheit@kolibri360.de

Druck:
CPI Druckdienstleistungen GmbH
im Auftrag der
Kolibri 360 GmbH
Ferdinand-Jühlke-Str. 7
99095 Erfurt